人文体育研究文库

江苏省教育科学规划课题重点项目成果
江苏省高等教育教改研究一般项目成果
南京体育学院校级教学团队和课程思政示范项目成果

U0463288

中外青少年和学校
体育政策演进及借鉴

◎ 刘红建　高奎亭　张　航　等著

南京大学出版社

图书在版编目(CIP)数据

中外青少年和学校体育政策演进及借鉴 / 刘红建等
著. 一 南京：南京大学出版社，2023.4
（人文体育研究文库）
ISBN 978 - 7 - 305 - 26596 - 9

Ⅰ.①中… Ⅱ.①刘… Ⅲ.①青少年－体育锻炼－政
策－研究－世界②学校体育－政策－研究－世界 Ⅳ.
①G806②G807

中国国家版本馆 CIP 数据核字(2023)第 025302 号

出版发行 南京大学出版社
社　　址 南京市汉口路 22 号　　　　邮　　编　210093
出 版 人 金鑫荣
丛 书 名 人文体育研究文库
书　　名 **中外青少年和学校体育政策演进及借鉴**
著　　者 刘红建　高奎亭　张　航 等
责任编辑 甄海龙　　　　　　　编辑热线　025 - 83592655
照　　排 南京开卷文化传媒有限公司
印　　刷 苏州市古得堡数码印刷有限公司
开　　本 718 mm×1000 mm　1/16　印张 15　字数 280 千
版　　次 2023 年 4 月第 1 版　2023 年 4 月第 1 次印刷
ISBN 978 - 7 - 305 - 26596 - 9
定　　价 59.80 元

网　　址:http://www.njupco.com
官方微博:http://weibo.com/njupco
微信服务号:njuyuexue
销售咨询热线:(025)83594756

前　言

　　青少年是国家的希望、民族的未来。综观世界主要发达国家，都非常重视青少年体育，并将青少年体育作为体育发展的重点，视为国民健康、学校教育以及竞技体育的基础，通过制定相关法律或国家专项发展战略、规划和政策的形式，来加强国家和社会的重视与投入，并形成社会合力，实现青少年体育的持续健康发展。然而，以英国、美国、加拿大、德国、澳大利亚、日本、韩国等为代表的体育事业发达国家，这些国家的青少年体育发展并非是"先天"受到国家重视，也并非是一开始就发展得较好，而是经历了从无到有，从探索到繁荣的过程，甚至在一段时间内青少年和学校体育一度处于边缘化状态，尤其是在20世纪后期，各国政府对体育学科的漠视态度已经成为棘手的全球性问题。面对青少年体育发展的地位下降，面对青少年体质的下降，面对学校、家庭和社区在青少年体育发展中的关系日益疏远等问题，欧美、日韩等体育发达国家纷纷以顶层设计为抓手，以完善制度为突破，通过制定与实施各项战略政策，来推动青少年和学校体育的发展。如由于青少年参与体育缺少相关的法律法规保障，各州中小学体育课程较少，导致青少年参与体育活动的人数较少，因此美国青少年体育国家联盟（NAYS）在1987年，制定了《青少年体育国家标准》明确了参与青少年体育的主体学校、家长在青少年体育参与过程中的责任。2002年10月，英国文化、传媒和体育部（DCMS）与教育技能部（DFES）联合发布了"体育教育、学校体育和俱乐部联盟战略"（PESSCL），这是因为政府发现，尽管有立法对学校体育课程作为保障，但是课程分配时间减少，物质和人力支持的缺乏，以及学校、俱乐部、教师、教练之间"若即若离"关系不可避免地造成了学校体育质量的下降，英国青少年和学校体育发展陷入了困境。澳大利亚体育委员会ASC于2005年出台了积极课后社区计划（AASC），这是解决澳大利亚学校体育教育的衰落，家庭支持校外活动的机会减少以及青少年在家中进行体育锻炼的机会减少等问题。

　　需要指出的是,在欧美等发达国家,"青少年和学校体育"协同性、整体性、共生性发展已经成为青少年体育发展的实践态势,通过这些国家制定的重要政策可见一斑。如英国的"体育教育、学校体育和俱乐部联盟战略"已经基本打通了学校、家庭、社区和俱乐部等主体联系,突破了学校空间范畴的制约。美国的《综合性学校体育计划》主要由5部分组成,分别是体育教育、校内体育活动、校外体育活动、学校教职工参与以及家庭和社区参与。由此可见,欧美、日韩等体育事业发达国家,青少年和学校体育已然实现多部门协同、多主体参与的"捆绑式"发展,取得了一定的积极效果,同时也积累了一定的制度和实践经验。然而,在我国由于传统体制的因素,青少年体育和学校体育工作受不同部门管辖,两者从政策、人员、财政、组织等方面均处于"分立式"发展,学生体质的提升、体育后备人才的输送以及学生的全面发展等都受到不同程度的影响,直接制约了我国青少年和学校体育发展的整体效果,因而不利于我国健康中国和体育强国的建设。值得庆幸的是,进入新时代我国青少年和学校体育在制度层面实现了突破性发展。2022年6月24日,十三届全国人大常委会第三十五次会议表决通过了《中华人民共和国体育法(修订草案)》,并于2023年1月1日起施行。新修订的《体育法》的颁布实施标志着我国体育法治建设进入了新阶段,对于新时代落实全民健身国家战略、加快推进体育强国和健康中国建设作用重大,对于我国青少年和学校体育发展也具有十分重要意义:第一,从法律层面明确了"青少年和学校体育"的战略地位。新修订的《体育法》将第三章"学校体育"章名修改为"青少年和学校体育",并将青少年和学校体育置于优先发展的战略地位,提出"国家实行青少年体育活动促进计划,健全青少年体育工作制度",从法律层面促进青少年全面发展。第二,从法律层面明晰了"青少年和学校体育"的空间范畴。青少年体育本应就是涵盖更广的范围,既包括学校,它还包括社会、家庭、俱乐部,把青少年和学校体育写进《体育法》,会有助于我国未来青少年体育的可持续、高质量、稳定发展。第三,从法律层面强化了"青少年和学校体育"的主体责任。由学校体育过渡到青少年和学校体育实际上也是对教育部、国家体育总局发展青少年体育职能的强化。同时《体育法》强调体教融合发展,也是对前期相关政策的法律回应。可见,《体育法》的修订,为新阶段我国青少年和学校体育的发展奠定了牢固的制度保障。

　　党的二十大报告指出,"广泛开展全民健身活动,加强青少年体育工作,促进群众体育和竞技体育全面发展,加快建设体育强国"。科学谋划了未来五年乃至更长时期的我国体育事业的发展目标和任务,对我国青少年和学校体育发展提出了新要求、新任务。在新阶段,我国青少年和学校体育的发展需要在继承历史经验的基础上提出新的理念、新的思路和新的举措,同时也需要借鉴国外青少年和学校体育发展的新观念、新方法和新路径。实际上,与欧美、日韩等体育事业发达国家相比,虽然基于不同的国情体制和社会文化背景,青少年和学校体育发展的情况不同,但对于如何有效增强青少年参与体育的兴趣、如何有效提升青少年的身体素质,以及如何有效促进青少年投身于竞技体育后备人才队伍建设等,我国面临着类似的挑战。这些挑战要求我们关注外国特别是发达国家,并积极借鉴其有益的政策经验,同时对一些政策实践进行必要反思,从而避免走弯路,在我国基本实现现代化、建成健康中国和体育强国的进程中更好地实现青少年和学校体育的高质量发展。基于此,本书围绕着"青少年和学校体育政策"这个主题分 8 章展开论述。

第一章,英国的青少年和学校体育政策。早在 20 世纪 50 年代,英国就出现了青少年运动参与率以及体质下降的状况,由此亦带来了竞技体育后继无人的局面。2000 年以来,英国政府先后推出了一系列提升青少年体育参与的政策,提升了青少年的体育运动参与程度。伦敦奥运会前后,英国政府又颁布了以奥运会为引领的青少年和学校体育政策,进一步起到了催化剂作用,极大促进了青少年和学校体育的快速发展。英国的青少年和学校体育政策具有自身的特色:坚持青少年体育政策目标与问题导向相统一,重视对政策的延续与完善;注重公共体育服务的整合,强调多元主体对青少年体育政策的协同推动;青少年体育政策方案遵循量化原则,重视对政策过程的监督与评估;追求体育权利公平的理念,强调青少年体育政策对目标群体的全覆盖。

第二章,德国的青少年和学校体育政策。德国是现代学校体育的发源地,青少年和学校体育历来受到德国政府的高度重视,政府各级部门颁布了一系列规章制度,涉及青少年和学校体育的重要性、学校体育场馆的建设和社会体育俱乐部设施对学校开放等诸多方面。从演进历程来看,德国的青少年和学校体育政策分为工业革命之前的青少年和学校体育政策、两次世界大战期间的青少年和学校体育政策、分裂时期的青少年和学校体育政策以及统一时期的青少年和学校体育政策。德国的青少年和学校体育政策启发我们:需要转变政府职能,多部门协同推进青少年和学校体育;保持青少年和学校体育政策延续性的同时,也要与时俱进;加强俱乐部建设,强化青少年健康发展新理念。

第三章,美国的青少年和学校体育政策。从十九世纪末至今,美国青少年体育和学校体育的发展已经有 100 多年的历史,如今青少年和学校体育在美国是青少年工作的重中之重,受到国家和社会的大力支持。美国青少年和学校体育政策演进经历了初步探索阶段、早期发展阶段、快速发展阶段、发展完善阶段以及优化改革阶段。美国的青少年和学校体育政策呈现如下特征:青少年和学校体育政策的发展较成熟,形成了完善的体系;注重法律法规的完善,切实保障政策的实施;组织部门相互协作,形成制定和实施政策的合力;政策目标的确定具有明确性、长期性以及政策内容的撰写具有科学性、全面性。

第四章,加拿大的青少年和学校体育政策。从政策演进历程来看,加拿大的青少年和学校体育政策经历了脱英伊始期、自治独立与转型期、探索与形成期、发展与更好的福祉期。加拿大的青少年和学校体育政策已从最初的英美模式逐渐发展为适合本土的加拿大模式,也从最初的零散、盲目状态,发展成为具有制度保障的青少年和学校体育政策体系。加拿大青少年和学校体育政策呈现自身特征:以提高体育参与为目标,推动青少年儿童的身体素养发展;以优先事项联合行动计划确保青少年及学校体育的执行力度;社会各界参与政策评估,不断提升政策受惠人群的满意度;促进终身体育发展,多元化组织共同发展鼓励青少年儿童站上更高的领奖台;政府投资与体育组织行动形成资源依赖,增加青少年参与体育运动的机会。

第五章,澳大利亚的青少年和学校体育政策。从20世纪80年代开始,澳大利亚联邦政府以提高青少年体育参与率为目标,养成终身体育习惯为宗旨,出台了一系列青少年和学校体育政策。虽然澳大利亚的执政当局因自由党和工党间的激烈博弈依然动荡,但青少年和学校体育政策的连续性一直受到保障,极大促进了青少年和学校体育的快速健康发展。澳大利亚青少年和学校体育的重要政策主要有:"澳式体育"政策、澳大利亚青少年体育政策框架积极课后社区计划以及体育学校计划等。澳大利亚青少年和学校体育的特征主要有:政策制定坚持问题导向原则,强调循证实践确保政策科学性;政策理念注重青少年体育兴趣培养,体育俱乐部在青少年体育运动普及和提高上肩负重任;政策强调整合政府及社会资源,重视跨部门合作及家校社俱协同推动青少年体育发展;政策导向注重平等与包容,强调政策目标群体的全员化覆盖等。

第六章,日本的青少年和学校体育政策。日本政府早在明治维新时期,就开始关注青少年身体素质和重视学校体育的发展。在二战后,日本政府更对增强学生身体健康方面加大投入力度,如学生膳食营养、学校午餐制度、学生健康饮食教育,并且不断制定和更新学校体育政策的相关内容,为提高学生体质健康提供保障。日本青少年学校体育政策的主要特征:政策制定体现合理性与适用性,以有效解决社会问题为目标;政策内容趋于全面,法律体系较为完善;政策之间注重衔接,政策措施的可操作性较强;重视青少年的评估制度,配套制度设计较健全。

第七章,韩国的青少年和学校体育政策。韩国青少年和学校体育政策以其融合文化性、民族性和乡土性的特质,将青少年体育生活图景与民族特色呈现在青少年眼前,有效满足了城市居民和青少年体育锻炼和强身健体的需求。韩国的青少年和学校体育政策先后经历了基础搭建时期、政策展开时期、政策低迷时期以及政策稳固拓展时期。韩国比较重要的青少年和学校体育政策主要有:学校体育振兴法、学生体能检查制度、学校保健法、国家体育促进计划以及2022年学校体育振兴计划。

第八章,新中国的青少年和学校体育政策。新中国成立以来我国青少年和学校体育政策先后经历了探索与初创时期、曲折发展时期、恢复与重建时期、完善与升级时期以及新时代全面发展时期。我国青少年和学校体育政策演进呈现出以下特征:政策源起上体现党对青少年和学校体育工作的高度重视;政策主题上凸显时代特性,与社会发展密切相关;政策内容上集中体现以人为本和全面发展;政策执行上高效整合社会资源,多元主体参与政策过程;政策体系上层次性、法制化的趋势特点日益显现。新阶段我国青少年和学校体育政策的优化建议主要有:政策理念更加强化"育人"价值导向,政策目标解决问题更加体现"双轨"回应模式,政策内容更加明确"终身"体育思想,政策实施更加注重"协同"创新,政策督导更加细化"责任"落实机制。

本书总体框架由南京体育学院刘红建统筹设计,各章节参与撰写的人员有:第一章,刘红建(南京体育学院);第二章,张涛,刘红建(南京体育学院);第三章,李浩文,高奎亭(南京体育学院,山东理工大学);第四章,夏颖,吕品,高奎亭(苏州鲈乡实验小学;南京工业职业技术大学;山东理工大学);第五章,吴金霖,刘红建(南京体育学院);第六章,顾晓朦,曹以沫(南京体育学院);第七章,张航(安徽工程大学);第八章,胡晓晗(南京体育学院),最后全书由刘红建、高奎亭和张航统稿。本书在撰写过程中参阅和借鉴了许多相关文献及研究成果,在此对相关学者表示诚挚的谢意。由于作者能力和水平有限,书中难免存在疏漏和不足之处,恳请广大读者批评指正。

刘红建

2023 年 3 月

目　录

第一章　英国的青少年和学校体育政策

在 2016 年里约奥运会上,英国共获得 27 枚金牌,位居金牌榜第 2 位,创造了该国参与海外奥运会的最佳战绩,这与其深厚的精英体育人才储备密切相关,更离不开青少年对体育的广泛参与。实际上,早在 20 世纪 50 年代,英国也曾因为青少年运动参与率减少、青少年体质下降等问题一度陷入竞技体育"后继无人"的窘境。1996 年,英国在亚特兰大奥运会上只取得了 1 枚金牌,奖牌榜更是跌出 30 位以外,这源于英国政府对青少年体育的不够重视。直到 20 世纪 90 年代,保守党梅杰执政时期,政府才开始意识到青少年体育对英国下一代国民身体素质和竞技体育人才培养的重要性,推出了旨在提升青少年运动能力的体育政策[①],但仍没能有效提升青少年体育活动的参与率。2000 年以来,英国政府先后推出了一系列提升青少年体育参与率的政策,既包含具有战略指向的中长期规划,又包含具体措施的政策文件,一定程度上提升了青少年的体育运动参与程度。特别是在伦敦奥运会前后,英国政府又颁布了以奥运会为引领的青少年和学校体育政策,起到了催化剂作用,极大促进了青少年和学校体育的快速发展。

目前,国内外均有关于英国青少年和学校体育政策的研究。国外研究中,Anne Flintoff 在 "Targeting Mr average: Participation, gender equity and school sport partnerships"中,使用参与观察、访谈和问卷调查等方式,探讨"PESSCL"战略下的"SSPP"政策对青少年女性的影响,并分析了政策过程中的性别平等问题,提出了协调解决青少年女性积极参与体育的方式[②]。Lesley Ann Phillpots 的"An analysis of the policy process for selected elements of the physical education, school sport and club links strategy in England"一文,

---

① 张康平.英国青少年体育政策的演进及启示[J].体育文化导刊,2015,(5):36-39.
② Anne Flintoff. Targeting Mr average: Participation, gender equity and school sport partnerships[J]. Sport, Education and Society, 2008,13(4):393-411.

分析了"PESSCL"战略各政策的颁布背景、影响因素以及参与主体的职责①。"From grass roots to world class(A strategy for delivering physical activity)"分析了英国与匈牙利青少年体育政策的区别②。国内研究中,《英国青少年体育政策的演进及启示》《英国青少年体育信托基金会战略及启示》,分别从整体与个案的研究视角对英国青少年体育政策进行了分析;《英国体育政策的发展及启示》《以奥运战略引领大众体育发展的实践与启示——基于伦敦奥运会英国体育政策的思考》等研究的部分内容也对青少年和学校体育政策进行了简单梳理。总体来讲,国内外对英国青少年和学校体育政策的研究数量还较少,缺乏针对 18 世纪末以来英国青少年和学校体育政策系统性的梳理与研究。鉴于英国青少年和学校体育政策所具有的典型性特征,有必要对这些政策的演进进行脉络梳理,总结其特征,更为重要的是借鉴其经验,提出有益于我国青少年和学校体育发展的政策建议。

第一节 英国青少年和学校体育政策的演进脉络

一、18 世纪末到二战结束时的青少年和学校体育政策(18 世纪末—1945 年)

18 世纪下半叶开始,英国发生了工业革命,国家开始进入了社会长期稳定、经济持续发展的时期,并成为率先跨入工业化时代的世界强国。与此同时,许多在英国产生的运动项目也开始经历"工业化"的改造,从场地、规则、裁判员、运动员等方面确立了体育运动开展的现代机制,并依靠英国工业经济对外扩张的压倒性优势把现代体育模式推向了全球。伴随着工业化进程的加快,英国经济社会发生了巨大的变化,以足球、拳击、网球等项目为代表的商业体育也在英国生根发芽,并逐步成为影响英国人闲暇生活的重要标志。从 18 世纪末到 19 世纪,在商业体育的带动下,许多英国青少年纷纷效仿,各地不同运动项目的青少年体育草根组织成立,成为这时期推动英国青少年体育开展

① Lesley Ann Phillpots. An analysis of the policy process for selected elements of the physical education, school sport and club links strategy in England[D]. Southborough University, 2007:7.

② Istvan Atila Kiraly, Andrea Gal. From grass roots to world class(A strategy for delivering physical activity)[J]. Studies and Research, 2011:25 - 39.

的主要因素。这时期政府对体育的态度比较冷淡,没有专门管理体育的部门或机构,专门化体育政策寥寥无几。

除了商业体育的引领和带动,另外一个推动英国青少年体育开展的重要力量是公学体育。实际上,英国公学作为一种中等教育机构,并非是由国家和政府出资设立和行使管理权的"公立学校",而是不依靠政府,由国王、富商、富有农场主等出资捐建的独立学校。历史上,比较有名的英国公学有伊顿公学、温彻斯特公学、圣保罗公学、哈罗公学、什鲁斯伯里公学、威斯敏斯特公学等。随着 1868 年《公学法案》(The Public Schools Act)的颁布,英国公学的学生数量增长加速,许多英国普通阶层子弟进入公学接受多种课程教育,开展体育运动被看作是培养青年精英的重要方式。自 18 世纪晚期开始,体育运动(尤其是板球、赛艇、英式橄榄球、足球等团体竞技运动)在英国公学蓬勃开展,公学体育不仅在英国校园生活中占有越来越重要的地位,引领着英国青少年和学校体育的发展,而且为现代体育的形成和传播做出了重要的历史贡献[①]。

进入 20 世纪以后,随着世界大战的爆发和工人失业率的增加,政府出于对国民身体是否适合参战以及英国在国际体坛声誉下降的担忧,开始主动发展和制定体育政策[②]。1937 年,英国政府出台了《体育训练与娱乐条例》,拨付 200 万英镑用于扩建体育场地设施。1944 年,又颁布《教育法案》,成立教育部,领导全国教育事业,确立了包括初等教育、中等教育和继续教育的公共教育体系,该法案还规定所有的教育机构要为小学、中学和继续教育提供充分的体育训练设施,以保障青少年更好地参与各项体育活动。

二、二战结束后的青少年和学校体育政策(1946—1999 年)

二战后,特别是战后 30 年的时间里,是英国公共服务和生活福利高速发展的时期,英国政府积极推行福利政策,完善福利立法,提高国民福利水平,保持高水平的福利支出,并对教育、医疗、住房、公共事业等领域进行了全面的改革,但对体育的介入力度有限。随着经济的恢复以及福利制度的施行,英国公民的生活水平大幅提升,人们的体育需求也在不断攀升,然而英国政府并没有在满足人们体育需求过程中出台更多的体育政策供给,加之这时期英国竞技体育在国际赛事中表现不佳,导致英国青少年参与体育活动的积极性不断下

---

① 张新,凡红,郭红卫等.英国体育史[M].人民体育出版社,2019.08.
② 甄嫒圆,缪佳.英国体育政策的嬗变及启示[J].西安体育学院学报,2015,(03):264-268+277.

滑,招致部分英国社会精英的不满和批评。最终,这些专家的意见影响了政府的政策取向,形成了在体育领域建立国际干预体制的舆论环境①。1960 年,英国中央政府确定了体育政策的发展主体方向,地方政府成为体育发展的主要管理者②。同年,沃夫登委员会发布了关于"体育与社区"(Sport and Community)的报告,认为目前存在着大量的机会,尤其是对于青少年来讲,希望看到他们有机会尝试各种各样的体育活动③。1975 年,英国政府发布第一个关于体育的白皮书——《体育和娱乐白皮书》,体育成为公民的基本权利纳入政府公共服务的范畴。

由于缺乏针对性的体育政策,早在 20 世纪 50 年代,英国青少年就出现了参与体育活动能力下降的情况。到了 20 世纪 70 年代,英国进入福利国家发展的第二阶段,巨额的福利支出严重束缚了经济的发展,英国经济社会发展再次迟滞不前,社会危机四伏。英国经济社会发展的宏观环境进一步导致 20 世纪 80 年代后期英国青少年体质下降以及竞技体育后备人才匮乏的发展态势的加剧。这时期英国体育发展的"窘况"迫使保守党不得不采取应对策略。1988 年,英国保守党政府制定并通过了《教育改革法》,打破了多年来地方分权的教育行政制度,把许多课程决策权集中到了中央政府,同时削弱了地方教育当局的权限,取消了教师的课程自主权。

20 世纪 90 年代,英国经济的逐步复苏,同时来自美国与世界其他国家体育发展的强烈冲击与影响,为英国体育的复兴与快速发展提供了土壤与条件,并成为反哺英国经济发展的重要部门。1992 年,梅杰政府重组内阁,国家文化部(DNH)成立,并将体育列为重要职责内容,体育的地位得到提升。1995 年,梅杰政府开始推出旨在提升青少年运动能力的政策,该政策在报告《竞技:提升游戏》(Sport:Raising the Game)中得到体现。报告提出要优先发展竞技体育和学校体育,确定了板球、足球、橄榄球、篮球与曲棍球五个核心运动项目,同时还明确了政府体育管理核心机构的角色和职责要求。1997 年,英国进入布莱尔领导的新工党执政时期,福利国家的发展进入了转型发展的第三阶段,这时期布莱尔积极推行"第三条道路",强调改革与创新,重视建设公共服务体系,并把教育列入国家发展战略计划,把保守党时期仅占预算 1.7% 的教育经费提高到 5.2%。同时新工党还成立了文化、传媒和体育部(DCMS),其下属机构英国体育理事会(UK Sport)也相继成立,

① 张新,凡红,郭红卫等.英国体育史[M].人民体育出版社,2019.08.
② 王志威.英国体育政策的发展及启示[J].上海体育学院学报,2012,36(1):5-10.
③ 张新,凡红,郭红卫等.英国体育史[M].人民体育出版社,2019.08.

还把青少年体育和学校体育作为政府政策的重点之一[2]，英国的青少年和学校体育得到了实质性发展。

三、21 世纪初期的青少年体育政策（2000—2012 年）

布莱尔执政的第四年，2000 年伊始，为改善英国多数学校体育教育实践减少的局面，英国文化、传媒和体育部（DCMS）颁布了"关于全民体育运动的未来计划"（A Sporting Future for All），强调了学校体育、社区体育以及精英体育对社会文化福祉的重要作用，特别提出了政府改变学校体育状况的决心，从而保障 5—16 岁的青少年参与体育运动与接受体育教育的权利。该政策着力打造一种新的"体育教育和学校体育的动态框架体系"①，计划提供 1.5 亿英镑用来改善学校体育基础设施，到 2003 年底建成 110 所专业体育运动学校培养精英体育人才，培训 600 名学校体育协调员用来协调学校、社区以及家庭之间的关系。"关于全民体育运动的未来计划"为青少年通过参与体育运动改善生活方式提供了重要契机，开启了英国政府发展青少年和学校体育的新篇章。

2002 年 10 月，"体育教育、学校体育和俱乐部联盟战略"（The Physical Education，School Sport and Social Sport Club Links Strategy，简称PESSCL）由英国文化、传媒和体育部（DCMS）与教育技能部（DFES）联合发布，并于 2003 年正式启动实施。作为一项专门针对青少年体育的 5 年发展战略，其旨在进一步改善英国的体育教育与学校体育状况，提升青少年的运动参与。该战略原本包括 8 个相互关联的工作链并最终扩展至 9 个方案，分别是：体育院校建设计划，学校体育伙伴关系，学校与俱乐部联系，为有运动天赋青少年提供帮助计划，资格鉴定及课程管理局对学校体育的调查计划，体育干预计划，游泳，修建体育设施和体育教育专业发展计划②。这些方案有利于修建与改善英国学校体育设施，建立与体育专业院校、社区体育俱乐部的联系，培养有运动天赋的精英体育人才以及学校体育监督、评估工作都有明确的目标、内容规定，且不同方案之间在时间维度紧密联系、空间维度错落有致。

"学校体育伙伴关系方案"（School Sport Partnerships）是 PESSCL 的重要基础性方案，该方案规定伙伴关系是基于地方学校网络建立的，每个伙伴关系一般由 1 所体育学校、8 所中学以及 45 所小学组成，每一个这样的伙伴关系的

① DCMS. A Sporting Future for All[M]. London：HMSI，2000.

② Lesley Ann Phillpots. An analysis of the policy process for selected elements of the physical education，school sport and club links strategy in England[D]. Southborough University，2007：7.

建立都会配套 2 500 英镑的资金支持,预计到 2006 年建立 411 个伙伴关系,创建 400 所体育学校,培养 2 464 名学校体育协调人以及培训 14 397 名小学体育教师,实现学校体育伙伴关系在英国的全覆盖。学校与俱乐部联系方案(the School Club Links)的目标是提升 5—16 岁青少年在体育俱乐部的参与率,从 2002 年的 14% 提升到 2008 年的 25%,英格兰体育理事会向 22 个国家级体育协会提供资金支持,并与学校协同建立可持续、有效的联系。PESSCL是英国从 2003 年到 2007 年期间青少年体育发展的重要战略,据 2008 年《积极的英格兰计划报告》显示,实施该战略以来,已经有 63 万多青少年参与到体育活动中来。

2004 年,英国教育技能部(DFES)与文化、传媒和体育部(DCMS)联合颁布了"青少年高质量的体育教育与运动指南"(High Quality PE and sport for Young People),该指南从 10 个方面解释了什么是高质量的体育运动,以及如何才能实现高质量的体育运动[1]。2005 年,教育技能部(DFES)又制定了"在学校你拥有高质量的体育教育与运动吗?"(Do You Have High quality PE and sport in Your school?),进一步对高质量的体育教育与运动进行了解释,通过文字与图片相结合的形式指导学生用高质量的体育教育与运动标准进行自我评估,并在评估结果的基础上进行改进与完善。2007 年,英国政府制定了"青少年十年规划"(Ten-Year Youth Strategy),全面促进青少年的体育参与,该政策将青少年体育活动的参与度作为评价大众体育发展状况的重要指标。

英国伦敦在 2005 年赢得了 2012 年第 30 届夏季奥运会的主办权,伦敦奥组委在申奥成功时许下了"鼓励更多的年轻人参与到运动中去"的承诺。2012 年 4 月,伦敦奥组委提出了奥运口号"Inspire a Generation"(激励一代人),既是对申办奥运会承诺的兑现,更体现了英国政府改变青少年参与体育运动的态度。2008 年到 2012 年期间,英国政府借着伦敦奥运会的筹办和举办,推出了多项推进青少年体育发展的政策。

2008 年,英格兰体育理事会(Sport England)推出了"英格兰体育战略(2008—2011)"(Sport England strategy 2008 - 2011),该战略的首要任务就是要解决体育发展过程中出现的诸多挑战,特别是以下三个方面:提升体育参与率,减少脱离体育锻炼人群的数量,以及培养精英体育人才。该战略在重点项

---

① Anne Flintoff. Targeting Mr average: Participation, gender equity and school sport partnerships[J]. sport, Education and society, 2008,13(4):393 - 411.

目和成果部分对青少年体育的发展目标进行了详细规定:实现 60％的青少年能够达到每周相应的体力活动运动量,实现 73 500 名青少年访问英国体育领导者课程①。同年,英国文化、传媒和体育部(DCMS)与青少年、学校和家庭部(DCSF)联合颁布了"青少年体育教育和运动"(PESSYP)5 年战略,目的是要创造一种世界先进水平的体育教育与运动体系。该战略的具体实施方案是"5 小时交付指南"(A Guide to Delivering the Five Hour),该指南由英格兰体育理事会(Sport England)、青少年体育信托基金会(YST)以及青少年体育教育与运动理事会(PSFYP)等协同制定,指南开篇明义地指出:随着伦敦奥运会的临近,更需要倍加努力建立世界级水平的体系来改善英国的体育教育与运动水平。"5 小时交付指南"的核心内容是要保证英国所有 5—16 岁的青少年每周有 2 个小时用于接受高质量的体育课程教育,有 3 个小时用来参与由学校、志愿者或社区提供的体育活动;该指南的目标是要在 2010—2011 年保证 40％的青少年能够参与到 5 小时交付活动中,80％学校体育联盟的学生每周有 3 个小时参与到体育教育与运动中,2012—2013 年保证 60％的学生参与体育教育与运动的时间达到每周 5 个小时②。

英国青少年和学校体育政策的推行在实践中确实起到了一定的效果。据统计,2008 年,英国 16—25 岁的年轻人参与体育的比例已经达到 57.8％。然而到了 2011 年,统计发现 16—25 岁的年轻人参与体育的比例反而降到了 54％,这种态势引起了英国政府的高度重视。2012 年伦敦奥运会前夕,英国文化、传媒和体育部(DCMS)正式启动了"让运动成为生活习惯——新青少年体育战略"(Creating a Sporting Habit for Life—A New Youth Sport Strategy),该战略是在学校之外体育活动,诸如足球、网球以及游泳等英国主要运动项目的青少年参与率下降的背景下提出的,其目的就是要培养青少年良好的体育锻炼习惯。该战略由英格兰体育理事会投资 10 亿英镑,主要措施包括:在学校建立可持续发展的竞技体育遗产,改善学校与社区体育俱乐部之间的关系,与体育治理主体加强合作,投资体育设施,发挥社区和志愿部门的作用等③。与以往青少年体育政策不同的是,"新战略"在政策具体内容中采用了案例引

① Istvan Atila Kiraly, Andrea Gal. From grass roots to world class(A strategy for delivering physical activity)[J]. Studies and Research, 2011:25 - 39.
② The PE and sport strategy for Young People-A Guide Delivering the Five Hour Offer[M]. London: HMSI,2009.
③ DCMS. Creating a sporting habit for life-A new youth sport strategy[M]. London: HMSI, 2012.

导的方式,举了6个案例,通过嵌入成功案例的方式对不同策略进行深入理解、说明,如:"曼彻斯特学校运动会""布莱顿游泳俱乐部""西汉姆业余拳击俱乐部""羽毛球俱乐部"等等。"曼彻斯特学校运动会"案例讲述了曼彻斯特地区每年都会利用2002年英联邦运动会时的体育场地设施举行学校运动会,到2011年已经有200多所大中小学参与其中,超过1 500名学生运动员参与到11个运动项目的比赛中,同时还有超过250名的学生志愿者负责体育比赛的组织与运营工作。"西汉姆业余拳击俱乐部"是单项体育协会与学校建立良好联系的案例,西汉姆业余拳击俱乐部(ABC)位于伦敦东部,已经发展了130个成员。该俱乐部拥有过硬的技能、纪律和自信,在当地较受欢迎。在纽汉学院的帮助下,西汉姆业余拳击俱乐部专门建立了卫星俱乐部,为学校和学院的年轻人提供相适应的体育运动,广受学生们的欢迎。实际上,"新战略"所提出的每个具体措施都有相应的案例介绍,这在英国以往的青少年体育政策中并不多见。案例嵌入政策的方式除了对相应的政策措施给以解释说明外,更重要的是能给予具体政策执行者以及政策目标群体以正确的指向,有利于青少年体育政策在实践中的推行。

奥运会期间,英格兰体育理事会(Sport England)又推出了"新的青年和社区体育战略"(The Youth and Community Strategy),该战略是"让运动成为生活习惯——新青少年体育战略"的延伸与细化,包含多项具体方案,其中最引人注目的莫过于"学校运动会计划"(School Game),该计划预计投入1.5亿英镑的资金,建立面向全国中小学的体育赛事体系,包括校内运动会、校际运动会、郡级运动会和全国总决赛四个等级,参加学校运动会的主体不再只面向少数精英青少年运动员,而是面向所有年龄阶段的有各种运动能力的青少年学生,通过体育竞赛激发了全英国学生参与体育的热情,其作用是学校体育课所无法替代的,该计划延续到2015年①。

四、伦敦奥运后的青少年和学校体育政策(2013—至今)

2012年8月12日,为期17天的伦敦奥运会落下帷幕,时任国际奥委会主席的罗格评价伦敦奥运会:"通过注入激情,履行为运动员量身定做的奥运承诺,成功地刷新了奥林匹克的品牌,是一届充满快乐和荣誉的运动会"。伦敦

---

① 王磊,司虎克,张业安.以奥运战略引领大众体育发展的实践与启示——基于伦敦奥运会英国体育政策的思考[J].中国体育科技,2013,33(6):23-30.

奥运会英国代表团共斩获 29 枚金牌,比北京奥运会的 19 枚整整多出 10 枚,仅次于美国、中国,位居金牌榜第 3 位。英国奥运会优异成绩的取得与东道主效应相关,但也与该国所推出的促进青少年体育的政策密不可分。后奥运时期,英国除了继续推行 2012 年所制定的"让运动成为生活习惯——新青少年体育战略"以及"新的青年和社区体育战略",一些部门还推出了进一步改善青少年体育、形成良好的体育生活习惯(风格)的政策。

2013 年,英国国家单项体育治理组织(NGBs)发布了"国家单项体育治理组织 2013—2017 基金计划"(National Governing Body 2013—2017),该计划是"新的青年和社区体育战略"的重要实施方案,目的是要帮助青少年从学校体育转向社区体育俱乐部,国家各单项体育组织和各类学校一起为青少年学生提供更多的体育机会。该计划预计投资 4.5 亿英镑,目标受益群体是 14—25 岁的年轻人。通过单项体育组织和学校体育的对接,对年轻人进行体育全覆盖;大学要和 NGBs 一起合作,为大学生提供更多的体育参与机会;中学要至少和 1 个 NGBs 开展合作,以学校体育设施为中心建立 1 个社区体育俱乐部,并且辐射到周边的社区俱乐部,由社区体育志愿者负责俱乐部的运营。俱乐部网络涉及的项目包含足球、板球、网球和橄榄球等,可以保证学生在学校之外有充分参与体育的机会[1]。同年,英国青少年体育信托基金会发布了"体育改变生活:青少年体育信托基金会战略规划"(Sport Change Lives:Youth Sport Trust Strategic Plan)。"基金会计划"是一项长达 5 年的战略规划,该战略重新对体育的功能进行了认知(见图 1-1),提出了体育信托基金会 5 年战略的工作重点集中在"体育开始"、"体育机会"和"体育优异"三个领域,每个领域都有相应的目标及完成标准。如"体育开始"领域的目标是培养青少年学生的体育素养,测量标准是要改变英国 100 万基础学校学生的生活;"体育机会"领域的目标是改变残障人对学校体育和运动的态度和理解,测量标准是要培养 25 万立志服务于青少年体育的教师、志愿者等;"体育优异"领域的目标是最大化扩展体育对青少年生活改变的能力,测量标准是要推动 250 万青少年最优生活的改变[2]。

2013 年 9 月,英国政府在准备两年的基础上,颁布了新的英国国家课程标准(New National Curriculum),旨在解决教育质量持续降低、国家课程结构和

---

① 王磊,司虎克,张业安.以奥运战略引领大众体育发展的实践与启示——基于伦敦奥运会英国体育政策的思考[J].中国体育科技,2013,33(6):23-30.

② 童建红.英国青少年体育信托基金会战略及启示[J].山东体育科技,2015,37(1):6-11.

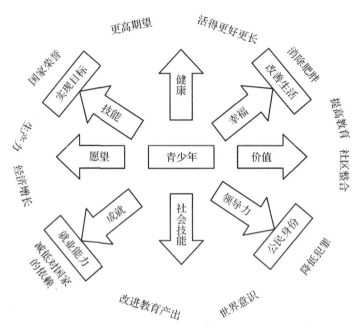

图1-1　英国青少年体育信托基金会战略规划提出的体育认知①

内容不合理等问题，并于2014年9月在全国实施。英国新的国家课程标准将英国的中小学分为四个关键阶段，共包括12门学科，其中英语、数学、科学三门是核心课程，艺术与设计、公民权、计算、设计与技术、语言、地理、历史、音乐以及体育等九门是基础学科(见表1-1)。国家课程标准明确提出了英国国家体育课程的四条学习目标：发展多种身体活动能力；保持长时间持续性的体力活动；参与竞争性的体育运动和活动以及形成健康、积极的生活方式，并围绕课程学习目标提供了具体的课程内容②。2014年11月，英国又颁布了针对普通学生的《国家体育课程学习评价指南》以及针对特殊教育需要学生的《特殊教育需要学生表现性等级评价》，为科学评价学生的体育学习情况提供了权威依据和参考。

表1-1　英国国家课程标准规定的学科结构和开设学段

阶段	ks1	ks2	ks3	ks4
年龄(岁)	5—7	7—11	11—14	14—16
年级	1—2	3—6	7—9	10—11

①　童建红.英国青少年体育信托基金会战略及启示[J].山东体育科技,2015,37(1):6-11.
②　季浏,尹志华,董翠香.国际体育与健康课程标准解读[M].华东师范大学出版社,2018.11.

续　表

阶段		ks1	ks2	ks3	ks4
核心学科	英语	✓	✓	✓	✓
	数学	✓	✓	✓	✓
	科学	✓	✓	✓	✓
基础学科	艺术与设计	✓	✓	✓	
	公民权			✓	✓
	计算	✓	✓	✓	✓
	设计与技术	✓	✓	✓	
	语言		✓	✓	
	地理	✓	✓	✓	
	历史	✓	✓	✓	
	音乐	✓	✓	✓	
	体育	✓	✓	✓	✓

注：ks2 中语言科目是"外语"，ks3 中是"现代外语"，前者强调基础性，后者更强调发展性、应用性与现代性。

2015 年 12 月，英国文化传媒体育部在经过两年的广泛咨询、讨论的基础上，颁布了"体育的未来：充满活力的国家新战略"（Sporting Future：A New Strategy for an Active Nation）。时任首相卡梅伦在前言中认为，该战略的核心是更好地发挥体育对社会所带来良好影响的潜力，借鉴奥运会和残奥会的成功经验进一步治理与发展非奥运项目，坚持体育的纯洁性[①]。该战略第 6 部分第 3 点重点围绕青少年体育提出相应的战略任务，未来需要满足青少年的体育需求，以游泳、自行车为重点项目发展青少年体育，鼓励更多的儿童（0—5 岁）参与体力活动，政府继续投入保障中小学体育课程的有效性，政府与青少年基金会将更广泛地推行学校运动会计划。战略指出，教育技能部将担任重要的领导作用，卫生署与文化传媒体育部及其他协会组织将密切支持，通过积极运动共同维护青少年的利益和体力活动

---

① HM GOVERNMENT. Sporting Future：A New Strategy for an Active Nation[R]. London：Cabinet Office，2015.

成果①。

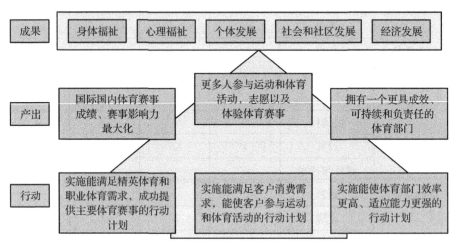

图 1-2 "体育的未来：充满活力的国家新战略"的基本框架②

2019 年 7 月,教育部(DFE)、数字、文化、媒体和体育部(DCMS)以及卫生和社会保健部(DHSC)联合出台了"学校体育活动行动计划"(School Sport and Activity Action Plan)。教育部在 2019—2020 年投资 40 万英镑,通过扩大由教育部资助的英格兰体育志愿者领袖和教练计划,为儿童和年轻人提供更多参与体育志愿者计划的机会,并培训年轻人支持学校运动会;与英国游泳协会和独立课程游泳和水安全评估小组的成员合作,确定学校面临额外障碍的地区,提供高质量的游泳和水安全课程,并提供进一步的支持,以确保所有学生学会游泳,并保障其在水中和周围安全;鼓励学校和提供者合作,作为其中的一部分,英格兰体育将投资 200 万英镑在全国新建 400 个"卫星俱乐部",以 14 至 19 岁的青少年为目标,旨在缩小学校、大学和社区体育之间的差距。

① HM GOVERNMENT. Sporting Future：A New Strategy for an Active Nation[R]. London：Cabinet Office，2015.

② 李冬庭.本世纪英国体育战略的变化特征及其启示[C].2016 年体育改革与治理研讨会论文集，2016.10：19 - 28.

第二节　英国青少年和学校体育的重要政策

一、体育教育、学校体育和俱乐部联盟战略

2002 年 10 月，"体育教育、学校体育和俱乐部联盟战略"（the Physical Education，School Sport and Social Sport Club Links Strategy，简称 PESSCL）由英国文化、传媒和体育部（DCMS）与教育技能部（DFES）联合发布，并于 2003 年 4 月 1 日起正式启动实施。该战略颁布之前，英国学者对体育教育国际发展情况开展了研究，结果表明，学校体育课程愈发面临边缘化的威胁，体育学科在学校中的地位严重下降，尤其是在 20 世纪后期，各国政府对体育学科的漠视态度已经成为棘手的全球性问题。在英国，尽管有立法对学校体育课程作为保障，但是课程分配时间减少，物质和人力支持的缺乏，以及学校、俱乐部、教师、教练之间"若即若离"关系不可避免地造成了学校体育质量的下降，英国体育教育发展陷入困境。2002 年工党政府充分意识到问题的严重性，因此将体育教育和学校体育作为其公共政策重点领域之一。

英国慈善组织青少年体育信托基金会（英文简称 YST）在制定和实施 PESSCL 战略方面发挥了重要作用。作为时任 YST 的首席执行官，坎贝尔（Sue Campbell）在英国体育理事会的委托下领导了英国青少年体育战略规划小组（Young People and Sport in England Strategy Group）的咨询会议，为了鼓励青少年更多地参与到体育运动和身体活动中来，此小组开始讨论战略的基础结构框架，并认为应将学校体系作为发展青少年体育的基础：学校可为所有儿童青少年提供平等的体育权利与机会，此外还考虑了社区组织、青少年部门、体育管理机构和地方当局协同参与的多元治理模式，这为政府 PESSCL 战略的制定提供了思路。YST 基于"看到更多的人在操场上运动"的愿景，期望通过以学校为中心向社会体育组织辐射，强化学校和社区体育俱乐部之间的联系，进而普及和提高青少年体育运动，这为 PESSCL 战略结构框架的成型奠定了基础①。

---

① Lesley Ann Phillpots. An analysis of the policy process for selected elements of the physical education，school sport and club links strategy in England[D]. Southborough University，2007.

　　该战略的目标与当时英国政府的重要议程规划相吻合,即提高学校体育教育标准、培养竞技体育后备人才、改善学校教育风气、提高国民健康水平、培养积极公民意识等都涵盖在内。PESSCL战略由最初的8个相互联系计划扩展至9个,并形成了英国青少年和学校体育一体化的工作链:体育学院建设计划,学校体育伙伴关系,学校与俱乐部链接,"天才青少年运动员"培养计划,资格鉴定及课程管理局对学校体育的调查计划,志愿者与领导者步入体育计划,游泳计划,运动场地和专业发展计划。这九条工作链将一系列举措合理化并连接到一个通过PSA目标向政府负责的统一框架中。其中,体育学院和学校体育伙伴关系是该战略结构的两个主要组成部分,体育学院是学校网络和学校体育伙伴关系的中心基点。学校体育伙伴关系是由小学和中学组成的网络,通常与专业的体育学院相联系,该学院获得DFES的额外资助,以增加伙伴关系中所有学校的体育机会。政府对PESSCL战略的承诺投入总额超过10亿英镑,资金主要来自财政部而非彩票资金,这也呼应了工党政府之前明确表达的要大大提高体育教育和学校体育资金投入的承诺。

二、让运动成为生活习惯—新青少年体育战略

　　2012年的1月,英国文化、传媒和体育部启动了"让运动成为生活习惯——新青少年体育战略"(Creating a Sporting Habit for Life—A new youth sport strategy)。该战略的目标是提高青少年锻炼人口数量,减少走出校门后不再参加体育活动的青少年人数,培养青少年良好的体育锻炼习惯。应该讲,该战略是伦敦奥运会之前颁布的最后一项促进青少年体育发展的政策,既体现了英国政府坚定不移改变青少年参与体育运动的态度,又是伦敦奥组委一如既往向着兑现申奥承诺目标前行的写照。

　　新青少年体育战略的主要措施主要包括5个方面[1]:第一,在学校建立可持续发展的竞技体育遗产。"新战略"指出,英国文化、传媒和体育部预计投资1.5亿英镑,针对英国所有学校建立包含30多个项目的全年运动会框架体系,目的是为年轻人提供令人难以置信的体育竞争机会,鼓励他们参与到体育运动中去。该运动会框架包括校内运动会、校际运动会、郡级运动会和全国总决赛四个等级,学校运动会不再只面向少数精英青少年运动员,而是面向所有年龄阶段的有各种运动能力的青少年学生,以及残疾青少年学生。第二,改善学

---

① DCMS. Creating a sporting habit for life—A new youth sport strategy[M]. London: HMSI, 2012.

校与社区体育俱乐部之间的关系。英国政府将强化体育俱乐部与中小学、学院以及大学之间的关系，积极创建包括学校和社区俱乐部的网络联盟体系。到 2017 年，6 000 个新的学校与俱乐部联盟已建立，其中足球协会已经承诺下辖的 2 000 个俱乐部将与英格兰各地中学建立联盟，板球协会 1 250 个俱乐部、英式橄榄球协会 2 300 个俱乐部以及网球协会的 1 000 个俱乐部都已承诺与地方中学建立联盟关系。此外，到 2017 年，英国将为 150 所继续教育院校配置每校至少 1 名的体育专业人员，负责提供学生参与体育运动的机会，保证至少 3/4 的大学生获得参与一项新运动的机会，或者是继续他们在学校时参与的体育活动。第三，加强与国家单项体育治理组织合作。英国文化、传媒和体育部将把整个战略计划以合同的形式交付给英格兰体育理事会（Sport England）以及 46 个国家单项体育治理组织（NGBs），由这些组织负责整个青少年体育战略的具体推行。同时规定在该战略的第一阶段，单项体育治理组织等实施主体需要重点关注 16 岁以下的青少年学生，保证这一群体体育运动参与率的提升；第二阶段关注的群体是年龄处于 14—25 岁的青少年学生，保证至少 60％的资金总数投入到该年龄阶段的群体。在战略的具体实施中，每项措施都应该包含明细的目标，以确保青少年学生参与率的提升。第四，投资兴建与升级社区体育场馆设施。英格兰体育理事会将投入 5 000 万英镑彩票公益基金用来升级 1 000 所地方体育俱乐部和设施，投入 3 000 万英镑用来修建标志性的综合性体育设施，投入 1 000 万英镑用来更新与保护体育场馆设施。在第一轮投资的基础上，英格兰体育理事会进一步投入 1.6 亿英镑的彩票公益金建立或改善地方的体育设施和俱乐部。英国四分之三的体育场馆、室外人工场地以及三分之一的游泳池都隶属于各级各类学校，但在节假日这些场馆设施使用率不高。为使学校体育场馆设施发挥最大化的价值，英格兰体育理事会将投入 1 000 万英镑交付于学校。第五，放宽供给渠道，寻求合作伙伴。为了确保更多的青少年参与体育，英格兰体育理事会将提供专项资金，鼓励地方那些与 NGBs 不相关的体育俱乐部、志愿组织等给青少年提供一定的运动体验，培养青少年形成终身体育的习惯。此外英格兰体育理事会将与"街道游戏"（Street Games）合作，通过建立 1 000 个持续发展的"家门口俱乐部"，延长他们的"家门口体育"方案；英格兰体育理事会也将与霍姆斯女爵遗产基金会（Dame Kelly Holmes Legacy Trust）合作，鼓励至少 2 000 名处于社会边缘的青年人参与体育运动，同时学会新的生活技能。

三、英国学校体育和活动计划

为防止青少年静态时间过长、身体肥胖等导致身体素质下降,帮助儿童和年轻人与同龄人建立联系,解决孤独和社会孤立问题,真正确保体育活动成为学校日常活动和课后活动的一个组成部分,2019 年 7 月,在教育部(DFE)、数字、文化、媒体和体育部(DCMS)以及卫生和社会保健部(DHSC)的联合承诺的基础上出台了"英国学校体育和活动计划"(School Sport and Activity Action Plan)。

"英国学校体育和活动计划"(以下简称活动计划)共 24 页,包含 9 个部分的内容[①];第 1、2 部分是关于该"活动计划"的介绍和面临的挑战,进一步阐释了体育活动的意义以及新策略惠及的群众面,提出在 2030 年肥胖儿童减半的巨大挑战;第 3 部分讲述的是关于青少年的一种新的、合作的方法,提出 Ofsted 的新检查框架。具体包括两个方面,一是跨政府合作,为确保"活动计划"领域的正确性,除政府政策及资金的支持外,与政府之外的体育协会、体育联盟等组织联合建立了一个新的联合起来的方法成为体育运动的最有力的支撑。二是实施范围,由于苏格兰、威尔士和北爱尔兰的卫生、教育和草根体育政策已经下放,因此这项计划只适用于英格兰;第 4 部分主要是"活动计划"的壮志雄心和实现成功的框架;第 5 部分是具体的行动和承诺,包含提供体育联合活动、尝试新方法、增强运动能力、提体育高认识四个方面;第 6 部分讲述的是学校的行动,提到资金对于学校的直接支持,能够让学校更加自主支配使用权、对教师的培训能够更好地让学生接触到高质量的体育教育、对小学体育的支持以及设立运动津贴,2020 年 9 月开始普及新的健康与关系课程,规定了体育活动的重要性、确保所有儿童离开小学时都具备重要的游泳和水安全技能、学校评等级计划;第 7 部分讲述的是社区和地方体育,主要包括课后体育俱乐部、校运动会以及体育联盟等具体要求措施和标准;第 8、9 部分讲述的是测量体系和各部的具体工作职责(详见表 1-2)。

表 1-2　"英国学校体育和活动计划"中各部门的具体职责

部门	承诺	行动
教育部和数字、文化、媒体和体育部	创新试点	政府将启动一系列区域试点,尝试新的创新方法,让年轻人积极参与体育和活动的协调提供。

---

① School Sports and Activity Action Plan[M]. London：HMSI，2019.

续　表

部门	承诺	行　动
教育部和数字、文化、媒体和体育部	授权年轻	学校应确保学生有机会在全校一整天都积极参与，以吸引和吸引他们的方式。英格兰体育将提供 100 万英镑的资金，帮助增强女孩的能力，建立她们的信心，与女孩可以联系起来。教育部将提供高达 40 万英镑的经费，让更多年轻人有机会参加体育志愿活动。
教育部、数字、文化、媒体和体育部以及卫生和社会保健部	提高认识	政府将提高人们对儿童和青少年体育活动重要性的认识，并将"每天至少 60 分钟"等信息视为"每天 5 分钟"。

第三节　英国青少年和学校体育政策的主要特征

一、坚持青少年和学校体育政策目标与问题导向相统一，重视对政策的延续和完善

任何一项公共政策的制定和执行都是为了实现一定的社会目标，没有目标的公共政策是毫无意义的。正如安德森所说的，"我们所关心的是有目的或者目标取向的行动，而不是随意行为或偶然事件，现代政治系统中的公共政策基本上不是那些偶然发生的事情，它们是有意识地要产生一定结果的。"①纵观英国的青少年和学校体育政策，具有比较明晰的目标导向。如布莱尔政府时期的"体育教育、学校体育和俱乐部联盟战略"与布朗政府时期的"青少年体育教育和运动战略"，乃至联合政府时期的"国家单项体育治理组织基金计划"，虽然由不同的政府推出，但它们的战略目标却是一脉相承的，即都是为了构建世界一流水平的体育教育与运动体系。实际上，英国 21 世纪以来的青少年和学校体育政策也是围绕这一战略目标而推出的，即便是 2012 伦敦奥运会的举办也没有改变英国和学校青少年体育发展的目标导向。英国青少年和学校体育政策目标导向的一致性能够保证政策的延续性，避免了政策制定的重复性与随机性，更为重要的是不至于造成人力、物

---

① 钱再见.基于公共权力的政策过程研究[M].南京:南京师范大学出版社,2013:11.

力与财力等政策资源的浪费。

如果说政策的目标导向是一种宏观的指引,能够带给人憧憬与向往,那么政策的问题导向则是对现实社会问题的一种能动反映,并提出具体的解决方案。英国的青少年和学校体育政策正是在目标导向的指引下,对存在于青少年和学校体育发展中的具体问题提出相应的解决方案。囿于不同时期青少年和学校体育所面临的问题可能会不同,英国政府所制定的政策亦有所区别。针对 21 世纪早期青少年运动参与率下降的问题,英国政府提出了遏制问题的 9 个具体方案,内容涉及体育场地设施改善、体育俱乐部联系以及体育教师培训等多个方面,还先后印制了 3 本具有指南性质的小册子,为英国青少年学生提供指导。针对青少年学生参与竞技性运动项目下降的问题,英国政府先后推出了"学校运动会计划""学校体育活动行动计划"等,构建面向全国青少年学生的、分层分级的学校竞赛体系。可见,英国青少年和学校体育政策为青少年体育发展中的问题提供了全方位、多角度的解决措施,层层推进,逐步完善,在解决问题的同时,其实是对长远目标的一种不断接近。这种将目标与问题导向相统一、长远与具体相结合的政策演进态势,正是英国青少年和学校体育政策的真实体现。

二、注重公共体育服务的整合,强调多元主体对青少年和学校体育政策的协同推动

英国青少年体育的范畴绝不仅仅局限于学校体育,除了学校统筹安排的体育教育课程,包括学校里的课外体育活动、竞技比赛以及社区体育俱乐部的健身活动,甚至是家庭体育等,凡是与青少年密切相关的体育教育与运动都属于青少年体育的范畴。事实上,英国的青少年和学校体育政策也一贯是涵盖了学校体育教育、社区体育俱乐部以及青少年竞技比赛等。那么,英国青少年和学校体育政策的推动必然涉及政府多个部门,并且需要多个部门之间相互沟通、协作。然而,英国传统的政府部门架构过细,条块分割态势较为严重,彼此缺少沟通,这种状况也是导致早期英国青少年和学校体育政策推行困难的重要原因之一。1997 年,布莱尔政府上台之后对传统的政府结构进行了改革,提出了"整合公共服务"(Joint-up Service)的执政理念,打破了以往英国政府各部门功能分割的壁垒,改变了传统政府部门沟通不畅的弊端①。改革之后,传统的政府机构更多的职责在于诸如政策制定和分析的管理工作,而政策执

---

① 张汝立.外国政府购买公共服务研究[M].北京:社会科学文献出版社,2014:12.

行机构逐渐由社会组织来担纲,这样既缩减了政府编制,还能将社会专业机构或人才有效组织起来,有利于政策执行效率的提升。

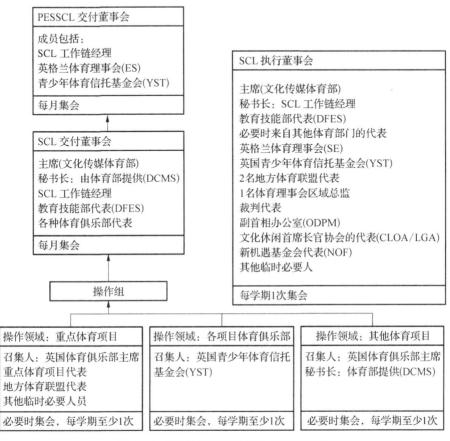

图1-3　"学校体育伙伴关系方案"(SCL)

　　英国青少年和学校体育政策的推行正是处于政府机构改革后的环境之中,形成了包括英国文化、传媒和体育部(DCMS),教育技能部(DFES),英格兰体育理事会(Sport England),英国国家单项体育治理组织(NGBS),英国青少年体育信托基金(YST),质量监测部(OFSTED),地方政府部门,各类学校以及其他相关政府部门在内的"公共服务整合"的推行体系结构。体系中的不同部门其职能亦不同,如隶属政府部门的文化、传媒和体育部以及教育技能部主要起组织与管理作用,制定各类青少年和学校体育政策,并提供政策资金保障;英格兰体育理事会、英国国家单项体育治理组织以及英国青少年体育信托基金则是政策的具体执行机构,其中英格兰体育理事会不属于政府机构编制,主席由政府任命,委员及其他员工面向社会招聘,理事会偏重于青少年竞技体育政策的推行。国家单项体育治理组织倾向于社区体育俱乐部政策的推行,在英国的各个郡和包括首都伦敦在内的各大小城市,各单项体育协会、体育俱乐部之类的组织数不胜数,负责政策在地方的具体推行。而青少年体育信托基金是由社会企业家创立的,宗旨就是多方筹措资金支持学校体育的发展,主要负责学校体育政策的推行以及与社区体育的交流、沟通;地方政府部门以及各类学校协同以上各政府部门以及各执行机构执行具体的青少年体育政策;教育质量监测部则是各类青少年体育政策执行结果的评估机构,定期对各政策进行检测、评估,并提出建议。

在具体的青少年和学校体育政策推行中,涉及的部门可能有所不同,如"体育改变生活:青少年体育信托基金会战略规划"的"自行车能力"项目主要由青少年体育信托基金会协同英国交通运输部(DEFT)联合推行的,目的是在青少年群体中推广自行车运动,而且在城市公共交通设施建设过程中,确保青少年骑行能顺利进行①。"体育教育、学校体育和俱乐部联盟战略"(PESSCL)的"学校体育伙伴关系方案"(SCL),涉及的部门多达十几个(见图 1-3),SCL交付董事会是 PESSCL 董事会的下属部门,而 SCL 执行董事会是方案的具体执行组织,由文化传媒体育部、教育技能部等政府部门的代表,英格兰体育理事会、青少年体育基金会等社会体育组织,地方学校、俱乐部代表以及其他相关部门代表共同组成,共同执行政策方案,并定期召开进展会议。

三、青少年体育和学校政策方案遵循量化原则,重视对政策过程的监督与评估

政策规划要取得好的成效,关键在于执行和落实,而执行和落实的着力点在于确立具体可操作性的量化考核标准②。实际上,从 20 世纪 90 年代的"公民宪章运动"开始,英国已经基本形成了公共服务提供的政府监督评价格局,表现在需要明确公共服务的标准,提供完整而准确的信息,提供礼貌服务,完善投诉受理机制,"消费至上""授权公民"的价值取向一时成为英国公共服务的标志性宣言③。受"公民宪章运动"绩效考核机制的影响,英国青少年和学校体育政策一度遵循服务目标量化的原则,所呈现的具体方案都有明确的数字信息,在方便相关

---

① 童建红.英国青少年体育信托基金会战略及启示[J].山东体育科技,2015,37(1):6-11.
② 童建红.英国青少年体育信托基金会战略及启示[J].山东体育科技,2015,37(1):6-11.
③ 张汝立等著.外国政府购买社会公共服务研究[M].社会科学文献出版社,2014.12.

部门考核的同时,也体现了对社会公民负责的态度。如"学校与俱乐部联系方案"的目标是将5—16岁青少年在体育俱乐部的参与率,从2002年的14%提升到2008年的25%;"5小时交付指南"的目标,是要在2010—2011年保证40%的青少年能够参与到5小时交付活动中,80%学校体育联盟的学生每周有3个小时参与到体育教育与运动中。"让运动成为生活习惯——新青少年体育战略"(Creating a Sporting Habit for Life—A new youth sport strategy)的每项措施在其内容规定中都有其明确的服务目标、对象以及所能达成的业绩,如"学校运动会计划"规定英格兰体育理事会将投资1.5亿英镑,建立包含30多个项目的全年运动会框架体系;"改善学校与社区体育俱乐部之间的关系"规定,到2017年将建立6 000个新的学校与俱乐部联盟;"投资兴建与升级社区体育场馆设施"规定,英格兰体育理事会将投入5 000万英镑彩票公益基金用来升级1 000所地方体育俱乐部和设施等等。应该讲,英国青少年和学校体育政策都具有量化而非模糊性的政策目标,有效保证了政策执行的方向性以及政策结果的确定性,提高了社会服务的透明度和方便公众参考、监督。

英国大多数的青少年和学校体育政策加入了由财政部批准的《公共服务协议》(Public Service Agree-ment),该协议要求必须明确服务的目的、对象和业绩目标,并对投资有所回报,以及声明谁为实现这些负责[①]。为保障公共服务协议的权威性,英国构建了官方与非官方相结合的公共服务质量监控体系,对加入公共服务协议的各项政策进行监督与评估,公共服务机构都被要求订立和公布服务指标。如"体育的未来:充满活力的国家新战略"绩效测评的内容更加关注体育所能够带来的更广泛的结果,从成果贡献(Outcomes)和产出(Outputs)两个部分建立了相应的衡量指标。成果贡献部分围绕身体福祉、心理福祉、个人发展、社会和社区发展以及经济发展5个方面设置了高水平的成果标准,新战略提出测评结果要反映在向议会提交的年度报告中;产出部分建立了23个关键效能指标(KPI)(见表1-3),青少年和学校体育政策的监督评估主要由教育质量监测局(Ofsted)来推行。教育质量监测局成立于1992年,在学校体育质量的监测与评估工作中发挥着关键性作用。除了一般常规性的监测评估职责外,质量检测局就是履行《公共服务协议》(PSA)的相关监测权利,如2003年"曾对体育教育、学校体育和俱乐部联盟战"(PESSCL)的资金运用状况、目标的完成状况等进行了监测与评估,并形成了相应的监测报告。正

① 杨运涛,刘红建.让运动成为生活习惯——英国新青少年体育战略:内容、特征及启示[J].南京体育学院学报(社会科学版),2016,30(6):79-83.

如有研究者所认为的:教育质量监察局的加入,成为体育教育、学校体育和俱乐部联盟战略高品质目标实现的关键因素,对发现政策执行过程中所存在的问题越来越有用①。

表1-3 "体育的未来:充满活力的国家新战略"体育产出关键效能指标一览表②

序号	领域	指标及内容	数据来源
1	更多人参加运动和体育活动	KPI1 上个月中至少参加 2 次体育运动和活动人口百分比的增加情况 KPI2 缺少体育活动人口百分比减少的情况 KPI3 为锻炼和健康利用户外空间成年人口百分比增加情况 KPI4 达到身体活动扫盲标准的儿童人口比例增加情况 KPI5 达到游泳水平和自行车能力 1—3 级水平的儿童人口比例增加情况 KPI6 对体育持有积极态度并积极活动的 11—18 岁青少年人口比例增加情况	活跃生活调查、利用自认环境活动监测统计以及活动参与情况调查
2	更多人从事体育志愿工作	KPI7 上一年中至少参加 2 次体育志愿工作的人数的增加情况 KPI8 更能代表整个社会的体育志愿者地域分布情况	活跃生活调查
3	更多人亲历体育赛事	KPI9 上一年中亲历体育赛事一次以上的人数	
4	国际体育赛事成绩最大化	KPI10 夏、冬奥运会以及残奥会上获得的奖牌数 KPI11 在夏、冬奥运会以及残奥会奖牌榜上的名次 KPI12 英国在世界、欧洲英联邦顶级赛事上的表现和成绩	英国体育理事会
5	国内体育成绩最大化	KPI13 国家级水平体育赛事上平均拥有观众的情况	
6	主要赛事影响最大化	KPI14 由政府和英国体育理事会主要赛事计划资助的赛事上的观众情况 KPI15 由政府和英国体育理事会主要赛事计划资助的赛事经济影响	

① Lesley Ann Phillpots. An analysis of the policy process for selected elements of the physical education, school sport and club links strategy in England[D]. Southborough University,2007:7.
② 李冬庭.本世纪英国体育战略的变化特征及其启示[C].2016 年体育改革与治理研讨会论文集,2016.10:19-28.

续　表

序号	领域	指标及内容	数据来源
7	一个更富成效的体育部门	KPI16　体育部门就业人数 KPI17　英国在国家品牌指数上的排位:1)总排位;2)体育排位 KPI18　公共体育设施能力未充分利用百分比	体育卫星账户、相关网站以及国家基准服务提供
8	一个在财务和管理上都可持续的体育部门	KPI19　得到公共投资支持的体育机构非公共投资的增加情况 KPI20　公共投资的体育机构能满足新的英国体育治理规范的数量的增长情况	英国体育理事会和各地区体育理事会提供
9	一个更负责任的体育部门	KPI21　满足体育和休闲娱乐联盟志愿规范的要求将其电视转播净收入的30%反哺投入基层体育的协会数量 KPI22　新的"体育劳动力调查"主要数据 KPI23　为履行体育安全和福祉责任审查而设计的指标	体育和休闲娱乐联盟、体育安全和福祉工作小组提供

四、追求体育权利公平的理念,强调青少年和学校体育政策对目标群体的全覆盖

早期英国体育是上流社会、精英贵族以及中产阶级休闲娱乐的重要方式,包括足球、网球、高尔夫球等在内的运动项目在这种精英群体面向中得以诞生与发展,成为世界现代体育发展的摇篮。实际上,英国的青少年体育发展同样沿袭的是贵族精英路线,上流社会以及中产阶级的精英家庭把他们的后代送到了伊顿公学、哈罗公学、拉格比公学等贵族学校就读,这些贵族学校开设了相应的体育课程,是早期英国青少年体育发展的重要组成部分。1976年欧洲体育理事会提出了"Sport for All"的理念,即参与体育运动是每个人的权利;1978年《体育运动国际宪章》颁布,第1条与第2条分别阐述了"参加体育运动是所有人的一项基本权利","体育运动是全面教育体制内一种必要的终身教育因素"。虽然这些政策一定程度上影响了英国政府对于公民体育权利的重视,但政府并没有推出切实可行的策略。直到1995年,伦敦体育理事会向外宣告:"喊了20年的口号,今天终于实现了",英国政府真正支持了"Sport for All"的理念,追求公平的体育发展目标,让绝大多

数公民在没有歧视的情况下参与到体育中。① 在这种背景下，21 世纪伊始，英国政府就颁布了"关于全民体育运动的未来计划"，计划既是对欧洲体育理事会"Sport for All"理念的一种回应，更是从实际操作层面来维护每个公民的体育权利，让更多的英国公民参与到体育运动当中。此后英国颁布的青少年体育政策，继承了维护所有公民体育权利的精神，无论是针对不同年龄阶段的青少年，还是针对女性、残疾人以及不同种族的青少年，都在不同的政策目标与内容中有所规定，努力实现体育运动对所有青少年目标群体的全覆盖。

对于不同年龄阶段的青少年，英国青少年和学校体育政策在不同的政策目标群体中有所针对，如学校与俱乐部联系方案的目标是提升 5—16 岁青少年在体育俱乐部的参与率，而国家单项体育治理组织"2013—2017 基金计划"的目标受益群体则是 14—25 岁的年轻人。针对女性青少年体育参与不足的问题，英国出台了专门针对女性的体育政策，如与苏格兰体育理事会共同推出的"适合女生"（Fit for Girls）计划，目标就是提升女性青少年的体育参与时间。正义论大师罗尔斯认为，一个社会所应该具有的伦理选择必须要考虑社会中最不幸的人的社会机会，只有机会均等的社会才是公平的社会。体育对于促进残疾人群体的健康成长与社会融合具有重要作用，保障残疾人的体育参与机会是 21 世纪英国青少年体育政策重要内容之一。如"体育改变生活：青少年体育信托基金会战略规划"领域之一的体育改变就是针对特殊教育需求者和残障人而设置的，要求所有公共体育设施要建设无障碍设施，满足残疾青少年参与体育的需求。② 穆斯林是英国主要的外来种族之一，2011 年英格兰和威尔士一共有 271 万穆斯林人口，英国全体人口每 20 人就有一人是穆斯林。针对穆斯林青少年，2008 年伯明翰市议会推出了"改善穆斯林女性体育教育与学校体育参与状况"的政策，要求学校要具有包容精神和尊重多样性，提供穆斯林青少年学生较好的体育教育，并要求地方政府积极提供服务于穆斯林女性青少年学生的游泳池③。

① 王志威.英国体育政策的发展及启示[J].上海体育学院学报,2012,36(1):5-10.
② 童建红.英国青少年体育信托基金会战略及启示[J].山东体育科技,2015,37(1):6-11.
③ Birmingham City Council.Improving Participation of Muslim Girls in Physical Education and school sport[EB//OL]. http://www.birmingham.gov.uk/childrenservices.

第四节　启示与反思

一、启示

（一）厘清青少年体育的范畴，完善青少年和学校体育政策体系

实际上，对于青少年学生来讲，虽然他们在学习当中能够踊跃参加各种体育运动，但他们离开学校后，固有的结构化的体育环境发生变化，包括教练、体育设施、队友等均发生了改变，都会对他们的体育参与带来影响，而对于即将进入大学的青少年学生或部分大学生影响更大，因为与中小学生相比，他们的运动环境则发生了更大的改变。如何有效解决处于学校之外的青少年体育参与问题，帮助青少年学生从学校体育转向社区体育俱乐部，使他们在离开学校之后依然保持良好的体育运动参与态势，并形成体育运动的生活习惯至关重要。纵观英国青少年和学校体育政策体系的演进过程，无论是从价值观层面的引领，还是具体内容的规定，政策体系已经趋于相对完善，这种态势源于政策制定者对于青少年体育的清晰认识，换句话讲，对青少年体育的准确辨识是制定科学政策的逻辑前提。从青少年体育的范畴来看，不仅仅是在学校基础上所进行的体育活动，还包括学校之外的诸如社区、家庭、俱乐部等多个空间领域所开展的体育，因而英国诸多政策内容均包含社区、俱乐部等相关规定，如"让运动成为生活习惯——新青少年体育战略"，该战略 5 个措施中有 4 个与社区、体育俱乐部密切相关。

从我国青少年体育发展的理论与实践来看，青少年体育的范畴更多的是指学校体育，包括体育与健康课程、课外体育活动、训练以及课余体育竞赛等，而对于社区、家庭、俱乐部等校外空间领域的体育有所忽视，如 2007 年中共中央国务院颁布的《关于加强青少年体育增强青少年体质的意见》，所提的 9 项措施均很少涉及社区、家庭以及校外体育俱乐部的内容。由此可见，我国青少年体育政策的内容规定还不够完善，需要借鉴英国的有益经验，增加青少年体育政策中关于社区、家庭以及社会体育组织的内容规定，形成学校、社区、家庭以及社会组织等相结合的、促进青少年体育发展的网络体系，比如进一步完善社区体育设施建设，针对青少年的身心特征建设对青少年有吸引力的体育设

施,推动社区青少年体育组织的建设,以社区体育组织带动校外青少年体育的发展;建立与改善社会体育俱乐部与学校体育的关系纽带,聘请俱乐部高水平教练到学校从事体育教学、训练工作,定期开展体育技术技能的沟通与交流;尝试开展包括全体学生以及学生家长参与的学校运动会计划,让更多的青少年共享参与体育竞赛的乐趣,同时进一步改善家长对体育的认知,更好地支持青少年体育的校外开展。

(二)整合部门资源,建立多元主体推动青少年和学校体育的制度机制

英国青少年和学校体育政策能够得到顺利执行,得益于布莱尔政府推出的"整合公共服务"理念,该理念将英国体育政府部门、体育协会组织以及学校、社区等有机整合,共同服务于青少年体育的发展。实际上,我国也在不断地探索整合部门资源发展青少年体育的路径,并在一些政策文件中进行了积极的引导,如在"青少年体育十二五规划"中提出要加强与各相关部门的工作交流与合作,有效整合行政资源,促进青少年体育发展。2016 年 4 月,国务院办公厅颁布了《关于强化学校体育促进学生身心健康全面发展的意见》,其中也提出了"整合各方资源支持学校体育"的策略,通过采取政府购买体育服务等方式,逐步建立社会力量支持学校体育发展的长效机制"。然而,虽然在政策方向上我国确实鼓励整合资源推动青少年体育发展,但在实践中又面临着"整合"力不从心,甚至难以推行的困境,青少年体育的推进往往成为教育部门的"独角戏"。一方面,这与我国传统的专业化部门存在密切相关,专业分工的管理体制,使得青少年体育工作散落在教育、体育、共青团、妇联、体育协会等很多部门和领域,而由于狭隘的部门利益导向,难以与其他部门实现资源的整合。另一方面,尽管相关政策确实有整合部门资源的规定,但这种规定仅仅是理论指导层面的,不够详细,比如哪些部门可以合作,应该如何进行合作均没有具体规定,因而可操作性不强,而英国的青少年体育政策往往在措施中都会具体规定部门的角色与职责,如英国文化、传媒和体育部将"新青少年体育战略"以合同的形式交付给英格兰体育理事会以及 46 个国家单项体育协会组织,由这些组织负责整个青少年体育战略的具体推行,从而使得部门在实际整合中能够有章可循。所以,今后我国青少年体育如果要实现各部门资源的整合,必须建立若干切实可行的制度机制,比如可以借鉴英国经验,颁布的青少年和学校体育政策都应在内容中详细规定各部门的职责;真正实现我国单项体育协会向民间组织的转变,承担推动青少年体育发展的重任;建立鼓励社会

体育组织推进青少年体育的准入机制,并能承担具体政策的实际推行等等,这样整合资源发展青少年体育的工作才能在实践中节节攀升。

（三）重视青少年和学校体育政策的量化标准,强化对政策的监督评估

英国大多数的青少年和学校体育政策加入了由财政部批准的《公共服务协议》,由于该协议要求必须明确服务的目的、对象和业绩目标,故英国青少年和学校体育政策在内容规定中大都有明确的量化标准,这一方面明晰了政策执行主体的责任,同时也能方便管理部门以及社会公众的监督与评估。2005年之后,英国各级政府更加重视体育发展的系统性、科学性,采用数理统计的方式记录收集一些口头资料(每2—4年,采访各级体育官员而成)与文字资料(如政策条款与财务报表),然后统一公布并发布绿皮书[①]。实际上,我国与英国青少年体育政策的重要区别恰恰在于政策内容的量化规定,我国的青少年体育政策往往从理论层面阐释的较多,缺少可操作性强的量化措施,而针对政策所需资金的投入与产出数据更是很少涉及,这种政策运行态势其实赋予政策执行主体很大的空间,由于没有量化标准的约束,一些执行主体在实践中可以随心所欲地执行政策,更有甚者根本不去执行青少年和学校体育政策。除了缺少量化的政策内容规定,与英国相比,我国的青少年和学校体育政策还缺少相应监督与评估的规定,英国很多政策都会在其内容中明确业绩目标、评价主体以及监督部门,并形成了内部性个体评估与外部介入性评估相结合的评估体系。作为调控政策执行的有力工具,只有通过相应的监督、评价与反馈才能科学、合理、及时地调整各类公共政策的执行[②]。因此,我国需要更加重视对青少年体育政策的监督与评估工作,可以借鉴英国的经验,在制定政策时就应当在内容中明确相应的监督与评估主体及其责任;还需要建立内部与外部相结合的监督评估机制,积极引入包括学校体育专家团队、社会组织甚至青少年个体、家长等为成员的第三方评估机制,最大程度保证青少年和学校体育政策的有效执行。

（四）及时公开青少年和学校体育政策资金状况,增强政策过程的透明度

青少年和学校体育政策的具体执行离不开一定的资金保障,没有资金作

---

① 王志威.二战后英国体育政策进展[J].体育文化导刊,2012,(8):17-2.
② 何松博.应对体育休闲:新西兰休闲体育政策及其启示[J].中国体育科技,2016,52(2):44-48.

保证的政策很难实现其应有的政策目标。从"新战略"的内容可以看出,英国的青少年体育政策大多将政策推行的资金投入状况列入其中,并规定所能达成的具体目标任务,这种公开透明的政策资金运用机制有利于外界的监督与评估。从目前我国青少年和学校体育政策的具体推行来看,政策资金状况很难做到全部公开,一些青少年和学校体育政策甚至是部分公开都难以实现。这一方面与我国的财务制度密切相关,另一方面也折射出我国在政策推行方面还存在着一定的模糊地带。而正是基于这种财务制度以及模糊地带的存在,青少年体育政策在实际推行中产生政策阻滞现象,更有甚者产生严重的腐败行为。所以,要促进我国青少年和学校体育政策在实践中的有效推行,需要建立相应的政策资金公开机制,政策执行主体及时公布资金的使用状况,以及政策目标的完成状况,该机制的建立有利于包括各类中小学在内的目标群体以及社会公众对政策的运行进行监督与评估,能够对政策执行主体形成约束力,有助于遏制政策推行过程中的腐败行为,是我国青少年和学校体育政策的推行更加透明、公平与公正。

（五）增加青少年弱势群体的体育政策,实现由关注到行动的转变

参加体育运动是每一个公民的基本权利之一,公民能够享受到体育带来的健康快乐是一个国家和谐与文明的重要体现。在我国青少年群体中,青少年残疾人、留守儿童、贫困地区青少年等在内的弱势群体数量仍然较多。根据中国残联《2014 年中国残疾人事业发展统计公报》,2014 年全国共招收残疾大学生 9 542 人,其中 7 864 名残疾学生被普通高等院校录取,1 678 名残疾学生进入特殊教育学院学习[1];据全国妇联 2013 年的一项研究报告测算,目前中国共有 6 102.55 万的留守儿童[2]。以上数据仅是我国青少年弱势群体的一个缩影,他们的体育权利状况往往处于被忽视的境地,这与我国缺少相应的弱势群体的体育政策密切相关。当然,我国从政策层面对青少年弱势群体的体育有着一定的关注,2007 年,中共中央国务院颁布《关于加强青少年体育增强青少年体质的意见》,在措施中明确提出"有针对性地指导和支持残疾青少年的体育锻炼活动。"然而,类似的政策也仅仅是停留在理论引导层面,并没有实质性

---

① 中国残疾人.残疾人的大学时代[EB/OL].[2011 - 02 - 23].http:www.chinadp.net.cn.
② 赖竞超.从被忽视到顶层设计:三十年两代人留守史[EB/IL].南方周末,2016 - 03 - 24,http://www.in fzm.com/content/116089.

的措施，"缺乏针对残疾人参与体育方法、路径、参与项目的指导性政策。"①而英国针对弱势群体的体育政策已经非常细致，如"新青少年体育战略"中规定，"英格兰体育理事会也将与霍姆斯女爵遗产基金会（Dame Kelly Holmes Legacy Trust），鼓励至少2 000名处于贫困地区的青年人参与体育运动，同时学会新的生活技能"②。而专门针对青少年残疾人颁布的"体育改变计划"要求"所有公共体育设施要建设无障碍设施"。英国关于青少年弱势群体的体育政策对我国有着重要的借鉴意义。今后我国需要进一步增加针对青少年残疾人群体、留守儿童以及贫困地区青少年等弱势群体的政策内容，并且有具体的目标规定、推进路径以及相应的量化标准，而不仅仅是从理论层面进行引导。

二、反思

（一）充分释放体育的价值功能，重点推动青少年和学校体育的发展

早期英国体育是上流社会、精英贵族以及中产阶级休闲娱乐的重要方式，包括足球、网球、高尔夫球等在内的运动项目在这种精英群体中得以诞生与发展，成为世界现代体育发展的摇篮。然而，进入20世纪以来，由于受经济社会发展缓慢的影响，英国体育的发展出现过一定程度的波动与起伏。特别是第二次世界大战结束之后，英国体育并没有随着经济社会的快速发展而发展，甚至一度出现严重滞后经济社会发展的态势，相应的体育政策供给较少，难以满足人们日益增长的体育需求。究其原因，这与当时英国政府没有重视体育的价值功能密切相关，政府不仅没有把体育事业纳入统管范畴，仍然延续了战前的体育政策，对体育的发展介入力度有限，同时政府也没有把体育事业直接纳入国家福利政策的范围，重点仍是教育、医疗、住房、养老等传统领域③。之后，由于受到来自美国与世界其他国家体育发展的强烈冲击与影响，以及本国一些社会精英的不满和批评，英国政府开始重新讨论体育，评估体育发展的价值和功能，并于20世纪70年代将体育纳入政府公共服务的重要部分，成为社会公共支出的内容。针对体育事业发展的领域来讲，英国政府将青少年体育和

① 何松博.应对体育休闲：新西兰休闲体育政策及其启示[J].中国体育科技,2016,52(2):44-48.
② DCMS.Creating a sporting Habit for Life—A New Youth sport strategy[M].London:HMSI,2012.
③ 张新,凡红,郭红卫等.英国体育史[M].人民体育出版社,2019.08.

学校体育作为政府政策的重点之一,20 世纪 90 年代以来,英国政府颁布了一系列的青少年和学校体育政策,夯实了大众体育、竞技体育以及娱乐体育的基础。目前,英国体育已经成为国家经济前 15 位的重要产业部门,体育给经济的贡献持续增长,2012 年体育为英国经济总值增加值贡献 390 亿英镑。根据牛津经济研究院的统计,到 2017 年,伦敦奥运会对英国 GDP 的贡献将达到 165 亿英镑(约合 1 606 亿人民币)①。同时,英国在奥运会等国际体育赛事中的成绩逐步复兴并保持奖牌榜前列,并于 2016 年里约奥运会中取得了金牌榜第二名的战后最佳成绩。实际上体育的力量远不仅仅局限于对国家经济的贡献上,从现有的证据来看,体育运动还能够最大程度地促进身体健康、心理健康、个人成长以及社会和社区的发展,政府每投入体育 1 英镑的资金便可产生 3.15 英镑的社会效益。② 运动与体育活动所能带来的更广泛的结果理应受到关注,"未来资金的投入将基于运动和体育活动所能带来的社会公益,而不仅仅是考虑参与者的数量。"③不难想象,英国政府未来将更大程度上促进体育力量的完全释放,要让每个人特别是青少年都能从参与运动与体育活动中受益,使人们的生活变得更美好,社会更有凝聚力,国家在世界范围内的影响力更大。

(二)理性分析国家制度和社会力量的作用,夯实青少年体育后备人才基础

英国进入工业社会后,政府对体育的态度较为冷淡,甚至认为某些体育行为危及了社会稳定,并通过立法限制街头格斗和街头足球等体育活动。随着工业化进程的不断推进,政府开始鼓励一些部门和民间机构为体育发展提供物质支持,这实际也为英国社会力量参与并主导体育发展奠定了社会基础。特别是受亚当·斯密自由经济思想的影响,一段时期内英国体育的发展主要靠资产阶级、精英阶层人士成立的体育协会组织发挥主要作用,英国的商业体育取得了长足的进步。然而,由于社会力量不受国家集中统一调配,参与体育的力量较为分散,英国体育发展不平衡,大众体育和青少年体育的发展受到较

---

① 英国体育产业达 2 000 亿,解密他们的思维逻辑[EB/OL].2015 - 05 - 19. http://industry.sports.cn/news/ss/2015/0519/103017.html.

② 李冬庭.本世纪英国体育战略的变化特征及其启示[C].2016 年体育改革与治理研讨会论文集,2016.10:19 - 28.

③ HM GOVERNMENT. Sporting Future: A New Strategy for an Active Nation[R]. London: Cabinet Office,2015.

大影响,甚至造成了英国在 1996 年亚特兰大奥运会中仅获得一枚金牌的局面,沦落到与非洲小国布隆迪比肩的地步。20 世纪 90 年代之后,英国政府重新审视国家力量在体育发展中的重要作用,并通过采取一系列措施强化政府力量推动体育的发展,发展大众体育,夯实青少年体育后备人才基础。如创立了不少体育学院和竞技体育学校,聘请国外优秀教练和管理人才,提高体育财政份额并通过发行体育彩票的方式筹集更多体育发展资金。英国政府特别重视对青少年后备体育人才的支持力度,自 2006 年起,英国体育理事会"世界级计划"拓展了其资助范围,分别开始资助运动员和教练员。运动员"世界级计划"是按照领奖台运动员(Podium)、潜力型运动员(Development)和有天赋运动员(Talent)三级对达到世界水平的运动员进行选拔、资助与培养,运动员等级越高,获得资助越多,如领奖台运动员有资格直接从英国体育理事会获得运动员表现津贴奖。运动员"世界级计划"还为运动员提供优秀教练和技术支持、高科技设备以及体育科学和医学顾问等等,通过提供一系列服务旨在确保运动员能够获得成绩提升。

表 1-4 里约奥运会周期英国向单项协会投入情况一览表

单项协会 (国家队)	世界级项目 (WCP)	运动员表现 奖励津贴(APA)	投入总计	受资助以来获奥运 奖牌数(1997—)
田径	23 007 531	3 911 500	26 919 031	31
射箭	630 000	0	630 000	1
拳击	12 084 436	2 183 917	14 268 353	13
羽毛球	630 000	0	630 000	3
皮划艇	16 544 693	2 578 500	19 123 193	16
自行车	24 759 306	4 864 958	29 624 264	46
跳水	7 252 184	1 599 042	8 851 226	5
马术	12 671 195	1 828 458	14 499 653	14
体操	13 811 036	2 646 917	16 457 953	12
曲棍球	12 723 612	4 401 708	17 125 320	2
柔道	6 564 334	830 833	7 395 167	4
现代五项全能	5 498 321	642 208	6 140 529	5
举重	1 097 075	218 417	1 315 492	4

续　表

单项协会 （国家队）	世界级项目 （WCP）	运动员表现 奖励津贴（APA）	投入总计	受资助以来获奥运 奖牌数（1997—）
赛艇	24 706 762	5 817 833	30 524 595	27
帆船	22 249 000	3 508 417	25 747 417	24
射击	6 008 790	934 542	6 943 332	5
游泳	18 812 421	3 618 417	22 430 838	14
跆拳道	8 223 805	1 615 108	9 838 913	6
铁人三项	7 049 372	1 019 333	8 068 705	5
总计	224 323 873	42 220 108	266 533 981	237

在里约奥运会周期内，共对 591 名"天赋"运动员提供支持，平均每名运动员投入 404.7 万元。除了资助力度较大、影响力较强的"世界级计划"，英国还针对运动员实施了"体育巨人计划"（2007 年）、"女子金牌计划"（2008 年）、"格斗机会计划"（2008 年）、"瞄准东京计划"（2014）等若干运动员培养与提高的专项计划。这些专项政策，极大提升了英国国家队在运动员选材选拔。

英国青少年和学校体育政策体现了英国政府对青少年群体的重视，为青少年体育的快速发展提供了重要的外部支持。目前我国青少年和学校体育在发展过程中确实还存在着许多问题，还没能充分发挥促进青少年体质提升的作用，因而需要借鉴诸如英国等发达国家的有益经验，进一步完善我国的青少年和学校体育政策，并为政策在实践中的有效执行提供理论上的指导，最终能够形成促进青少年体育发展的外部政策体系，推进我国青少年和学校体育的健康可持续发展。

第二章　德国的青少年和学校体育政策

德国是现代学校体育的发源地。青少年和学校体育历来受到德国政府的高度重视,政府各级部门颁布了一系列规章制度,涉及学校体育的重要性和必要性、学校体育场馆的建设和社会体育俱乐部设施对学校开放等诸多方面。

第一节　德国青少年和学校体育政策的演进脉络

一、工业革命之前的青少年和学校体育政策(16世纪初—19世纪末)

中世纪时,天主教会实行禁欲主义的教育制度,体育遭到遏制,然而各种打斗活动仍兴盛于德国城乡,它们是德国现代体育运动的前身①。16世纪初期,马丁·路德对宗教和教育体制进行改革,从而揭开了发端于德国的欧洲宗教改革序幕。这一时期的学校教育打破了以宗教和经典著作为主的拉丁学校传统,在体育方面,马丁·路德将以体操为代表的体育运动,纳入学校固定教学内容②。18世纪末,德国涌现了一批博爱主义教育家。"近代体育之父"古兹姆茨是博爱主义教育家最著名的代表,1793年古兹姆茨在教学实践中发现体育的教育功能,出版了第一部学校体育的教科书——《青年体操》,此书从理论和实践上完善了学校体育课程,使学校体育成为一个完整的体系③。德国体

① 颜绍泸,周西宽.体育运动史[M].北京:人民体育出版社1990:122-125.第185页.
② 颜绍泸,周西宽.体育运动史[M].北京:人民体育出版社1990:122-125.第201页.
③ 吕俊莉.美、德体育政策嬗变的经验与启示[J].体育与科学,2014,35(02):19-23.DOI:10.13598/j.issn1004-4590.2014.02.004.

操作为国家教育的一种特殊形式,主要由弗雷德里希·路德维希·杨和一些浪漫主义者建立①。19世纪的德国,还处在普鲁士王国时期,在一次战争中,普鲁士士兵战败,严重挫伤了军队的锐气,为鼓舞士兵士气,路德维希·杨发明广播体操。1811年,杨在柏林郊外的哈森海德开办体操场,吸引民众参与。其目的不仅在于体育教育,更注重激发德国民众对祖国的热爱和对入侵者的憎恨。他提倡"让参加体操运动者都穿统一的运动服,佩带有关德国历史上重大事件的纪念章,唱爱国歌曲,在重大纪念日举行体操表演"。这一体育活动后来被视为"德国民族解放和国家统一运动的一部分",特别在德国西南部,体操运动已发展成为一次声势浩大的争取改革的运动②,"杨式"体操迅速在德国流传开来。杨既不是教育理论学家,也不是像古兹姆茨那样为身体教育建立体系的人,但是他把体操作为国家的和大众化的身体教育形式建立起来。对杨来说推广体操不仅仅是国家层面的事情,同样是超越地区范围的任务,它的目标是建立统一、强大的德国和培养自由、自信的公民。为了培养和建立强大的自我意识,德国体操运动被认为对整体的国家运动起到了很大的推动作用③。

1842年,"德国学校体育之父"施皮斯受普鲁士文化部委托,为学校设计一个革新性的体操方案,建立体操模型,把体操正式引入学校课程。为此他以体操和健身操练习为基础发展了一个体系,他将杨氏体操经过改造后,创编了一套适应学校需要又被统治者所接受的"学校体操"体系,包括集体器械体操、兵士体操和徒手体操。在体育教学中,他自创分段教学法与完整教学法,并将音乐与体操练习相结合,使学校体育内容更加系统化④。施皮斯的体操模型对德国体操理论与实践在结构和风格上的发展均起到了重要作用,19世纪40年代就出现了这种体操模型并且在所有学校中广泛传播⑤。

这一阶段德国还没有明确的青少年和学校体育政策,从宗教改革以后德国就开始将体育发展到教育领域,主要通过体操运动对青少年进行身体教育,将体操运动运用于对青少年的军事训练,重视爱国主义、民族主义和意志品质教育,促使德国体操体系的形成与发展,也因此为"德国体操"成为近代体育的三大基石之一奠定基础。

---

① Grupe O,Krüger M. Einführung in die Sportpädagogik[M]. Schorndorf:Verlag Hoffman,1997.第128页.

② 颜绍泸,周西宽.体育运动史[M].北京:人民体育出版社1990:122-125.第242—245页.

③ Meinberg E. Hauptprobleme der Sportpädagogik [M]. Darmstadt: Wissenschaftliche Buchgesellschaft,1996:5.

④ ProhlR.Grundriss der Sportpädagogik[M]. Wiebelsheim:Limpert Verlag,2006第39页.

⑤ Haag H,Hummel A. Handbuch Sportpädagogik[M]. Schorndorf:Verlag Hoffman,2001:54.

二、两次世界大战期间的青少年和学校体育政策(19 世纪末—1949 年)

德意志帝国统一后,帝国政府日渐重视游戏和户外运动对军事的重要性,户外运动正式被纳入国家政策范畴,同时也为青少年体育锻炼奠定了基础。1882 年,普鲁士教育大臣颁布《果斯列尔游戏训令》,以行政命令鼓励大众参加户外活动[1]。在 1890 年至 1891 以及 1898 年期间,德国政府三次强调增加学生的体育活动时间,注重将户外活动和竞技运动作为培养青年民族主义和爱国主义精神以及军事实用技能的手段并广泛开展,以培养他们的军事实用技能[2]。

一战前,陆军元帅冯·德·霍尔兹倡导组建了"青年德意志联盟",对青年实施有计划的体操、行军等训练,大肆宣扬扩张政策。1914 年这一组织已吸引75 万德国人参加。与此同时,大量受资本家控制的工人运动组织也相继出现。1922 年后,全国运动场网络、体操与运动俱乐部网络在政府的指导下日益形成[3]。

1913 年由德意志帝国体育委员会(Deutscher Reichs AusschuB für Tauglichkeit),简称 DRA,颁布的《体育奖章制度》,也称德国国家体能奖章(German National Badge for Physical Training)或"DRL 体育奖章"(1933 年"DRA"更名为 Deutscher Reichsbund für Leibesübungen,简称"DRL"),该制度是德国体育领域历史最悠久、影响力最大的全民健身计划,制度的实施促进了德国公共体育场地设施的建设,极大地提高了德国公民参与体育锻炼的热情,推动了德国大众体育的发展,与此同时也带动了德国青少年和学校体育的发展。如图 2-1 所示,该奖章在 1920 年增设后分为金质、银质和铜质三个级别。1913 年开始为体育达标的成年男子颁发"德国体育奖章",当年仅颁发了22 枚。1921、1925、1927 年分别开始为体育达标的成年女子、男女青少年颁发"德国国家体能奖章"。为激励大众参与体育活动,测试项目标准较低,如:成年男子在 6 min 以内游 200 m 就达标;有的项目甚至没有完成时间的规定,如男子少年能一次性游完 200 m 也达标。"德国国家体能奖章"制度的颁布与实施加强了国民的体育意识,提高了国民的体育热情,达到了强身健体的目的。

---

① 颜绍泸,周西宽.体育运动史[M].北京:人民体育出版社 1990:122-125.第 275 页.
② 颜绍泸,周西宽.体育运动史[M].北京:人民体育出版社 1990:122-125.第 303 页.
③ 颜绍泸,周西宽.体育运动史[M].北京:人民体育出版社 1990:122-125.第 303 页.

到"德国国家体能奖章"制度实施 75 周年时,已有将近 1 300 万德国人提出测
试申请[①]。

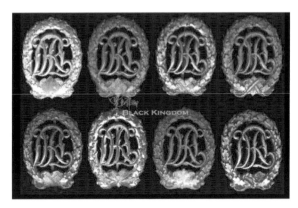

图 2 - 1 　"1937 版 DRL 体能奖章"

　　1918 年德国以战败国的身份结束第一次世界大战,但并没有中断德国体
育事业的发展,在经济萧条、政治动荡、军事遭制裁的不利背景下,为促进全民
健康和体育锻炼,德国于 1920 年在全国范围建设体育设施的计划——"黄金
计划"[②]。此计划对体育场地面积、要求、规格做出相应的规定,具体内容如表
2 - 1 所示,足以证明德国极其重视青少年体育。由于德国纳粹主义兴起以及
第二次世界大战的爆发,该计划未得到实施,但其理念和构想为后来联邦德国
实施一系列"黄金计划"奠定基础。

表 2 - 1 　1920"黄金计划"具体内容

体育场地面积	所有居民人均至少有 3 平方米的体育活动利用面积,而且 10 岁以前儿童人均需有 0.5 平方米的游戏场所。在校学生、毕业后青年和居民有兴建体育活动和游戏场所的义务,人均 2.5 平方米。
体育场地要求	根据乡镇地区、人口等环境情况,对体育场所的规模要求有所不同,将场所建立离闹市 2 公里的地方,内部总面积必须达到周围居民人口人均 3 平方米的标准。
体育场地规格	规划场所规模要求,兴建 25% 的 0.5—1 公顷面积的场地;25% 的 1—2 公顷面积的场地;50% 的 2 公顷以上面积的场地。小乡镇地区设施面积要求不得少于 0.5—1 公顷。超过 1 公顷的运动场禁止公共交通穿行。

　　①　Rthig P, Prohl R. Sportwissenschaftliches Lexikon[M]. Schorndorf: Verlag Hoffman,2003.第
503 - 504 页。
　　②　姚毓武.各国体育测验制度与健身计划简介[J].天津体育学院学报,1994,9(2):14 - 21.

　　1933 年,希德勒上台成为纳粹德国元首,希特勒推崇纳粹体育政策,教导青少年发展的身体教育,把体育训练放在教育的首要地位,通过体育训练培养青少年的军事技能,从而为富国强兵做基础。在体育教育中明显将体育运动军事化、种族化,并建立体育标准测试,推广全民体育加大体育运动的普及以达到为政治服务的目的[①]。纳粹政府相继成立了"希特勒青年团"、"希特勒女青年团"、"劳动服务处"及其他军事预备训练机构负责青年们的体育活动,"劳工阵线"则通过"力量来自快乐"等组织加强对工人体育活动的控制。1934 年,纳粹政府开始推行三级体育奖章,它成为德国法西斯军事体育的基础[②]。

　　纳粹当局掌握政权和教育管理权后,极力推行法西斯主义教育。科学、教育和国民教育部在 1938 年颁布的一项教育法中,明确规定了德国学校的教育目的:德国学校是国家社会主义党教育政策的一部分,其任务是和其他国民教育力量共同合作并采取适当的方法,以培养信仰国家社会主义的国民。为了贯彻希特勒的意图和纳粹化的教育目的,纳粹教育行政当局制定了一系列教育政策,其中不乏学校体育政策,例如 1937 年的《男中体育指南》和 1941 年的《女中体育指南》,而且这些体育政策在各级各类学校中得以实施。如规定中小学教学内容的重点主要在德语和体育等科目,1935 年体育课为每周 3 学时,1937 年后增加为 5 学时,带有强烈军事体育训练的越野跑、足球和拳击综合运动会仅在 1939 年就举行了 5 次之多,体育教师则成为学校中最重要的人物,有的甚至被任命为掌握学校管理大权的副校长;大学里体育和"种族学"被当作最重要的教学科目,一方面"大学生由于参加训练营等各种活动导致缺课,不应该影响他们的考试成绩",另一方面还要求所有大学生体育必须修满 2 学期(1935 年后增加为 3 学期),不然会被强行终止学业,并接受药物治疗等[③]。在中小学中,教育是被希特勒作为巩固政权、实现其政治目标的重要工具,学校完全被纳粹化,学校没有具体的教学目标,只注重体育锻炼,纳粹党规定学校教育主要是侧重政治教育,目的是培养忠实于希特勒、坚定不移地执行领袖意志的驯服工具[④]。

　　总体而言,纳粹德国的体育政策可概括为三大特点:目标的政治化;内容的集权化;形式的全民化。视体育为政治手段,利用体育运动的政治化加强对

　　① 吕俊莉.美、德体育政策嬗变的经验与启示[J].体育与科学,2014,35(02):19 - 23.DOI:10.13598/j.issn1004 - 4590.2014.02.004.

　　② 颜绍泸,周西宽.体育运动史[M].北京:人民体育出版社 1990:122 - 125.第 370—371 页.

　　③ 潘华.德国体育史[M].北京:人民体育出版社 2019.

　　④ Louis L. Snyder:Encyclopedia of the Third Reich,P328.

公民的影响,这是 20 世纪出现的新现象,但被纳粹德国发挥得淋漓尽致。体育的神圣性在纳粹种族理论的笼罩下严重扭曲,被迫服务于荒谬的种族灭绝思想,实属体育运动的"异化"。体育政策显示出纳粹体制的基本特征:集权化。同时它又以全民运动的形式表现出来,亦显示出纳粹体制的另一特征:全民化。何以德国民众醉心于这种形式下的体育运动,除去体制的因素,历史与心理的原因仍是令人思索的一条途径①。

三、分裂时期的青少年和学校体育政策(1949 年—1990 年)

1945 年,二战后德国作为战败国被美、日、英、法四国分区占领。1949 年 5 月,美、英、法三国占领区合并成为德意志联邦共和国(简称联邦德国或西德),同年 10 月苏联占领区宣布成立德意志民主共和国(简称民主德国或东德)。此后西德和东德分别走上了资本主义道路和社会主义道路。

(一)东德时期的青少年和学校体育政策

苏联占领的东德处于社会主义阵营,迫于冷战时期的政治需求,体育完全由政府操持,体育政策的主要功能也是为政治服务。为此,东德于 1948 年建立了体育部,作为体育的中央管理机构,又于 1950 年成立德国体育和体操联盟(DTSB),作为国内最大的体育组织。紧接着又在苏联的帮助下,在莱比锡建立了身体文化研究所(DHFK),专门聘请苏联专家前来进行指导,东德在 1951 年也成立了自己的奥委会,但是一直到 1965 年才取得了国际奥委会的正式认可。所以,战后的东德体育战略是在依照苏联模式的基础上建立起的一整套以集中管理、集中训练和国家供养为基础的计划型体育体制,也就是我们所说的"国家垄断型体育体制"(如图 2 - 2 所示)②。尤其是竞技体育的激励和宣传作用,这种指导思想甚至被写入宪法中,使竞技体育成为宣传和强化意识形态的工具,对巩固执政党的领导有积极而重要的作用③,在中央集权的统一管理下,东德对竞技体育高度重视并投入大量经费,不仅大众体育要为竞技体育让路,学校体育也要为竞技体育服务。东德的体育服务目标是:培养全面发

---

① 孟钟婕.纳粹德国的体育政策[EB/OL].(2011 - 05 - 23)[2022 - 07 - 09]https://www.douban.com/note/152248569/? _i=7242124fSZdMiV.

② Riordan (Editor). European Cultures in Sport: Examining the nations and regions. BristolGBR: Intellect Books,2000. p81.

③ 张时.民主德国的竞技体育运动[J].上海体育学院学报,1989(1):38 - 40.

展的社会主义人格①。学校的身体教育只是由政府、政党决定和控制的整个身体教育、体育运动体系中的一部分。这个体系的中心是竞技体育,支持竞技体育并在世界大赛上争金夺银,以获得国际上的承认和提升东德作为"第二个德意志政府"的价值②。

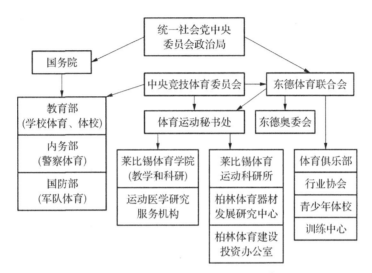

图 2-2 东德竞技体育管理体制③

(二)西德时期的青少年和学校体育政策

依据联邦德国《基本法》第 30 条的规定,联邦德国体育发展的责任主要由州一级机构承担。各州政府的文化部门主管体育,包括学校体育,建设体育设施,培训教练员、体育教师及对体育俱乐部提供资助等,工作的重点是推动和发展大众体育和学校体育,州政府一般不介入体育社团的内部具体事务。甚至在联邦德国的《基本法》中也有关于学校体育的条规:"每个公民都有通过体育,特别是通过学校体育和群众体育以及旅游来维护自身健康和劳动能力的权利"。具体而言,为保证学校的体育教学需要,政府规定学校要有室内、室外体育场地设施,还规定各体育协会和俱乐部的场地设施上午全部向学校免费

① Grupe OKrüger M. Einführung in die Sportpädagogik[M]. Schorndorf:Verlag Hoffman,1997. 第 124 页.

② ProhR.Grundriss der Sportpdagogik[M]. Wiebelsheim:Limpert Verlag,2006 第 57 页.

③ 刘波.德国统一前后竞技体育发展特点研究[J].北京体育大学学报,2010,33(10):25-28. DOI:10.19582/j.cnki.11-3785/g8.2010.10.007.

开放,私人机构的体育场馆向学校开放,由政府支付租金。由于有政府的重视,有经济做后盾,发展学校体育事业有了良好条件①。

西德在制定体育方面的政策和制度与东德截然不同,西德注重全民健身的发展,以大众体育为主、竞技体育自由发展的体育政策。为此,1950年西德成立体育联合会,开始发展俱乐部体制。1952年,德国体育咨询委员会《关于学校体育的决议》,其中决议指出:"我们看到在德国教育事业中一定程度上重智育轻体育,这对德国青少年一代是不利的",并提出以下建议:建造必要的练习场所(体育馆、运动场、游泳池等);依照学校体育特点培养体育教师;在职业学校开设体育课;保证体育教师的社会与经济地位②。

1956年,德国体育联合会和德国文化部长会议就联合签署了"促进学校体育的建议",其中明确指出:"体育属于青少年教育的一部分,如果对体育没有或没有充分的关注,那么整个教育就会出问题。体育活动是青少年保持健康所不可缺少的内容"。并对学校体育提出如下四个方面的要求:一是整个教学计划中体育课的课时要确定。每个年级和不同类型学校有多少周学时数(一般3学时),下午的课外体育活动提供哪些活动内容都应明确。二是体育要有受过专业教育的合适的体育教师。每所公立学校的教师要能够与他的班集体一起进行身体练习。此外,对师范院校的录取条件与教育内容也有此要求。三是资助练习场馆建造,这里主要指改造和新建体育设施的方式方法,以满足学校及校外体育活动的要求。对此国家要配给一部分资金。四是学校体育与俱乐部合作。这一巨大规划从50年代已开始,在随后几年的实施过程中又不断得到强化,开启了体育俱乐部与学校合作的先河,俱乐部弥补了学校体育教学的不足,培养了学生的体育兴趣爱好,使学生的业余体育生活更加丰富多彩③。德国体育俱乐部中青少年会员比例较高(60%以上),这主要是因为德国中小学下午不上课,一般在14:00之前放学,家长为了让孩子课余生活更充实,为其报名参加体育俱乐部是一种普遍的选择。中小学生在体育俱乐部中接受某个项目的训练,对学校体育教学是有益的补充。由于可选择的项目众多,它的作用甚至超过了学校的体育课④。

联邦德国政府历来重视学校体育场馆和公共体育场馆的规划和建设(如

① 潘华.德国体育史[M].北京:人民体育出版社 2019.

② 李振彪.二战以来德国体育的发展[J].天津体育学院学报,1995(01):15-20.

③ 吕俊莉.美、德体育政策嬗变的经验与启示[J].体育与科学,2014,35(02):19-23.DOI:10.13598/j.issn1004-4590.2014.02.004.

④ 刘波.德国体育俱乐部建制探析[J].体育与科学,2007,28(5):57-60.

图 2-3 所示)①。1959 年,德国奥林匹克协会(隶属于德国奥林匹克委员会)重新提出了"黄金计划",并在西德城市议会上对原"黄金计划"的标准进行了扩充,提出了修建体操馆和游泳馆的标准及要求,投资数百亿马克进行体育场馆建设②。第一个"黄金计划"(1960 年—1975 年)有效实施,得益于政府、议会和各党派的大力支持。自由民主党全体联邦会议指出,把"黄金计划"作为当前发展青少年身体健康的最重要的任务,其成败关系着下一代人的生命和健康。

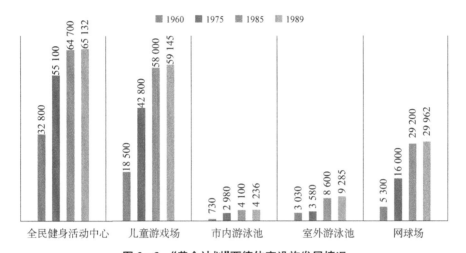

图 2-3　"黄金计划"西德体育设施发展情况

　　1976 年西德开始实施投资额为 76 亿马克的第二个"黄金计划"(1976 年—1984 年)。该计划对居民人均使用场地提出更为标准的要求,如青少年儿童按照年龄阶段划分 5 岁以下、6—11 岁和 12 岁以上三种运动场地,人均使用面积为 0.5 平方米,并规定各区镇根据居民、学校体育俱乐部使用情况统一规划,对体育场馆建设进行合理布局、统筹兴建、综合利用。1985 年投资近 150 亿马克实施第三个"黄金计划"(1985 年—1990 年)。该计划一是采取措施增建新场地,二是为提高场馆功能对现有场地进行现代化升级③。"黄金计划"促使德国兴建大量的体育设施,为全民健身的发展奠定了坚实的基础。这些体育设施主要由学生和社区共同拥有,上午体育场地由学生使用,余下时间段则

　　① 吴小兵.社区体育经验—德国黄金计划[EB/OL].(2020-10-23)[2022-7-10].https://mp.weixin.qq.com/s/zPE6weyny7srk6lc4qA7lw.
　　② 姚毓武.各国体育测验制度与健身计划简介[J].天津体育学院学报,1994,9(2):14-21.
　　③ 潘华.中德全民健身的比较研究——兼论《全民健身计划纲要》与《黄金计划》[J].成都体育学院学报,2008(01):18-21.

对俱乐部开放,使场地得到充分利用。

1966 年德国体联制定了《德国体育宪章》,宪章开头就明确提出"体育是为全民的健康和幸福服务",加强体育俱乐部与学校之间的合作,推动青少年从事体育锻炼活动①。在宪章中,德国体联明确了关于学校体育的要求,即:小学1、2 年级每天要有体育活动时间;从 3 年级开始每周 3 小时体育课,下午在自愿组成的兴趣小组中进行 2 小时体育活动;职业学校要有固定的体育课;学校体育与俱乐部的合作要进一步加强;学生家长与学校共同负责制;提供良好的体育场馆;学校体育课颁发青少年体育奖章②。

1969 年,联邦德国体育联合会出台了一项鼓励青少年参加体育运动的计划即"青少年为奥运而练"(Jugend trainiert für Olympia),共有 17 个奥运会项目被列入其中。计划用单项比赛的形式,以学校为单位,五年级及以上学生均可参加,比赛分为 5 轮,最后每个州选出 3 个学校参加全德国决赛,共有 80 万青少年参加这项计划。当初建立这种竞赛活动有两个出发点,一方面想以此活动促进学校与俱乐部的合作,唤起青少年对体育的兴趣;另一方面想通过这一方式为 1972 年在慕尼黑举行的奥运会发现天才运动员。虽然这项计划也有为竞技体育寻找好苗子的设想,但其持续发展至今并不在于是否发现竞技体育人才,而是参加这项活动的人数。1970 年"青少年为奥运而练"活动有 6.5 万人参加,1972 年在慕尼黑奥运会后活动仍继续开展,1981年增加到 50 万人,此项计划旨在激发青少年参加体育活动的积极性,增加学校与体育俱乐部的合作。2010 年"青少年为奥运而练"计划已延伸至"青少年为残奥而练"(Jugend trainiert für Paralympics),让残疾的青少年也参加体育锻炼③。

1972 年,德国文化部长会议、德国体育联合会、各州体育联合会与联邦教育部长一起签署"学校体育活动计划",这一计划是 1956 年《促进学校体育的建议》的延续,有关学校与俱乐部之间的合作再一次得到强调。该计划中提出:普通学校的周体育课学时由 2 学时增加到 2.5 学时;巴伐利亚州实施了多内容体育课(21 种体育项目);改善了体育教师现状(学校中体育教师和指导员

---

① 许佳力.德国公共体育服务政策的演进历程及建设研究[J].湖北体育科技,2021,40(08):704 - 708.

② 李振彪.二战以来德国体育的发展[J].天津体育学院学报,1995(01):15 - 20.

③ Jugend trainiert für Paralympics [EB/OL]. [2013 - 08 - 06]. http:// www. dosb. de/de/leistungssport/das-gruene-band/verlaengerung/ueber-jugend-trainiert-fuer-paralympics/.

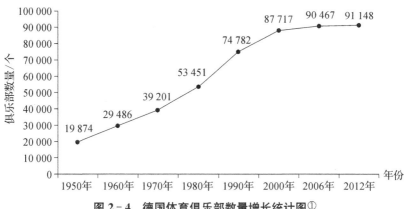

图 2 - 4　德国体育俱乐部数量增长统计图①

均是通过国家考试的受过高等教育的专业人员);增加了课外体育活动②。此后从 1976 年到 1985 年,一些有关学校与俱乐部之间合作具体措施的原则性文件相继出台,这期间德国体育俱乐部数量也陡然上升(如图 2 - 4 所示),而目前各联邦州正在实行的合作项目大都是从 80 年代中后期和 90 年代初开始的③。

1978 年,为了说明学校体育的重要性和必要性,德国教育部长会议倡导了"学校体育代表大会"。首先将学校体育的教育范畴形象地展现在人们面前,并与其他学科享有同等的地位,人们才能更好地理解学校体育。要求学校体育能够做到:发展个性;增加社会交往;体验特殊感受;学会公正;增进健康;丰富闲暇时间;从中选择、发展自己喜欢的课外体育活动项目④。

联邦德国学校体育主要由体育课、课外及校外体育活动组成。体育课是学校体育的主要内容。具体涉及体育教学的目标、大纲、方法、内容、评价以及体育师资等方面。

体育教学的目标概括为培养运动行为能力;通过自身经验,掌握技术技能;维持健康,弥补缺陷;提高安全感,稳定情绪;重视人际交往、社会经验及社会认识;教给孩子利用闲暇时间的方法和必要的行动方式。联邦德国虽然没有全国统一的体育教学大纲,但各州按照自己的需要和学生的实际,制定州的

①　许佳力.德国公共体育服务政策的演进历程及建设研究[J].湖北体育科技,2021,40(08):704 - 708.

②　李振彪.二战以来德国体育的发展[J].天津体育学院学报,1995(01):15 - 20.

③　Gerhard Waschler, Zusammenarbeit von Schule undSportverein in sportpadagogischer Perspektive:1996.

④　李振彪.二战以来德国体育的发展[J].天津体育学院学报,1995(01):15 - 20.

体育教学大纲和实施大纲的教法指导书。州辖市、县和区的学校按照这一大纲的要求,制定本校的教学计划。因而各州的体育课程各有特点,教师执行课程方案有很大的灵活性和自主性,可以自己编定供各年级使用的教材,包括基本要领、简明教法和要求等,学生没有体育课本。

体育教学方法多采用讲解、示范、分组练习、同学间相互帮助、保护、集中讲解、分别辅导等。其特点有三:一是注重运动能力的培养,即对学生各种身体活动能力和素质的培养很重视,有量和强度的要求。而对于技术教学则不太注重,很少有明显的教法步骤,大多数课是教师讲得多,边练边讲,课上练习密度大,很少用停下来专门进行讲解示范的教法。二是体育课没有固定的模式,基本上是按练习的顺序,一个接一个进行教学。一般以强度较小而活跃的游戏开始,以强度较大、轻松愉快的游戏结束。从组织教学的角度看的确很松散,但由于较多采用游戏、竞赛、娱乐的内容和教法,实效较好。三是强调课上利用团体的作用和异性的评价来培养学生良好的社会行为,多数主张男女合班上课。体育教学内容主要根据学生年龄特点提出不同要求,进行不同安排,突出重点项目,大纲教材具有一定的灵活性。上课时在教师指导下教学内容的设置由易到难,从简到繁,要适合教育规律,并使学生在运动中体验到乐趣,培养克服困难的精神。

体育教学评价主要反映在评价标准、评价手段和评价内容等几个方面。首先是体育教学评价从单一的终结性评价向过程性评价和终结性评价相结合并强调过程性评价的方向发展。其次是体育教学评价强调个体评价,即以个人的进步来评价学生的体育学习将成为体育教学评价的重点。再次是体育教学评价的方法正日趋多样化,不仅有教师评价,还包括自我评价、学生互评;评价工具也是多种多样的,既有传统的纸笔测验、技术技能测试、健康测验,也有教师观察、口头测验、日志、讨论、角色扮演以及学生档案等方式。这些主客观相结合的评价使体育教学评价更加客观、全面和科学。最后是体育教学评价的内容正日趋多元化,即包括认知、技术技能和情感三方面内容,而不是单一的技术技能考评或健康测验,而情感的评价受到普遍重视。

联邦德国对中小学体育教师要求高,培养特殊。要求高,一是能力要求高;二是体育教师的任职规格高。对体育教师的能力要求有以下三点:一是要求体育教师首先必须会上课;二是要精通体育的各项理论,专业面要宽;三是不仅要会上课,更重要的是要会教育。培养特殊是指要想应聘中小学体育教师这个岗位必须具备两个学位证书,一个是体育学院的学位证书,此外还要修一门其他课程,如数学、外语、物理、化学、历史、地理、宗教等,并拿到该课程的学位证书,必须要获得双学位。另外还必须要到中小学实习两年,由所在学校给出实习鉴定,合格者才能由国家颁发"体育教师资格证书"。一般要经过7年的时间才能获得此证书。因此,体育教师在学校都是担任两门课的教学,也就是说,没有专职的体育教师。仅获得体育学院毕业证书的学生只能到除学校以外的单位中找工作。

归纳起来,联邦德国学校体育有下列几个特点:

一是各联邦州自主性强。作为联邦制的国家,各联邦州享有较大的自主权。在教育方面,教育事业受国家的监督,但在学校体育课程的目标、内容以及与俱乐部的合作等方面,都是由各联邦州自己来制定政策。

二是体育教育呈现多样性。这是由联邦德国普通教育的多样性造成的。其中学有四种不同的类型:重点中学、普通中学、实科中学和综合中学,由于培养目标的不同,每种类型的中学对学生教育的要求也不同,学校体育课程的内容和要求呈现出多样性。

三是学校体育以运动项目为中心。从20世纪70年代起联邦德国的中小学体育教学即非常重视竞技运动项目的学习,这其中既有1972年慕尼黑奥运会的影响,也有学校体育自身向校外发展的原因。从那时起,其体育教学内容开始以运动项目为单位编制,大量的竞技运动项目进入中小学课堂。

四是重视开发行为能力。从20世纪80年代开始,进一步强调培养运动行为能力,而运动行为能力与个人发展、学习和社会化这些概念都有着密切的联系。狭义的行为能力培养主要指提高学生掌握体育运动技术知识和自我决定参与体育运动的能力,而广义的行为能力则是在日常生活的其他方面所需要的"普通行为能力"。也就是说,重视运动行为能力的培养实际上就是重视学生通过体育运动达到社会化的目的。

联邦德国中小学除体育课外,其余体育活动一般以俱乐部的形式来开展。课外及校外体育锻炼,主要是通过个人自愿参加大众体育俱乐部和学校与体育俱乐部之间的合作来实现。作为学生课外体育锻炼的主要形式,学校与大众体育俱乐部之间的合作体现了俱乐部体制对学校体育的促进作用。活动内容一般有课间锻炼、体育锻炼兴趣小组、学校运动会、校外体育夏(冬)令营等[①]。

---

① 潘华.德国体育史[M].北京:人民体育出版社,2019.

四、统一时期的青少年和学校体育政策(1990 年—至今)

1990 年,民主德国正式加入联邦德国,分裂 40 多年的两个德国重新统一。两德统一后,为了振兴东部濒于瘫痪的体育事业,特别是严重匮乏的体育场地设施,德国依照原西德的模式发展大众体育,于 1999 年在原东德实施了"东部黄金计划"(Goldener PlanOst),改建东德原有的体育场馆和体育设施,促使东部体育转型。到 2003 年,该计划得到的联邦资金共计约 5 200 万欧元,已经采取了约 250 项措施,另有 100 项措施正在规划中①。

2000 年 12 月颁布实施的《德国体育指南》是 1966 年《德国体育宪章》在新时代的修订本。它是德国体育联合会制定的关于德国体育的最高法律文件。它对德国体育运动的组织、宗旨、原则、成员资格、机构及其各自的职权范围和德国体育各种活动的基本程序等做了明确规定。这个法律文件是约束所有德国体育活动参与者行为的最基本标准和各方进行合作的基础。《德国体育指南》由"总结德国体育的辉煌成就""力求体育变革""体育发展规划及体育解放与一体化""体育的统一与团结""自我管理组织与志愿者"和"对德国体育未来发展的义务与责任"6 部分组成。其中的第 6 部分主要涉及大众体育,有"坚持满足大众增长的体育需求"、"加强青少年体育工作"、"完善体育志愿者队伍"等条款②。事实上它已成为 21 世纪德国大众体育的行动纲领。

2000 年在德国体联成立 50 周年的大会上,德国体育联合会与文化部长会议和州体育部长会议发表"联合声明",旨在推动学校体育,强调学校体育对于终身体育锻炼的重要意义,同时也为 21 世纪的德国学校体育指明了发展方向。此"联合声明"可以说是 1972 年的《学校体育活动计划》及 1985 年的《第二个学校体育活动计划》的延续、完善和补充,包含学校体育的大众体育未来计划为:提高大众体育的地位;完善大众体育俱乐部活动计划;大众体育必须成为世界上规模最大的社会性市场经济活动②。

2005 年,德国联邦家庭事务、老年公民、妇女和青年部推出了"创建适宜青少年成长的德国 2005—2010——全国行动计划"(National Action Plan for a Germany Fit for Children 2005—2010),强调要加强幼儿园和学校体育工作,提倡健康饮食和体育活动相结合的生活方式,加强青少年体育场(馆)建设,为

① 侯海波.德政府将为东部黄金计划投入 500 万欧元[EB/OL].[2013-08-06].http://www.Sportinfo.net.cn/show/title.aspT ID=19644.
② 潘华.德国体育史[M].北京:人民体育出版社,2019.

青少年体育活动提供保障①。

　　2006 年以前德国体育联合会和德国奥委会还是两个独立的组织,2006 年 5 月合并为德国奥林匹克体育联合会(DOSB),成为德国管理和促进体育发展的唯一最高组织机构②。图 2-5 是德国体育管理机构示意图,从图中可以看出:学校体育(包括中小学和大学)和群众体育的发展由联邦州层面负责;而城市和地区政府部门(体育局)的主要职责就是建设场馆。

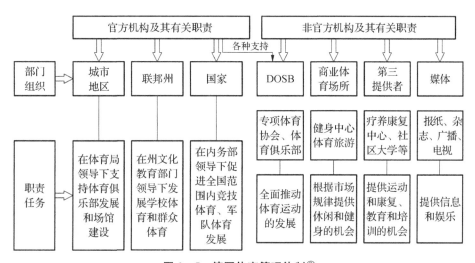

图 2-5　德国体育管理体制③

　　2008 年,德国联邦政府推出"健康身体——全国行动计划 2020"(In Form—National Action Plan 2020)项目,进一步强化均衡饮食和充足体育活动的健康生活方式,减少网络、电视和电脑游戏等不良生活方式干扰,营造青少年积极参加体育活动的社会氛围④。

　　2010 年,联邦政府推出"良好社区,健康儿童"(Healthy Children in Sound Communities)计划,要求社区为儿童提供身体活动机会(如"行走巴士"),有组

　　①　FEDERAL MINISTRY FOR FAMILY AFFAIRS, SENIOR CITIZENS, WOMEN AND YOUTH. National Action Plan for a Germany Fit for Children 2005-2010[R]. Berlin,2005.
　　②　刘波.德国体育体制研究对进一步完善我国体育体制的启示[J].北京体育大学学报,2011 (11):5-14.
　　③　Grupe O, Krüger M. Einführung in die Sportp dagogik[M]. Schorn-dorf:1997.
　　④　FEDERAL MINISTRY OF FOOD, AGRICULTURE AND CONSUMER PROTECTION, FEDERAL MINISTRY OF HEALTH. In Form: German National Initiative to Promote Healthy Diets and Physical Activity[R]. Berlin,2013.

织地开展体育活动,保证青少年每天进行 90 min 身体活动①。

2012 年,德国推出"国家自行车计划 2020"(National Cycling Plan 2020),政府加强自行车运动基础设施建设(如停车设施、全方位路标指示等),在全国范围内推广自行车运动。该计划将培养自行车技能和公路安全规则纳入学校教育计划,德国小学四年级的学生普遍接受自行车技能培训训练②。

2016 年 10 月,德国奥体联发布"青少年为奥运而练"行动计划,提出以学校为单位,以单项比赛形式鼓励青少年参与体育,加强学校与俱乐部合作,对后备人才选拔和培养科学规划,研发优秀运动员选材标准,为运动员退役提供保障③。

2017 年,德国文教部长联席会议和德国奥林匹克体育协会提出《2017—2022 年学校体育发展行动规划》。这份《行动规划》是在 2007 年的《行动规划》以及 2008 年针对残疾儿童和青少年体育活动的《行动规划》的基础上提出的。该《行动规划》的目标是持续系统地促进学校体育的质量发展,培养学校体育文化,激发学生的运动兴趣,让学生真切感受到体育活动对自身健康的意义④。

第二节　德国青少年和学校体育政策的主要特征

一、青少年体育由国家指导社会主导,学校体育自主性强

表示自主性的 Autonomy 源于古希腊词 autos 和 nomos,字面意思是自我统治、自我支配、自我管理、自我主宰。第一次被古希腊人使用时,是指依附于大国的小城邦管理自己城邦内部事务的权力⑤。

第一,德国青少年体育采用政府与社会管理相结合的管理模式,政府主要是制定规划政策、提供经费、实现宏观管理,而比赛、训练、运营等具体工作由

---

① WORLD HEALTH ORGANIZATION. Report of the Meeting on Community Initiatives to Improve Nutrition and Physical Activity[R]. Berlin, 2008.

② FEDERAL MINISTRY OF TRANSPORT, BUILDING AND URBAN DEVELOPMENT. National Cycling Plan 2020: Joining Forces to Evolve Cycling[R]. Berlin, 2012.

③ 彭国强,杨国庆.世界竞技体育强国备战奥运政策及对我国备战东京奥运会的启示[J].体育科学,2018,38(10):19-28+37.DOI:10.16469/j.css.201810003.

④ 王苏雅.德国制定《2017—2022 年学校体育发展行动规划》[J].上海教育,2018(02):54-55.

⑤ 马衍明.自主性:一个概念的哲学考察[J].长沙理工大学学报(社会科学版),24(2).

协会、学校等机构完成。以各层次俱乐部为代表的社会化青少年体育制度,以及各级学校为代表的学校化青少年体育制度,在德国青少年体育及竞技后备人才培养工作中发挥非常重要的作用①。德国体育俱乐部是德国校外体育运行与发展的基本模式,并承担了青少年校外体育活动、训练以及比赛的主要内容,形成了学校体育与大众体育互动的桥梁。联邦政府并不直接干预学校体育的具体事务,而是将学校体育的具体治理交给了各联邦州负责,且各联邦州对学校体育事务享有较高的自主权②。比如,在1955年,德国体育联合会和德国文化部长会议就联合签署了"支持学校体育教育的建议",拉开了在政府指导下的学校体育与俱乐部合作的序幕,该建议表明,学校体育应与俱乐部相协调,在场地、师资等多个方面建立合作关系,共同促进学校体育发展③。1959年德国奥委会第一次提出"黄金计划",其目标是广泛动员全体国民参加多种形式体育活动,旨在促进大众体育发展,在"黄金计划"的支持下,德国大众体育硬件设施配备空前发展,体育场馆建设工作达到高潮。在"黄金计划"实施的各阶段中,州政府根据联邦制定的标准,根据群众、学校体育俱乐部分布状况统一规划,合理布局,在发展大众体育的同时,促进了学校体育与体育俱乐部的深度融合。由此可以看出,德国联邦政府对学校体育工作高度重视,通过州政府以及体育联合会出台了诸多体育政策,以指导文件引领为导向,以发展学校体育工作为目标,以体育俱乐部为媒介,多方面、多领域、多角度促进学校体育发展,为德国体育经久不衰奠定了坚实的基础④。

第二,联邦德国政府将体育课程政策制定权让渡给联邦州,使联邦州在学校体育课程政策的制定方面具有较大的自由和权力,赋予了联邦州体育课程政策制定的自主性权利⑤。德国的体育课程虽然缺乏统一标准,但是州政府在联邦政府指导性文件的指引下,各联邦州都制定了本州的体育课程标准,并且标准对教学内容、课时分配等规定得较为笼统,而将体育课程的教学内容、课时分配等的决定权下放给了学校。由上可知,德国体育课程政策的治理机制较为灵活,政府仅处于指导性的地位,并未置于主导的地位,这充分发挥并调

① 刘远花,吴希林.德国青少年体育发展及竞技后备人才培养经验与启示[J].首都体育学院学报,2014,26(04):338-342+375.DOI:10.14036/j.cnki.cn11-4513.2014.04.013.

② 张文鹏.德国学校体育改革的政策研究[J].体育成人教育学刊,2016,32(06):32-34.

③ Gerhard Waschler. Zusammenarbeit von Schule und Sportverein in sportpadagogischer Perspektive[M]. Aachen: Meyer& Meyer,1996:106-109.

④ 李晓鹏,汪如锋,李忠伟.德国体育俱乐部体制与高校体育运动协会对"体教融合"背景下我国高校体育发展的当代启示[J].山东体育科技,2022,44(01):59-66.

⑤ 刘波.德国体育政策的演进及启示[J].上海体育学院学报,2014(1):1-3.

动了地方尤其是学校的主动性和积极性[①]。

第三,德国联邦政府主导着学校体育的宏观和基本政策的制定,具体学校体育政策则让渡给各个联邦州进行制定,联邦政府对联邦州学校体育政策的具体内容采取超然的"不参与、不干预"的态度,并较为充分地将学校体育政策具体内容制定权让渡给联邦州政府因地制宜实施[②]。譬如,2006年5月由德国体育联合会和德国奥委会两个独立的组织合并为德国奥林匹克体育联合会(DOSB),成为德国管理和促进体育发展的唯一最高组织机构,而学校体育(包括中小学和大学)和群众体育的发展由联邦州层面负责。另外,由联邦政府建设或资助的体育俱乐部和体育场馆基本上覆盖了整个联邦州,并将其免费提供给各个联邦州使用,以促进德国学校体育开展、预防肥胖、增强体质以及提升德国青少年体育参与率[③]。

二、体育事业均衡发展,为青少年和学校体育奠定基础

《辞海》中"均衡"一词,其意思指平衡,而平衡在《辞海》中有以下几个解释:对立的两个方面、相关的几个方面在数量或质量上均等或大致均等;几股互相抵消的力作用于一个物体上,使物体保持相对的静止状态;平稳安适;心理平衡[④]。德国体育发展的均衡性主要表现在体育体制的"均衡",即学校体育、大众体育、竞技体育等在俱乐部体制下能够充分平衡的发展。

首先,德国体育事业能够均衡发展,主要归功于各级部门各司其职(如图2-6所示)。如上文所述,其不同级别的政府部门分工不同,国家层面的内务部主要关注竞技体育,联邦州层面的文化主管部门主要关注学校体育,而地区和市一级的政府部门或体育局的主要职能是修建运动场馆设施[⑤]。在这种体制下就避免了所有政府(体育)主管部门都把竞技体育作为主要工作任务的情况出现,可以最大限度地利用资源,发挥各级政府主管部门的优势,使体育事

① 张文鹏.德国学校体育改革的政策研究[J].体育成人教育学刊,2016,32(06):32-34.DOI:10.16419/j.cnki.42-1684/g8.20161208.008.

② Schools and Universities in the German-speaking Countries[EB/OL].[2017-05-16].http://www.german-way.com/histo-ry.

③ Sports in Germany[EB/OL].[2017-03-20].http://www.inter-nations.org/germany-expats/guide/16030-cultu-re-shopping-recreation-/sports-in-germany-15972.

④ 夏征农,陈至立.辞海[M].上海:人民体育出版社,2009.

⑤ 刘波.德国体育体制研究对进一步完善我国体育体制的启示[J].北京体育大学学报,2011,34(11):5-9+14.DOI:10.19582/j.cnki.11-3785/g8.2011.11.002.

业各个方面得到平衡发展。

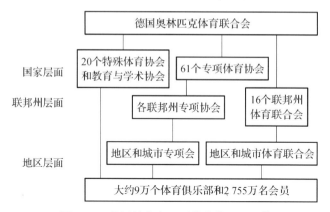

图 2 - 6　德国社会主导型体育体制结构①

　　其次,德国体育在其典型的"俱乐部体制"下,竞技体育、大众体育和学校体育都能够得到均衡的发展。在学校体育方面,德国的体育俱乐部作为学校体育的有效补充发挥着重要作用,德国中小学下午放学很早,很多家长都会为孩子选择一个体育俱乐部,利用课余时间接受某个运动项目的训练,因此青少年参加体育俱乐部的比例在 60% 以上,这对学校体育教学不但是有益的补充,在某种意义上它的作用甚至远远超过了学校体育课。对大学生来说,体育俱乐部就更重要了,因为德国普通大学没有体育课,大学生体育锻炼主要通过参加体育俱乐部来实现。在大众体育和全民健身方面,德国的体育俱乐部发挥了更重要的作用,因为目前德国大多数体育俱乐部都是大众健身俱乐部,即便是职业俱乐部,其中也有大量普通会员。这些会员只需缴纳少量会费,就可以利用俱乐部的运动设施锻炼,并代表俱乐部参加各级别的联赛,在享受运动乐趣的同时达到健身目的②。在竞技体育方面,德国没有类似中国的省、市专业队,国家队也不是常年集训,各类运动员都来自体育俱乐部,他们平时在各自的俱乐部训练,参加比赛时再集中到一起。体育俱乐部会员数量众多、项目开展普及保证了德国竞技体育的高水平。另外,在俱乐部体制下,职业运动员有较好的收入,退役运动员的就业矛盾也不是很突出,从而保证了竞技体育的可持续发展③。

　　①　刘波.德国体育体制研究对进一步完善我国体育体制的启示[J].北京体育大学学报,2011,34(11):5 - 9 + 14.DOI:10.19582/j.cnki.11 - 3785/g8.2011.11.002.
　　②　刘波.德国体育俱乐部体制与学校体育关系的研究[J].体育与科学,2008,29(1):88 - 93.
　　③　刘波.德国统一前后竞技体育发展特点研究[J].北京体育大学学报,2010,33(9):25 - 28.

最后,德国具有高度完善的联赛体系,促进青少年和学校体育各方面发展。如图2-7所示,"七级联赛体系"是德国体育联赛的结构特征,具体分为职业联赛和业余联赛,职业联赛包括全国甲级联赛和全国乙级联赛,地区级别的联赛为业余联赛。除此之外,德国共有 36 个运动项目举办全国性联赛。德国的职业联赛不仅有效促进相关竞技体育项目的发展,而且全面促进了群众体育的开展。业余联赛增加了群众体育的竞技性、趣味性,同时通过比赛的自我管理和组织使参赛人员身心同时得到锻炼,并在比赛过程中增加俱乐部会员的凝聚力,大大提高了俱乐部会员参加体育活动的积极性。

图 2-7　德国七级联赛的"金字塔结构"示意图(图中有关数据以男子足球为例)

三、青少年和学校体育政策具有延续性

当代德国体育政策都能从历史上找出渊源。比如,2000 年 12 月颁布实施的《德国体育指南》是 1966 年《德国体育宪章》在新时代的修订本。1972 年,德国文化部长会议、德国体育联合会、各州体育联合会与联邦教育部长一起签署了"学校体育活动计划",这一计划是 1956 年"促进学校体育的建议"的延续;2000 年在德国体联成立 50 周年的大会上,德国体育联合会与文化部长会议和州体育部长会议发表"联合声明",此"联合声明"可以说是 1972 年的《学校体育活动计划》及 1985 年的《第二个学校体育活动计划》的延续、完善和补充。旨在促进全民健康和全民参与体育锻炼的"黄金计划",德国政府斥巨资从

1960 年到 1990 年,分阶段实施了三个"黄金计划"。1999 年"东部黄金计划"在原东德实施,整个计划约投资上亿马克,极大地推动了东部体育的转型。

德国不仅有百年的"黄金计划",还有百年的"德国体育奖章"制度。从 1913 年设立已逾百年,不仅继承着光荣的传统,而且与时俱进,在 2000 年将滚轴溜冰、直排轮滑、滑板和越野行走等富有时代感的项目也纳入测验门类,尤其受到儿童和青少年的欢迎。据统计,至 2001 年底共领发 23 533 487 枚各类德国体育奖章,仅 1999 年就颁发了 866 461 枚,是历史上领发最多的一年。各州也采取措施,推动德国体育奖章活动的实施,如 2001 年 8 月 18 日就是萨尔州的"体育奖章日",启动了"萨尔州创体育奖章纪录"活动。2006 年 5 月,德国体育联合会和德国奥委会合并为德国奥体联,这也大大刺激了全体国民参加锻炼、争取奖章的积极性,就在当年颁发了 949 916 枚,创一年内领发"德国体育奖章"的新高,而 2008 年经过各方的共同努力,终于实现了多年的梦想,历史性突破了 100 万大关,达到 1 004 341 枚。其中,776 920 人是儿童和青少年,227 421 人是成年人。2013 年是"德国体育奖章"制度颁布 100 周年,在 100 年中,德国共发出 3 300 万次体育奖章①。

德国具有典型的"俱乐部体制",德国学校体育与俱乐部之间的合作可以追溯到二战之后。1955 年德国体育联合会(DSB)和德国文化部长会议(KMK)联合签署了"支持学校体育教育的建议",体育俱乐部与学校的合作自此展开,而此前双方已经通过 1951 年开始的"联邦青少年运动会"尝试进行合作。1967 年德国体育联合会又在 DSB-KMK 联席会议上提出了"在中小学和大学培养优秀青少年运动员"的计划,双方在运动员的选材和培养上也开始合作。1972 年,德国文化部长会议、德国体育联合会、各州体育联合会与联邦教育部长一起签署了"学校体育锻炼计划"有关学校与俱乐部之间的合作再一次得到强调。此后从 1976 年到 1985 年,一些有关学校与俱乐部之间合作具体措施的原则性文件相继出台,而目前各联邦州正在实行的合作项目大都是从 80 年代中后期和 90 年代初开始的②。

四、体育俱乐部、重点学校、精英学校共同促进青少年体育后备人才培养

德国政府认为体育后备人才培养工作关系德国在奥运会的排名,联邦竞

---

① 潘华.德国体育史[M].北京:人民体育出版社,2019.

② Gerhard Waschler, Zusammenarbeit von Schule undSportverein in sportpadagogischer Perspektive:1996.

技体育理事会多年来都把培养后备人才作为工作重点优先考虑。如 1967 年德国体育联合会提出的"中小学与大学培养优秀青少年运动计划"与 1972 年德国文化部、教育部与体育联合会联合签署的"学校体育锻炼计划"将学校体育与体育俱乐部的融合进一步加深,分别从运动员选材、竞技运动员培养以及支持政策层面为体育俱乐部与学校体育展开合作做出努力。1970 年,东西两德尚未统一,当时的联邦德国开始实施运动员等级制度,当时分为联邦级(A级、B级、C级)、州级(D级)和少儿级三类。现在德国竞技体育运动员分为 5级,其中 D 级、D/C 级和 C 级运动员属后备人才,B 级和 A 级属顶尖运动员(图2-8)。遍布全德的 12 000 余家体育俱乐部、各乡镇、学校、奥林匹克训练基地、州单项协会、州体联、各州负责体育运动和学校教育的部门、竞技体育协会、德国体育资助基金会、德国奥委会、德国体联竞技体育部、德国内政部及德国国防部都以不同形式参与竞技体育后备人才培养的工作[1]。在德国,发现体育天才的任务主要由体育俱乐部、学校、乡镇、州体育运动协会和州政府承担,联邦政府一般不直接干预。德国的体育俱乐部分为职业体育俱乐部和业余体育俱乐部。规模较大的业余体育俱乐部都有青少年部,负责后备

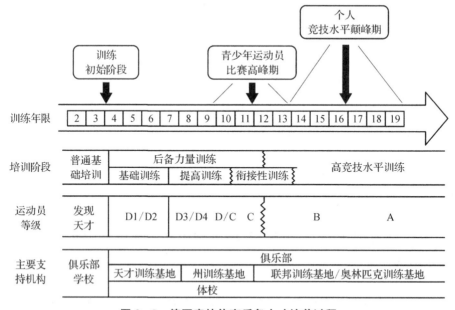

图 2-8 德国竞技体育后备人才培养过程

① 侯海波,李桂华,宋守训,王跃新,常利华.国外竞技体育强国后备人才培养体制及启示[J].上海体育学院学报,2005(04):1-5+15.DOI:10.16099/j.cnki.jsus.2005.04.001.

体育人才培养。德国职业俱乐部也十分重视后备人才培养问题，一个职业俱乐部往往有若干支青少年队，一旦把青少年选手培养成才就可以通过转会赚取高额利润。

目前，德国体育重点学校共有 91 所，分布在各联邦州、市，其中最多的在下萨克森州，有 26 所；最少的仅 1 所，如在不来梅、萨尔和柏林等州、市都只有 1 所体育重点学校。体育重点学校一般是中学。以黑森州的魏恩伯格体育重点学校为例，该学校还是以文化学习为主，田径、游泳等 14 个运动项目的体育特长生只占全校学生的 20%。这些体育特长生集中在一起上课，半天学习，半天训练。黑森州奥林匹克训练基地与魏恩伯格体育重点学校密切合作，除为这些具有运动天赋的学生提供运动医学、理疗、科学训练和运动心理等方面的服务外，还为他们提供体育运动和职业发展方面的咨询。这些体育精英学生不仅体育好，学习成绩一般也不错。体育重点学校在课程设置方面为体育后备人才提供了特别的便利，如根据运动队训练的需求，专门为运动员调整文化课授课计划，延长学习年限等。高中毕业后，这些体育重点学生或进入大学，或进入各俱乐部。为了解决学训矛盾，德国在运动员初期培养方面建立了体教结合的运行机制，德国体育重点学校为有体育天赋的孩子提供优越的运动训练和文化教育。这种学校无需德国奥体联命名，它其实是具有显著体育特色的普通学校，学校仅仅在办学特色上突出体育，其他教学方面均与普通学校一样，学生不享有任何特权。因为参加训练或比赛耽误文化课学习的学生，学校通过延长学制和随队补课、小班教学等灵活方式，给予最大补充。学生考试均不予降低标准。学生较少集中寄宿，防止失去家庭生活和教育，促进学生的人格塑造和发展。

为了给青少年选手创造良好的文化课学习条件和训练条件，德国奥体联把学校与竞技体育相结合的形式看作引领体育天才迈向全国乃至世界竞技体育顶峰的一个重要方式，并在全国推行。青少年体校曾是民主德国竞技体育体制的一个重要组成部分。然而，这类体校把竞技体育放在首位，对文化课教育没有给予足够重视。统一后的德国没有照搬民主德国的后备人才培养制度，而是对其进行了改革。民主德国的有些青少年体校被改组，变成了私立寄宿学校，如罗斯托克的青少年体校。在波茨坦、柏林和哈勒的其他一些青少年体校得到新联邦州教育部的接管，成为与体育运动俱乐部相联系的体校，为有天赋的小选手提供额外的支持。截至 2014 年 10 月，德国奥体联已命名 43 所体育运动精英学校，其中东部 18 所、西部 22 所、柏林 3 所，有 29 所涉及夏季项目、7 所涉及冬季项目、7 所涵盖冬季和夏季项目，共有 1.15 万名青少年运动员受训。

体育精英学校的学生要花大量时间和精力去训练,才能提高运动成绩,但文化课又不能被挤占,在处理训练与学习矛盾中,他们多管齐下,最大可能提高训练效果。学生每周 3 次训练课与俱乐部、训练基地协调好,统一时间安排,其他时间视情况灵活地再加训练。同时,文化课适当延长教学时间安排,并采取小班跟踪教学、人盯人教学方式,最大可能给予最充足的文化教育。训练和文化课学习的周密安排均体现在他们精确的课程表上,课程表由教练员、文化课学习负责人、校长及俱乐部负责人四方加以确认,以保证学生各方面都能得到良好的教育。

学生拥有体育天赋,成为体育精英,意味着要比别人付出更多的努力,并非会凭借天赋而比别人轻松。德国体育生活化程度相当高,实行职业证书准入制,体育特长生并非享有优惠。因此,体育精英学校仍然着眼于学生的文化课教育,在文化教育扎实的基础上再挖掘体育天赋和潜力,而非单一地关注竞赛成绩。学生文化课学习与体育训练的价值取向,始终是培养学生的全面发展和打下良好的基础。体育精英学校不会享受到国家的特殊照顾,要比普通学校管理更加有效和节省,否则无法生存。因此,体育精英学校一般均与普通学校、训练基地、俱乐部相邻,大量整合利用周边的教育训练资源,提高文化教育和训练质量。

以明斯特体育精英学校为例,该校有 1 350 名学生和 115 名教师(含 20 名体育教师),仅有 7 名行政人员、1 名宿管、1 名宿管助理和 3 名秘书。这 20 名体育教师负责校园内一般的体育课和活动。学生的运动训练每周 3 次由俱乐部、协会负责,学校只是做好文化课教育和协调工作。其实,德国的体育精英学校,更像是一所教育联盟,主要用灵活高效的体系制度整合了教育训练资源,使学生享有良好的教育条件和环境,更加适合有体育天赋的学生的发展。学校自主创立灵活的管理体制机制,始终以能够吸引和培养学生、服务学生发展为主旨,保证了学校的教育及学生的培养能够可持续发展。体育精英学校并非终身制,德国奥体联每 4 年(一个奥运周期)就要对体育精英学校进行一次审查,以考虑是否保留其"体育精英学校"的称号。

总体而言,德国体育精英学校有效地实现了"体教结合",且成效显著。例如,参加 2000 年悉尼奥运会的德国代表团中,有 1/3 的运动员曾在体育精英学校就读,1/2 的奖牌获得者曾是体育精英学校的学生。而在德国派往 2002 年盐湖城的奥运代表团中,38% 的运动员在青年时代受益于这种体育精英学校,在获得奖牌的选手中这一比例更是高达 81%。在德国参加 2012 年伦敦奥运会的 392 名运动员当中,104 人有在体育精英学校就读的经历,超过参赛运动员数。2014 年索契冬奥会,153 名德国参赛运动员中,84 人有在体育精英学校就读的经历,占参赛运动员的 54.9%①。

第三节　启示与反思

一、启示

(一)转变政府职能,多部门协同推进青少年和学校体育

如上文所述,德国在青少年和学校体育政策的内容制定方面,由联邦政府主导着学校体育的宏观和基本政策的制定,具体的学校体育政策则让权给各个联邦州进行制定,联邦政府对联邦州学校体育政策的具体内容不做过多的干涉,并较为充分地将学校体育政策具体内容制定权让权给联邦州政府因地制宜实施。目前,需要进一步构建符合我国青少年和学校体育实际的政策治理新机制,即在坚持中央主导的基础上,可以进一步分权给地方政府、学校以及体育教师相应的自主权,以减少青少年和学校体育政策"一刀切"的现象。遵循国家要求开设、地方统筹安排、学校为主开发原则,进一步深化三级管理课程。例如,我国在青少年和学校体育课程政策方面,根据中央政府指导性文件,各个省、市制定本地的体育课程标准,将体育课程的教学内容、课时分配等的决定权下放给学校,这样一来体育课程政策的治理机制较为灵活,政府职能由主导性转变为指导性地位,这充分发挥并调动了地方政府和学校的主动性和积极性。

德国在青少年和学校体育管理体制方面,采用政府与社会管理相结合的管理模式,政府主要是制定规划政策、提供经费、实现宏观管理,而比赛、训练、运营等具体工作由协会、学校等机构完成。以各层次俱乐部为代表的社会化青少年体育制度及各级学校为代表的学校化青少年体育制度在德国青少年体育及竞技后备人才培养工作中发挥非常重要的作用。我国青少年体育主要由政府进行管理,群众体育工作主要由以教育部为首的各级教育系统进行管理,

---

① 潘华.德国体育史[M].北京:人民体育出版社,2019.

各级学校负责体育活动开展及课程教学。借鉴德国政府与社会相结合的青少年体育管理体制,建议我国要大力推进体育协会组织实体化进程,充分发挥单项协会等社会组织在竞技体育后备人才及青少年体育管理事务中的主体作用,不断改革竞赛与训练体制,促进体教结合工作深化发展,形成以政府为主导,专业化、学校化与社会化相互协调、相互补充的多元化青少年体育管理体制①。

(二)保持青少年和学校体育政策延续性的同时,也要与时俱进

德国在青少年和学校体育政策的延续性与连贯性方面,值得我们学习与借鉴。德国不仅有百年的"黄金计划",而且"德国体育奖章"也延续了上百年。从 1913 年设立已逾百年,不仅继承着光荣的传统,而且与时俱进。我国颇有影响的"奥运争光计划"与"全民健身计划"到目前已有接近 30 年的历史,将来体育政策的制定要保持政策的连贯性。同时,体育政策的制定要根据时代的变化在实践中不断调整完善。审视我国的"奥运争光计划"与"全民健身计划",尚需要顺应国际大众体育的发展趋势与我国出现的全民健身热潮,不断调整和完善。一方面,"奥运争光计划"绝大多数项目是群众中不够普及的体育项目,很难对青少年体育起到示范或引领作用;另一方面,"全民健身计划"在我国以竞技体育为先导的发展模式下,以及在唯金牌论的体育管理体制下,与计划预期目标也还有相当的差距②。

(三)加强俱乐部建设,强化青少年健康发展新理念

德国学校体育与俱乐部之间的合作由来已久,德国体育长盛不衰与其独具特色的俱乐部体制密不可分。德国体育俱乐部是德国校外体育运行与发展的基本模式,并承担了青少年校外体育活动、训练以及比赛的主要内容,形成了学校体育与大众体育互动的桥梁。在政府指导下的学校体育与俱乐部之间的合作由来已久,其合作关系在 19 世纪便已经出现,深度的合作在第二次世界大战结束后开始。在合作过程中,以联邦德国、州政府为首的多个部门及协会联合推出或签署了"支持学校体育教育的建议""黄金计划""学校体育锻炼计划""中学校与大学培养优秀青少年运动计划"以及"全日制学校计划"等多

① 刘远花,吴希林.德国青少年体育发展及竞技后备人才培养经验与启示[J].首都体育学院学报,2014,26(04):338-342+375.DOI:10.14036/j.cnki.cn11-4513.2014.04.013.

② 张庆义,杨刚,万荣荣.当代中国体育政策的变迁与思考[J].上海体育学院学报,2013,37(6):20-23.

个方案,执行方式多为与俱乐部深度融合、提供政策保障、资金与场地支持,旨在从竞技体育、学校体育与大众体育等多个方面促进青少年健康发展、提升运动能力、加强体育管理。

当前我国青少年体育俱乐部在数量上取得了质的飞跃,但与德国相比,在质量与数量仍然存在较大的差距,仍面临着管理主体混乱、发展活力缺乏、运行经费不足、管理水平不高等问题,建议采用厘清青少年体育俱乐部的内部组织结构、鼓励社会力量参与青少年体育俱乐部的发展、加大对青少年体育俱乐部运营的经费投入、加强青少年体育俱乐部的运营监管等策略来提升我国青少年体育俱乐部的良性发展[1]。青少年体育俱乐部与学校体育的合作,是课后体育活动以及校外体育锻炼的有益补充。因此,结合我国基本国情与学校体育发展单一的现状,着力打造精品青少年体育运动,还应打通家庭、学校、社会的屏障,建立三者的联通机制,使家庭体育在青少年生长发育的初期发挥身体运动的启蒙作用,学校体育在青少年身体、智力发育的黄金期承担主体责任,社会体育在青少年成长的各个阶段提供良好的竞赛、交流机会。真正做到以促进青少年体育发展为导向,促进家庭、学校与社会之间的跨区域治理体系[2]。

二、反思:选拔天才体育精英盲目追求奥运成就

1990 年,东德和西德统一。那个长期占据奥运金牌榜第 2 位的东德不复存在,然而统一后的德国奥运金牌常常排在 5 名之后。所谓东德的体育"强",是违背体育精神人为制造出来的。东德一直很重视竞技体育,用竞技体育的奥运成绩来突出"东德社会主义的优越性"。花费巨资,从小开始对有天分的青少年运动员进行封闭训练。目的只是为了拿奥运会金牌,而忽视了国家体育的本质是大众体育得到普及。

东德成立之初就迫不及待地开展竞技体育,按照苏联模式对体育进行了全面的改造,其后又逐步建立起系统的专业运动员选拔和训练体制。为此,东德于 1948 年建立了体育部,作为体育的中央管理机构,又于 1950 年成立德国体育和体操联盟(DTSB),作为国内最大的体育组织。紧接着又在苏联的帮助

① 赵家庆.我国青少年体育俱乐部发展面临的困境与应对策略[J].中国学校体育(高等教育),2018,5(09):22 - 26.

② 李晓鹏,汪如锋,李忠伟.德国体育俱乐部体制与高校体育运动协会对"体教融合"背景下我国高校体育发展的当代启示[J].山东体育科技,2022,44(01):59 - 66.DOI:10.14105/j.cnki.1009 - 9840.2022.01.002.

下，在莱比锡建立了身体文化研究所，专门聘请苏联专家前来进行指导。东德在 1951 年也成立了自己的奥委会，但是一直到 1965 年才取得了国际奥委会的正式认可。所以，战后的东德体育战略是在依照苏联模式的基础上建立起的一整套以集中管理、集中训练和国家供养为基础的计划型体育体制，也就是我们所说的"国家垄断型体育体制"①。

对于饱受国际孤立的并不被国际广泛认可的东德而言，单独参加奥运会却是一个展示自我、树立国际威望的绝佳场所。东德随即在国内展开全面的体育体制改革，这一系列改革也是从继续照搬苏联模式开始的，其中最为显著的就是 1965 年将苏联发展的"斯巴达奇亚德"制度引入国内。这是一种基于选拔比赛制度的体育竞赛模式，参与对象仅限于儿童和在校学生，开展项目也仅限于奥运会开展的项目。选拔比赛从最基本的单位开始，一直延续上升到国家级别，比赛的项目和组别每年都有一定的安排。所以，东德的斯巴达奇亚德实际上是一个涉及全国范围的运动精英的拉网式普查，是东德奥运代表队的选秀大会。东德早期斯巴达奇亚德的开展确实为国内的青少年提供了前所未有的体育机会。资料显示，1965 年的时候，东德国内总共有 170 万儿童和青少年参加了斯巴达奇亚德的夏季比赛，其中 32.1 万人取得资格参加县级的比赛，5 万人取得参加地区性比赛的资格。到 1975 年的时候，有 390 万的儿童和青少年参加了初级的斯巴达奇亚德选拔赛，其中 84.6 万人次进入了县级比赛。对于东德这个人口只有 1 700 万的小国而言，大部分的青少年都有获得一定运动训练的机会，并且都有机会参加至少一次斯巴达奇亚德的比赛，这不能不说是一个巨大的成就②。

受东德高层的指示，位于莱比锡的德国身体文化学院（German College for Physical Culture）的体育科学家们进行了大量的调查研究，出台了一套关于挑选少儿运动员的具体操作标准。依照此标准在全国范围内对在校学生身心情况所做的调查工作随即铺开，以最快捷的方式选拔适合的运动员尖子。随后的几年中，这一系统在实践中不断完善。直到 1973 年，随着东德教育部和德国体育和体操联盟联合制定的《东德体育体操联盟训练中心联合检查与选拔制度》的出台，整个调查与选拔制度被正式确立为国家政策。按照这个制

① Riordan(Editor). European Cultures in Sport：Examining the nations and regions. BristolGBR：Intellect Books2000. p81.

② Gesellschaft zur Forderung des olympischen Gedankens in der Deutschen Demokratischm Republik in Zusammenarbeit mit der Redaktion "DDR-Sport" ed.，Ein grosses Erlebnis：Kinder und Jugendspartakiaden in der DDR(Verlag Zeit im Bild1975)，30.

度,全东德境内的所有一年级和三年级在校学生都要接受测试。测试结果优异者,或是已经在低级别的斯巴达奇亚德取得优异比赛成绩者,都会被选入特定的专业体育学校进行全职训练,以备战奥运会,而所需费用全部由国家承担①。身体测试制度的引入和对专业训练的过分强调,大大剥夺了一般百姓,特别是普通少年儿童进行体育运动的权利。特定项目的体育场馆只对专业运动员开放,而那些被确定为具有体育天赋的孩子则会被编入一个相类似的群体,接受每周 6 到 8 小时的训练,成绩突出者随后则会被送去各个地方的儿童少年体校(KJS)接受更高级别的训练②。对部分奥运会项目的重视则导致了很多其他项目,特别是非奥项目的发育不良,由此严重影响到了东德大众体育的开展。东德的斯巴达奇亚德在建立之初就仅限于奥运会项目的开展,而1969 年东德中央委员会出台的《精英体育决议》更是雪上加霜。这一《决议》强调,国际体育赛事中东德所取得的胜利是"我国人民完成一切事业的潜力的表现,是成长中的民主东德的潜力的表现"。体育胜利是建设"提升东德国际形象和确立东德国际声望"的基础③。所以,《决议》宣布将现有的所有资源都投入可以获得奥运奖牌的国际项目中去,而不提倡其他项目的开展。一些个人项目如游泳、田径等一位运动员可获得多枚奖牌的项目获得东德政府的极大支持④。而一些集体项目如篮球、曲棍球、网球、水球等集体项目,或是不具备良好基础的项目则都被搁置,不再投入,而这其中很多都是东德民间广泛开展的群众体育项目。《决议》的出台对那些长时间参与这些运动的人来说,无疑是一个噩耗。由于东德体育设施有限,这些项目的场馆大多被改造服务于其他项目,以前建立的训练比赛中心也大部分被解散,使得这些项目在国内的开展丧失了基本的物质条件。

对奥运会奖牌光芒的盲目崇尚,使这个源于良好愿望的体制逐渐黯淡下

① 卢元镇,马廉祯.难以自拔的体制陷阱——东德体育教训之四[J].体育文化导刊,2005(09):57-59.

② Riordan (Editor). European Cultures in Sport: Examining the nations and regions. BristolGBR: Intellect Books2000.p82.

③ Grundlinie der Entwicklung des Leistungssportes in der DDR bis 1980, 19.03.1969. in Die Sportbeschlusse des Polit buros: Eine Studie zum Verhaltnis von SED und Sport mit einem Gesamtverzeichnis und einer Dokumentation ausgewahlter Beschlusse, ed, Hans Joachim Teichler (Koln: Sport und Buch Strauss,2002),564.

④ Grundlinie der Entwicklung des Leistungssportes in der DDR bis 1980, 19.03.1969. in Die Sportbeschlusse des Polit buros: Eine Studie zum Verhaltnis von SED und Sport mit einem Gesamtverzeichnis und einer Dokumentation ausgewahlter Beschlusse, ed, Hans Joachim Teichler (Koln: Sport und Buch Strauss,2002),561.

来,一个国家垄断色彩十分鲜明的体育管理体制被强化和固化了。东德的这种"金牌体育"、对"金牌效益"的过分追求打破了东德体育和谐发展的天平。随着内外环境的不断变化,高水平竞技体育所起到的立竿见影、立等可取的效果使国家体育的其他领域成为竞技体育的附属品,特别使需要国家巨大投资而见效缓慢的大众体育和学校体育相形见绌①。东德与西德合并,德国体育的奥运金牌数没有出现1+1等于2的效果,反而倒退,曾经东德的优势项目也黯淡下来。由此中国体育人也在反思:我国的体育体制与前东德带有几分血缘关系,两国都是借鉴了苏联的体育体制,这种举国体制是围绕竞技体育做文章,我们要从东德竞技体育中反思,体育应回归真实,体育不应是单纯的竞技,发展体育的重点应该是群众体育。体育运动的重点不仅是竞技精英体育,还包括大众体育②。

① 卢元镇,马廉祯.观念与体制相互依攀的怪圈——东德体育教训之五[J].体育文化导刊,2005(10):55-58.
② 吴驷.论中国体育的"自信力"[J].体育学研究,2018,1(02):1-13.DOI:10.15877/j.cnki.nsic.2018.02.001.

第三章　美国的青少年和学校体育政策

十九世纪末"美国体育促进会"成立,这标志美国体育的发展进入了一个新的阶段。从十九世纪末至今,美国青少年体育和学校体育的发展已经有100多年的历史,如今青少年和学校体育在美国是青少年工作的重中之重,受到国家和社会的大力支持,也取得了一些非常重要的成就。美国建立现在这样完善的青少年和学校体育发展体系,相关的体育政策起到了总领全局的作用,十九世纪末以来,美国先后成立的青少年和学校体育相关的组织机构有"美国健康、体育教育、娱乐和舞蹈联盟""业余运动联盟""青少年体育国家联盟""体适能、运动和营养总统委员会"等,实施了一系列促进青少年和学校体育发展的政策,其中有"健康公民计划""美国人身体活动指南"长期规划,也有《体育课程指南》《青少年体质测试全国标准手册》《K-12国家体育教育标准》等政策文件。目前,关于美国青少年体育和学校体育政策的研究中,《美国青少年体育政策的演进及启示》《美国学校体育健康促进政策特征及启示》分别从政策文本和政策特征对美国青少年和学校体育政策进行了分析;《美国体育政策的演进》《美国学校体育政策的治理体系研究》对美国青少年和学校体育政策进行了梳理和对政策的治理体系进行了较为详细的研究。从整体上来说,国内对于美国青少年和学校体育政策的研究较少,缺少美国青少年体育政策对我国青少年和学校体育发展的启示研究。由于美国的国土面积仅次于中国,人口的分布也较为密集,对于中国青少年和学校体育政策的发展完善具有重要的借鉴意义。所以有必要对美国100多年的青少年和学校体育政策进行梳理和分析,总结出适合我国现阶段青少年和学校体育发展的政策建议。

第一节 美国青少年和学校体育政策演进脉络

一、初步探索阶段(1885—1906 年)

1885 年之前美国还没有成立相关的体育组织,也没有出台与青少年和学校体育配套相关的政策。1885 年之后,随着体育被美国联邦政府纳入国民教育体系,青少年和学校体育开始了初步的发展。通过教育的名义发展体育,美国青少年和学校体育的发展模式开始逐步转向现代化、标准化。20 世纪初期,美国的资本主义市场发育已经逐渐完善,从此之后一个有着巨大发展潜力的体育大国开始了青少年和学校体育的发展。这段时间之所以是初步发展阶段,是因为青少年和学校体育在 1885 年之前还处于放任发展时期,首先国家层面没有组织去管理,社会层面没有人员去关注,学校层面也没有形成与体育课程相关的教育概念,这主要是受英国的影响,按照英国传统,儿童在什么地点接受什么样的教育,必须由父母来决定,教育并不包括在父母对于子女的各项义务中[①];其次是因为在 1885 年"美国体育促进会(AAPE)"的成立,它标志着体育开始正式进入美国人的视野,也为青少年和学校体育的发展奠定了基础。

1885 年 11 月 27 日,年仅 25 岁的布鲁克林市阿德斐学院体育指导员安德森创立了一个由教会人士、大中小学校长、新闻媒介人士以及体育指导员等诸多人士参加的论坛,于美国政府管理领域之外初创了"美国健康、体育、娱乐和舞蹈联盟(AAHPERD)"的前身——美国体育促进会(AAPE),并于次年举办了第一次会议,并将组织更名为美国体育促进会。1888 年,美国业余运动联盟(AAU)成立,后期因管理问题取消了该组织的体育管理职能,自此,美国业余运动联盟(AAU)只专注于青少年体育,各个独立于 AAU 的单项体育管理机构,国家级别的、全国性单项体育运动管理组织开始逐渐出现。1890 年后,基督教青年会目标由最初的"以圣经研究及祷告,取代青少年街头生活"进行拯救革新,改变为通过活动来塑造人格,体育锻炼逐渐成为其主要活动内容,并

---

① 龚正伟,肖焕禹,盖洋.美国体育政策的演进[J].上海体育学院学报,2014,38(01):18 - 24. DOI:10.16099/j.cnki.jsus.2014.01.005.

在之后推出了相关体育项目比赛。1891 年,体育被美国全国教育协会(NEA)正式确认并纳入学校课程。1893 年,美国全国教育协会正式成立体育与卫生部,同年召开的芝加哥国际教育会议则正式确认教育为体育的母学科。新体育理念开启了全面走进学校、走进课堂的新篇章。

二、早期发展阶段(1906 年—1953 年)

这一阶段根据两次世界大战的时间线来进行划分,在这一阶段美国青少年和学校体育的发展较为缓慢,但是相比于第一阶段取得了较大的突破。相关体育政策明确了体育的娱乐活动功能、成立了公立学校体育推进委员会,出版了最早的体育课程著作——由威廉所著的《体育课程指南》。这些政策内容的颁布有效地推动了美国青少年和学校体育的发展,为各州在制定青少年和学校体育相关政策内容时提供了参考。但由于美国宪法修正案明确把教育权下放到各州政府,因此,美国联邦政府没有强制全国各州执行相同的教育政策权力。在美国的教育体系中,有关青少年和学校体育的政策由各州自行制定。这虽然给了各州在青少年和学校体育政策制定上极大的自主权,同时也给联邦政府在对青少年和学校体育的宏观治理与调控上带来了严重的阻碍。

1906 年美国游乐场协会(PAA)成立,1910 年更名为美国游乐场及娱乐协会(PRAA),1930—1965 年更名为国家娱乐协会(NRA),NRA 对体育娱乐活动的功能做出了五个方面的说明:一是修建儿童娱乐场所供儿童娱乐玩耍,让儿童的空余时间得到充分利用,减少儿童在外游荡时间,避免接触一些不良的环境,让儿童接触一些素质较高的人;二是学校要丰富学生的娱乐活动内容;三是增加学前儿童的课外体育活动场所的数量和范围;四是促进公共娱乐活动的发展;五是减少工作日时间,让人们有更多的时间参与体育相关的活动。1914 年威尔逊总统成立了公立学校体育推进委员会,公立学校体育推进委员会的成立让美国学校体育的发展来到了一个新的阶段,1930 年有 30 个州政府通过了体育教育相关的法律法规,22 个州政府设立专门管理体育教育的机构。1930 年,胡夫总统召开促进青少年健康发展的主题会议,会议通过的相关文件指出,要解决青少年成长过程中出现的健康发展问题,内容里包含了健康活动的开展、健康行为的指导和如何放松身心的娱乐活动等。1935 年,全美教育协会(NEA)召开全美体育师范教育研讨会,开始主导美国体育教师标准的制定,对美国体育教师培训与教育影响广泛而深刻,如今的美国体育教师教育标准也是以此为范本。1938年最早的体育课程著作《体育课程指南》首次出版,书中针对体育课程活动内容提出了3—6周的"单元教学"模式,迅速成为体育教学计划标准模式。1948年,大学生体育联合会(NCAA)出台《大学竞技体育行为准则》对业余训练原则和体育学术标准以及运动员资助和招募等做出了具体规定。

三、快速发展阶段(1953年—1972年)

二战结束之后美国的青少年和学校体育进入了快速发展阶段,这一阶段对青少年和学校体育的关注聚焦于学生体质健康层面,美国公立学校学生的体质测试结果引起了美国社会对于青少年身体健康的关注。艾森豪威尔总统成立了总统青年健康委员会,美国健康、体育、娱乐和舞蹈协会发布了第一次全国范围的大型体质测试"青少年体质测试全国标准手册"。青少年体质测试之所以能引起如此大的社会影响,不仅仅是美国学生体质测试相比于欧洲学生的体质测试结果要差,还有一个重要原因是这一阶段正处在美苏冷战时期,两个超级大国不仅在科学技术上相互竞争,对于各类社会人才的培养也互相较劲,这在一定程度上推动了青少年和学校体育的快速发展。

1953年12月,美国健康、体育教育、娱乐和舞蹈联盟的杂志发表了一篇文章"肌肉适能与健康",作者是Hans Kraus博士和Ruth P Hirschland;之后他们在《纽约州医学杂志》上发表的另一篇文章(Minimum Muscular Fitness Tests in School Children),对比了美国公立学校系统中约4 400名年龄在6到16岁之间的学生与瑞士、意大利和奥地利约3 000名同龄的欧洲学生的体能测试成绩,对比结果显示美国青少年的体能水平远远落后于欧洲的青少年,令政府和全国民众极为震惊,引起了美国社会对于青少年身体健康的关注。1956年7月16日,艾森豪威尔总统成立了总统青年健康委员会(PCYF),并由尼克松副总统担任理事会主席。1957年,苏联人造卫星的成功发射,来自科技进步和人力资源的双重危机使得政府更加重视教育的发展。1958年,美国国会通过了《国防教育法案》,进行了教育改革,加大了对教育领域的资金投入,提高了对青少年体质健康的重视程度。

1958年,美国健康、体育、娱乐和舞蹈协会发布了青少年体质测试(YFT)全国标准手册,设计了7项指标对全国青少年体质进行普查,形成了学生体质测试的雏形。这是美国第一次全国范围的大型体质测试,用百分位数法制定性别年龄标准,并于1975年进一步修改了标准的测验内容,1976年发布了新的 YFT 指导手册。1960 年,美国医学协会全国代表大会通过了重视体育与学生身心健康发展重要关系的相关决议,要求美国医学协会下属各组织部门应尽最大努力去支持中小学校开展体育教育相关活动。1960 年,美国总统肯尼迪在了解了国民体质的情况后在《体育画报》发表了"柔弱的美国人"这篇文章。从文章的内容可以看出美国政府对国民体质健康问题的担忧,从此之后,陆续成立了与国民体质健康发展和美国人身体活动相关的联邦组织机构。1961 年,肯尼迪总统发布"学校青年身体健康总统咨文",意在促进学校体育运动的发展。1963 年"青年体质公民咨询总统委员会"(PCYF)更名为"体适能总统委员会"(PCPF),1968 年"体适能总统委员会"(PCPF)又被更名为"体适能与运动总统委员会"(PCPFS),主要是为了促进美国公民身心健康发展和公民体育活动的开展。2010 年美国总统奥巴马将"体适能与运动总统委员会"(PCPFS)更名为"体适能、运动和营养总统委员会"(PCFSN),为了更好对接青少年体质健康相关工作。

　　1965 年,健康、体育教育、娱乐和舞蹈联盟(AAHPERD)发布了一篇名为《体育分会宣言:这就是体育》的文章,文章详细阐述了体育教育的理念目标:"帮助青少年不仅在体育项目和娱乐活动中运动,还要在日常生活过程中能够进行有效的运动,改善对无意识动作的认识并且在生活和学习中用自身的动作来有效提高工作和学习的效率。学习时间、空间和物质能量相关概念的知识,丰富个人对社会接纳的行为方式的认知,要注意在游戏和体育活动过程中把人们互相的作用联系在一起,活动的负荷要遵循循序渐进的原则,这样才能使心肺功能、骨骼肌和相应的身体系统得到锻炼促进其机能的提升。"1966 年美国总统约翰逊设立"总统体适能奖励"作为适合学龄儿童的健身认可计划,该计划包括身体健康、积极的生活方式和健康健身领域。1988 年"总统体适能奖励"再次更名为"总统的挑战——青少年体适能奖计划",用来激励青少年参与到体育活动中去。

四、发展完善阶段(1972 年—1994 年)

　　没有法律法规的支持,再合理的政策都难以推行,这一阶段与政策相匹配的各种法律法规得到了补充,为后续政策文件的颁布和实施提供了法律保障。这与前几个阶段的政策有所不同,虽然美国青少年和学校体育在冷战时期得到了快速发展,但是女性和一些特殊群体参与体育活动的权利依然无法得到保障,法律法规的完善是政策实施的前提,是确保女性和特殊群体参与体育活动权利的根本保障,因此《第九教育法修正案》《康复法案》《残疾人教育法案》的颁布大大填补了这方面的空缺。《业余体育法》《教育部组织法案》的颁布明确了各组织部门的工作任务。20 世纪 70 年代开始发布系列"健康公民计划",1981 年,青少年体育国家联盟制定了《青少年体育国家标准》,1993 年,发布了《1993 年美国中小学体育教育发展现状报告》,这些文件的出台不断完善青少年和学校体育的政策框架,不断优化青少年和学校体育的发展模式,同时明确了发展方向。

1972 年,美国国会通过了《教育法修正案》第九条,该法案针对青少年参与体育活动中的性别歧视表明了反对态度,为女性参与体育活动提供了法律依据,在此之前,美国男女青少年之间参加体育运动的人数之比非常悬殊,为了促进青少年女性参与体育活动,该法案从消除性别歧视角度出发,为高中和大学女生提供了一个平等参与体育活动的权利,这标志着美国青少年体育发展到了一个新的阶段。1973 年,《康复法案》发布,该法案为残疾人提供了参与体育活动的机会,要求必须给予残疾人参与校内活动和体育运动的权利。1975 年,《残疾人全员教育法案》实施,要求免费给予残疾人一个适宜的教育机会,包括创造一个适合青少年残疾人参与体育活动的环境,并给予青少年残疾人参与体育活动指导。1997 年《残疾人教育法案》发布,法案完善了学校指导青少年残疾人相关的法律法规,要求在学校课程上青少年残疾人能够拥有学习普通教育课程的权利。1978 年,《业余体育法》发布,法案授予了美国单项运动管理团体(NGB)管理奥委会,美国奥委会管理业余体育的权力,并且制定相关管理规则,由单项运动管理团体选举出美国奥林匹克代表队,来推动业余体育运动的发展。1979 年,卡特总统签署了《教育部组织法案》(PL96 - 88),法案将"卫生教育和福利部"划分为两个单独的部门即"卫生与公共服务部"和"教育部",并规定两个部门于 1980 年开始挂牌亮相。

从 1979 开始,在美国卫生与公共服务部的主导下,政府各部门和一些社会组织团体的共同协助下,美国卫生与公共服务部以 10 年为一个周期开始发布"健康公民"计划。1979 年,美国卫生与公共服务部发布第一代健康公民计划《健康公民:美国卫生署关于健康促进和疾病防治报告》,美国青少年的身心健康状况和青少年体育发展情况开始进入政府和大众的视野,这项计划为增加青少年体育相关内容提供了政策意见,这标志着美国政府开始全面着手青少年体育健康问题的工作。1981 年,美国青少年体育组织"青少年体育国家联盟"(NAYS)成立,随后 1987 年,青少年体育国家联盟颁布了《青少年体育国家标准》,明确了青少年体育发展过程中学校和家长应履行的职责。2008 年,青少年体育国家联盟颁布第二版《青少年体育国家标准》，标准设计了一个全新的青少年体育发展框架，为青少年体育的相关从业者提供了青少年体育运动相关计划和青少年体育活动开展的指导性准则。1982年，美国健康、体育教育、娱乐和舞蹈协会制定了"身体健康相关的体质测验"，并于1985年进行了修订和完善，最终命名为"最佳身体测验"，测验分为身体健康相关的测验和运动能力相关的测验。1983年，体适能与运动总统委员会将五月设为"全国健身和体育月"，体适能与运动总统委员会设有"全国健身和体育月"的网站，用来支持"体育月"庆祝活动和实施的相关的计划。1983年，美国国家教育质量委员会发布《国家处在危险中：教育改革势在必行》报告，报告的内容描述了美国教育问题：学生的文化课成绩下降、学术的知识储备量较少和能力欠缺，体育方面的问题是学校仅仅关注学生体育技能的培养，忽视了学生体育文化的教育，呼吁学校要加强学生体育文化方面的培养。1987年，美国国会通过"97号决议案"（Resolution 97），议案指出联邦政府要帮助各州的政府机构，提供优质的体育教育课程给小学至高中学段（K12）的学生。1990年，美国卫生与公共服务部发布第二代健康公民计划《健康公民2000：国家健康促进与疾病预防目标》，计划的目标将小学至高中学段（K12）的学生在学校的体育活动时间由原来的27%上升到50%，学校的体育教育比例由原来的36%修改为50%。1993年，美国国家体育和身体教育协会（NASPE）对全美各州K12体育教育发展现状进行了全面细致的调查，并向社会和公众发布了《1993年美国中小学体育教育发展现状报告》，在此后的20年中，美国国家体育和身体教育协会（NASPE）又联合美国心脏协会（AHA）连续发布了6份报告。

五、优化改革阶段（1994至今）

经过前面一个多世纪的发展，青少年和学校体育政策已经逐渐完善，也形成了一套适合美国国情的发展模式，但不同时期所遭遇的问题有所区别，需要不断地优化改革。二十世纪末到二十一世纪初这一阶段的政策内容主要围绕青少年的健康问题展开，首先，为明确社区、学校、家庭在青少年健康问题上的作用，美国疾病控制和预防中心（CDCP）发布《促进青少年终生体育活动：社区和学校项目指南》《增进身体活动：社区行为指南》《增进身体活动：社区预防服务工作小组的建议报告》，青少年和学校健康疾病控制中心发布《促进青少年体育活动的行动指南》这些政策文件把社区、学校、家庭在青少年健康问题上的任务都条理清晰地罗列出来，给社区、学校、家庭提供了可供参考的范本。

其次,在青少年健康问题上,21 世纪以来美国青少年肥胖问题已经是危害青少年健康成长的一大毒瘤,为此美国国家体育运动学会(NASPE)发布美国学校体育第一个国家标准《走向未来国家体育标准:内容和评价指南》,联邦政府呼吁各州实施"国家体育教育与运动周"计划,第一夫人米歇尔奥巴马和美国卫生与公共服务部(HHS)部长凯瑟琳·西贝利厄斯发布"百万 PALA 挑战赛"等等。

1994 年,克林顿总统在任职期间对美国教育领域实施全方位的改革,并在之后颁布了《美国 2000 年教育目标法》,该法律把国家教育标准制定的具体要求上升到了法律层面:"建立理事会来完善国家教育的相关标准,理事会的职责是与有关组织一起制定内容标准的具体指标。"该法律的实施给学校体育评价确定了具体的标准。1994 年,美国国家疾病预防与控制中心管理的青少年学校卫生部、国家教育发展中心将学校课程健康指导、学校卫生服务等计划组合,发布了"综合性学校健康计划",计划包含了八个主题分别是:体育教育、学校健康教育、学校健康服务、健康学校环境、学校营养服务、学生心理咨询服务、学校教职员工健康服务、家庭和社区参与学校健康计划,并描述了具体的内容。

1995 年,美国国家体育运动学会(NASPE)发布《走向未来国家体育标准:内容和评价指南》,标准要求美国各州的中学和小学每周分别有 150 分钟的体育课和 225 分钟的体育课。1996 年,美国卫生与公众服务部发布《关于身体活动与健康报告》,报告指出了身体活动和健康的关系、身体活动产生的背景及历史演变、长期身体活动对生理造成的反应、身体活动对健康和疾病有哪些影响、身体活动未来的发展方向以及如何正确地进行促进身体健康的活动。1997 年,美国卫生与公众服务部提出了体育活动促进身体健康和预防身体疾病的具体措施。1997 年,美国疾病控制和预防中心(CDCP)发布《促进青少年终生体育活动:社区和学校项目指南》,指南强调青少年健康问题不仅仅是学校的任务,还需要社区和学校相互配合,突出社区体育在青少年健康发展过程中的重要性。1999 年《增进身体活动:社区行为指南》发布,报告建议联邦政府各组织部门、各州政府和民间非营利组织应该建立相互合作的组织关系。2000 年,美国健康与公共事业部发布《全民健身计划》,计划鼓励民众积极参与体育锻炼从而提升自身健康水平。2000 年,美国卫生与公共服务部发布第三代健康公民计划《健康公民 2010:健康促进目标》,计划把青少年参加高强度的体育活动标准提高到了每周 3 天、每次 20 分钟,这样使参加中等强度体育活动的青少年人数大幅增加。2001 年,美国疾病控制和预防中心(CDCP)发布

《增进身体活动：社区预防服务工作小组的建议》，报告指出政府在社区承担支撑公民身体活动的过程中需要发挥的作用，主要内容有制定社区战略、为公民的身体活动提供完善的基础设施等。2001年，美国推出《大众体育计划》，计划由社会体育组织实施，包括全国青年体育委员会（NCYS）在内的非营利组织和旗下163个会员组织，以分级联赛的形式来推动该计划的实施。

2002年，小布什总统在职期间签署《不让一个孩子掉队法案》，法案中和体育相关的条例有：学校要为所有学生提供参与体育活动机会、州政府要制定单独的最低学习成绩标准、提升学校体育课程教学质量、增加教师薪资待遇。2004年，联邦政府呼吁各州实施《国家体育教育与运动周》，来缓解青少年肥胖问题，培养青少年健康的生活方式。2005年，美国运动与体育协会（NASPE）发布了第二版的《走向未来：全国体育课程标准》，标准规定：在体育运动知识、体育运动能力和生活方式上受过体育教育的学生需要达到的标准。标准也是衡量和指导学校体育课程的准则，学校和体育教师可以根据标准的要求来准备体育课上的具体内容。2008年，大众健康部和青少年慢性病预防与健康促进中心发布"青少年体育活动指导工具包"，要求青少年每天要有1小时以上的体育运动时间；每周至少有三天中等强度以上的有氧运动；每周至少有三天的拔河、举重、攀岩等力量活动；每周要有促进骨骼生长发育和增强骨骼韧性的体育运动。

2008年美国运动与体育教育协会（NASPE）发布并"综合性学校体育计划"实施，要求学校的体育教育不能局限于课堂，还要拓展到课外，组织家庭、社区、体育教师和政府各部门，提高青少年参与体育活动人口，培育青少年终身体育的意识。2004年，世界卫生组织召开了第57届世界卫生大会，大会发布了"饮食、身体活动与健康全球战略"，世界卫生组织呼吁各会员国根据本国情况制定实施该战略的政策方针，让更多的人参与体育活动从而促进国民健康。2008年，美国卫生及公共服务部发布《美国人体育活动指南》，指南要求6—17岁的青少年儿童每天参与体育活动的时间至少在60分钟。2010年，美国健康与公共服务部发布"国民身体活动计划"，计划规定学校需要建立一些体育类的社团、俱乐部，用于组织体育比赛和体育表演，学校可以和教育部门共同合作，提供体育活动所需的场地和设施，激发学生参与体育活动的兴趣，促进学生的身心健康发展。

2010年9月，美国总统夫人米歇尔奥巴马和美国卫生与公共服务部部长凯瑟琳·西贝利厄斯宣布启动"百万PALA挑战赛"。2011年9月在华盛顿特区举行的"Nickelodeon"全球比赛日庆祝了挑战的成功，在全球比赛日期间，凯瑟琳·西贝利厄斯宣布了下一阶段的 PALA,PALA＋正式启动,PALA＋和 PALA 有着相同的身体活动要求,但是增加了健康营养实践这一全新的挑战。2010 年 10 月,美国卫生与公共服务部发布第四代健康公民计划"健康公民 2020:健康促进目标",要求增加青少年人群达到联邦肌肉强健活动标准的人员比例,提升美国公立和私立学校体育教育的质量,使学校体育课时至少增加 50％。2011 年,青少年和学校健康疾病控制中心发布《促进青少年体育活动的行动指南》,指南明确了社区、学校、家庭促进青少年体育发展的职责,政府应充分利用好社会资源,指导各部门、机构共同促进青少年体育的发展。2012 年,"总统挑战"取消,随后发布了新的健身计划"总统青少年健身计划"(PYFP),培养学生养成终身体育的意识。2012 年,《美国身体活动指南中期报告:青少年身体活动提高战略》发布,报告要求提升体育课程的质量,增加体育课程在学校课程中的比重,并延长体育课的时间,设立促进青少年身心健康发展的体育课程,定期对体育教师进行专业培训。2015 年,美国健康与人类服务部发布"Step It Up"活动倡议,鼓励人民参与到体育活动中去。2016 年,美国总统奥巴马设立"总统青年健身奖"(PYFA),对 4—12 年级学生的体能进行系统的评估,体能评估成绩优秀的学生可以获得此奖。

美国《K12 国家体育教育标准》在 1995 年颁布后,经 2005 年和 2013 年 2 次修订,从 1995 版 7 条标准到 2005 版 6 条标准发展至目前实行的 2013 版 5 条标准,其整体发展注重学生对运动技能的应用能力,通过注重学生对运动技能的掌握与应用从而实现其身心健康发展,幸福指数提高。新的全美 K12 体育教育标准之后美国国家体育和身体教育协会(NASPE)开始建议各州摒弃此前的评价指标,采取基于标准的 5 个体育素养(physical literacy)对学生的体育学习进行评价。2015 年 3 月,健康和体育教育工作者协会(SHAPE America)发布"50 Million Strong by 2029"计划,任务是让所有儿童的生活更加积极健康。之后,健康和体育教育工作者协会组建了"50 Million Strong by 2029"的测量评估小组,研究并确定了四个领域的目标:身体活动目标、健康行为目标、健康与体育教育政策目标、健康与体育教育标准目标。2015 年 12 月,由于"不让一个孩子掉队法案"已经不适合美国青少年学生的发展状况,奥巴马总统签署了"每个学生成功法案",为美国中小学教育提供联邦资金和指导方针,旨在全面发展教育的背景下为体育发展提供必要机会。

2017 年 3 月,总统健身、体育和营养委员会与美国农业部的免费在线食品和活动追踪工具"Super Tracker"合作,推出了新版"PALA＋计划"。该计划为期八周,6 岁及以上的参与者将他们的体育活动和食物消耗记录到在线计划。需要满足的体育活动目标有两个组成部分：活动分钟和活动天数。青少年每周至少需要有 300 分钟的体育活动，并且每周至少活动五天。要获得PALA＋奖励，必须完成九个健康饮食目标中至少六个，包括一周内每个饮食限制目标中至少一个。六个食物或饮料目标包括水果、蔬菜、谷物、蛋白质食物、乳制品和水；三个饮食限制目标包括添加糖、饱和脂肪和钠。2018 年，美国国会颁布《美国保护青少年受害者免受性虐待和安全运动授权法案》，法案保护了青少年运动员在人身安全和运动安全上的权益。2018 年 11 月，第二版《美国人身体活动指南》发布，指南为所有美国人提供促进身体健康方面的指导，这是改善美国公民久坐不动导致的健康问题的有效手段。2016—2020 年，《国民体力活动计划》发布，要求社区和其他地方的体育组织应当为青少年儿童提供体力活动的场地，并对青少年儿童进行体育课程和体育项目方面的指导。

第二节　美国青少年和学校体育的重要政策

一、青少年体质测试全国标准手册

1953 年 12 月，美国健康、体育教育、娱乐和舞蹈联盟发表了一篇"肌肉适能与健康"的文章，这是 Hans Kraus 博士和 Ruth P. Hirschland 共同撰写的。这篇文章的研究显示：相对于澳大利亚、意大利、瑞典这些国家的儿童的身体素质，美国儿童的身体素质各项指标较差。当时的时代背景正值美国和苏联的冷战时期，虽然这些测试的指标与军队战斗力毫无关系，抽样的样本也存在一些问题，但是在冷战的背景下，这种结果一经公开肯定会引起国家的关注，出现了人们对美国青少年身体素质的讨论，这个事件发生后，促使艾森豪威尔总统决定组建"青少年体质总统委员会"，并以政府为主导加强青少年体质健康的监测工作，组织开展体质健康相关的促进工作。对于这个结果争议最大的是测试内容，当时测试的内容是"最小肌力测试"（minimum muscular fitness)，包括肌肉的柔韧性和力量的大小。从现在的角度看来，研究样本的选择和测试内容都是有问题的，研究的结论也存在许多问题。1958 年青少年体质测试的标准数据来自 1957 年的青少年体质项目，这是美国第一次全国范围的大型体质测试，用百分位数法制定性别年龄标准。采用这种标准进行评价的方法在之后很长一段时间里都饱受争议①。1950 年之后,很多州都推出了自己的体质测试指标,这些州的测试指标与美国青少年体质测试全国标准相似,不同的是比较标准来自各州自己数据。"青少年体质测试全国标准"是美国第一个全国性的青少年体质测试标准,之后根据测试过程中存在的问题,于 1965 年和 1976 年进行了修订(表 3-1)。1979 年,美国健康、体育教育、娱乐和舞蹈联盟与体适能与运动总统委员会就体质测定的内容达成一致,并于 1980 年发布了健康相关体质测试(HRPFT)手册。1988 年,美国健康、体育教育、娱乐和舞蹈联盟发布最佳体质测试(Physical Best)。1987 年 3 月青少年体质专家顾问委员会在乔治亚州亚特兰大召开会议,宣布启动 FITNESSGRAM 项目。2012 年起,青少年体质测试全国标准手册演变成为以一个全国性的青少年体质促进协作项目"总统青少年体质项目"采用 FITNESSGRAM 中的测试项目作为青少年体质测试系统。

表 3-1 青少年体质测试指标

发布时间	指标体系
1958	直腿仰卧起坐;立定跳远;引体向上(男)、改良引起向上(女);50 码跑(45.72 m);往返跑;600 码(548.64 m)跑—走;垒球掷远;水中运动(选测)。
1965	引体向上(男)、屈臂悬垂(女);直腿仰卧起坐;往返跑;立定跳远;50 码跑(45.72 m);600 码(548.64 m)跑—走;垒球掷远;水中运动(选测)
1976	上身肌肉力量;引体向上(男)、屈臂悬垂(女);1 min 屈膝仰卧起坐;往返跑;立定跳远;50 码跑(45.72 m);600 码(548.64 m)跑—走;9 min 跑/2 英里跑(10—12 岁);12 min 跑/1.5 英里跑(13 岁以上);水中运动(选测)
1980	9 min 跑/1 英里跑(10—12 岁);12 min 跑/1.5 英里跑(13 岁以上);肱三头肌部与肩胛下角部皮褶厚度;1 min 仰卧起坐、坐位体前屈
1988	1 英里走/跑;肱三头肌部和小腿皮褶厚度;坐位体前屈;引体向上;坐位体前屈
2010	1 英里走/跑;长走;体脂率;BMI;半仰卧起坐;躯干拉伸;俯卧抬头;90°俯卧撑;屈臂悬垂;坐位体前屈肩部拉伸

二、健康公民计划

从 1979 开始,在美国卫生与公共服务部的主导下,政府各部门和一些社

① 红娟,王正珍,罗曦娟.美国青少年体质测定系统的演进[J].北京体育大学学报,2013,36(10):51-58+70.DOI:10.19582/j.cnki.11-3785/g8.2013.10.009.

会组织团体的共同协助下,美国卫生与公共服务部以 10 年为一个周期开始发布"健康公民"计划。1979 年,美国卫生与公共服务部发布第一代健康公民计划《健康公民:美国卫生署关于健康促进和疾病防治报告》,报告总共有 226 项目标,其中涉及青少年体质健康的目标有 34 项。美国青少年的身心健康状况和青少年体育发展情况开始进入政府和大众的视野,这项计划为在这期间内增加青少年体育相关内容提供了政策意见,这标志着美国政府开始全面着手青少年体育健康问题的工作。1990 年,美国卫生与公共服务部发布第二代健康公民计划"健康公民 2000:国家健康促进与疾病预防目标",计划将小学至高中学段(K12)的学生在学校的体育活动时间由原来的 27% 修改为 50%,学校的体育教育比例由原来的 36% 上升为 50%。2000 年,美国卫生与公共服务部发布第三代健康公民计划"健康公民 2010:健康促进目标",计划把青少年参加高强度的体育活动标准提高到了每周 3 天、每次 20 分钟,这样使参加中等强度的体育活动的青少年人数大幅增加。2010 年 10 月,美国卫生与公共服务部发布第四代健康公民计划《健康公民 2020:健康促进目标》,要求增加青少年人群达到联邦肌肉强健活动标准的比例,提升美国公立和私立学校体育教育的质量,使学校体育课时时间至少增加 50%。2020 年 8 月,美国卫生与公共服务部发布第五代健康公民计划"健康公民 2030",对体育活动目标内容和目标值要求做出了调整,将体育活动目标的数量删减到了 27 个,其中涉及青少年儿童和学校体育活动目标有 9 个。

表 3 - 2　美国《健康公民 2030》战略中体育活动目标及数据①

领域	主题	内容	目标值
人口健康	青少年	1. 增加符合联邦体育指南有氧运动要求的青少年比例 2. 增加符合联邦体育指南肌肉强健要求的青少年比例 3. 增加符合联邦有氧和增肌运动最低要求的青少年比例	26.1%(2017)30.0% 51.1%(2017)56.1% 20.0%(2017)24.1%

---

① Office of Disease Prevention and Health. Goal: improve Health Fitness and Quality of Life Through Regular Physical Activity[EB/OL]. [2020 - 08 - 14]. https://health gov/healthy people/objectives-and data/browse-objectives/physical-activity.

续　表

领域	主题	内容	目标值
	儿童	1. 增加符合联邦体育指南有氧运动要求的 6—13 岁儿童比例 2. 增加步行与自行车出行的 12—17 岁儿童比例 3. 增加课余时间参与运动队和体育课程的儿童比例 4. 增加遵循美国儿科协会限制儿童上网时间的父母比例	25.9%（2017）30.4% 39.8%（2016）44.9% 58.4%（2017）63.3% 研究目标
身体健康	肥胖	1. 通过体育活动降低 2—19 岁儿童和青少年肥胖比例	17.8%（2016）15.5%
环境健康	学校	1. 增加参与日常学校体育教育的青少年比例	29.9%（2017）39.9%

三、青少年体育国家标准

1981 年，美国非营利性青少年体育组织"青少年体育国家联盟（NAYS）"成立。与此同时美国在青少年体育发展中出现了一些问题，青少年体育运动的需求超出了家庭的支持范围；青少年参与体育缺少相关的法律法规保障，各州中小学体育课程较少，导致青少年参与体育活动的人数较少；青少年肥胖、犯罪、吸毒等，一直是美国青少年身心健康的重要问题。因此 1987 年青少年体育国家联盟制定了《青少年体育国家标准》，明确了参与青少年体育的主体学校、家长在青少年体育参与过程中的责任。2008 年，第二版《青少年体育国家标准》发布，为青少年参与体育活动的形式和内容提供了理论框架，为参与青少年体育相关人员提供了青少年运动计划和组织青少年体育活动的指导性准则[1]。2017 年，第三版《青少年体育国家标准》发布，新的标准发生了重大变化，将原有的框架和内容进行了重构，分成四个核心领域。

---

① 王占坤，黄可可，王永华，彭艳芳，高继祥.美国《青少年体育国家标准》的演进、特征及启示[J].体育学研究，2019,2(05):46-55.DOI:10.15877/j.cnki.nsic.20191031.006.

表 3 - 3　不同版本的青少年体育国家标准核心内容①

1987 年版	2008 年版
1. 父母应该选择适宜的体育环境 2. 计划应该以儿童的健康为基础 3. 父母应该鼓励无毒品、烟草和酒精的体育环境 4. 体育必须被看作是青少年生活的一部分 5. 教练员必须经过培训和认证 6. 父母必须努力发挥积极作用 7. 父母必须是展示体育精神行为的积极榜样 8. 父母必须每年签署道德守则 9. 父母必须坚持安全的体育设施、健康的体育环境和适当的急救应用 10. 父母、教练和联盟管理者必须为所有青少年提供平等的体育机会,而不论其种族、信仰、性别、经济地位或能力 11. 在青少年体育活动中,家长必须戒毒、戒烟、不饮酒	1. 优质体育环境 2. 体育参与应该是乐趣和儿童生活的一部分 3. 培训与问责 4. 筛选过程 5. 父母的承诺 6. 体育精神 7. 安全体育环境 8. 体育机会平等 9. 无药物、烟草、酒精和兴奋剂的体育环境

2017 年版			
核心领域一:以儿童为中心的政策和理念	核心领域二:志愿者	核心领域三:家长	核心领域四:安全的体育环境
1.6 岁以下儿童发展计划:运动技能发展注重没有进攻或防守示意图基本功并介绍团队运动。 7 岁和 8 岁儿童的教育计划:技能发展注重基础规则的基本概念和基本的进攻或防守示意图。 9 岁和 10 岁儿童组织方案:技能发展注重基础逐步引入简单的进攻或防守示意图和引入内部比赛。	1. 教练员和工作人员应接受以下方面的培训:青少年体育训练概论;体育专项训练信息;儿童的情感需求;安全;伤害预防和急救;训练;水分和营养;教授适当的体育技术;关注所有儿童;防止虐待儿童;防止欺凌;以及预防毒品、酒精和烟草。 2. 志愿者应为欺凌、虐待儿童和暴力行	1. 家长应至少每年参加一次联盟赛季会议。其定位应涵盖以下几个方面:青少年体育理念、计划目标、预期行为和责任以及体育专项信息。 2. 在每个赛季开始时,球队应该至少有一个队/家长会。 3. 父母应该通过父母行为守则来证明他们对孩子的体育体验的承诺,该守则	1. 在每次体育活动之前,执行检查比赛设施的安全隐患的程序。 2. 发生医疗、天气或其他紧急情况时应执行书面的紧急行动计划。 3. 要求父母/监护人在儿童参与之前正确填写和签署基本医疗与伤害治疗表格。 4. 在训练和比赛之前应该通知教练与

---

① National Alliance for Youth Sports. National Standards for Youth Sports:Modifying the Sports Environment for a Healthier Youth[EB/OL].(2017 - 12 - 23).https://www.nays.org/default/assets/File/download-forms/National％20Standards％20for％20Youth94220Sports％202017％2or2).pdf.

核心领域一：以儿童为中心的政策和理念	核心领域二：志愿者	核心领域三：家长	核心领域四：安全的体育环境
11 岁及以上儿童技能提升计划:继续技能发展集中于逐步引入进攻性或防守性示意图的基础引入更具竞争力的比赛。 2. 家长和教练应鼓励参加除体育以外的各种青少年活动,注意不要全年只参加一项活动或体育活动。 3. 所有管理者、裁判、教练、家长、运动员和观众有责任提供一个积极的环境。	为提供零容忍政策。教练员应在运动员、家长和观众中倡导积极的体育精神。 3. 教练员应不断地获得一般性和体育专项的训练技能。 4. 应鼓励计划为教练和家长提供额外的教育资源帮助他们为每个孩子提供尽可能好的青少年体育经验。 5. 应要求所有志愿者签署行为守则,保证他们致力于提供愉快、健康的青少年体育体验。	包括对不遵守行为守则的惩戒处分。 4. 如果父母/监护人拒绝签署父母的行为守则孩子就不能参加练习和比赛。 5. 所有的家长和观众都应该为运动员、教练和其他观众提供一个积极的环境。不提供积极的环境将引发政策中规定的纪律处分。 6. 父母应该熟悉体育专项信息包括竞赛规则。 7. 应该给父母提供评估孩子体验的机会包括训练和管理。	工作人员每个队员的紧急联系和健康信息/状况。 5. 在任何练习或比赛中都应该至少有一名接受过心肺复苏(CPR)、自动体外除颤器(AED)和基本急救训练的成年人在现场安全的体育环境。 6. 医生在儿童受伤后寻求医疗之前给予书面许可。 7. 11 岁以下的儿童应参加限制碰撞可能性的活动并修改规则,以显著减少受伤的机会。 8. 在练习、比赛和其他相关活动中至少有两个成年人在场。

四、体育教育报告

1993 年,为了让各州了解体育教育实施的状况,美国国家体育和身体教育协会(NASPE)在 1987 年进行了简单的调查,在此调查的基础上,又对全国各州 K12 体育教育开展的现状进行了细致的调查,并对调查结果进行了整理,发布了《1993 年美国中小学体育教育发展现状报告》,引起了政府、社会和公众对体育教育的积极响应。在之后的一段时间,美国国家体育和身体教育协会和美国心脏协会共同发布了六份报告——《体育教育报告 1997》《体育教育报告 2001》《体育教育报告 2006》《体育教育报告 2010》《体育教育报告 2012》《体育教育报告 2016》,报告主要是为了收集整理各州在促进学生健康发展方面的体育教育政策和相关政策的实践情况,着重强调了高质量的体育教学优势和身体活动政策的重要性,为体育教育评估体系和评估进展情况提供了关键的数据,为媒体和公共健康教育人员提供相关信息,进一步改善学校体育教育状况,提升儿童、青少年的身体活动水平①。

五、K12 国家体育教育标准

　　1995 年美国国家体育运动学会(NASPE)颁布第一个《K12 国家体育教育标准》,后经 2005 年和 2013 年 2 次修订,从 1995 版最初的 7 条标准到 2005 版 6 条标准发展至目前实行的 2013 版 5 条标准,标准的修订越来越重视学生运动技能的能力,通过提升学生对运动技能的熟练程度和实践应用能力,达到促进学生身心健康发展的作用。2013 版注重培养"具有体育素养的人",1995 版和 2005 版注重培养"身体受过教育的人",从关键词的变化可以看出标准的修订更加重视个体学习运动技能和运动形式的能力和提升体育素质的能力。标准的变化对美国学校体育的发展起着导向的作用,为各州在制定学校体育计划时提供了参考②。新的全美 K12 体育教育标准之后美国国家体育和身体教育协会(NASPE)开始建议各州摒弃此前的评价指标,采取基于体育素养的 5 个体育标准对学生的体育学习进行评价。根据 2016 年《体育教育报告》显示,采用体育标准 1 和标准 2 作为中小学生的体育学习评价指标的州有 12 个,采用标准 3 的州数为 13 个,采用标准 4 和标准 5 的州数则都为 11 个。

表 3-4　K12 国家体育教育标准的具体内容③

1995 版	2005 版	2013 版
身体受教育的人: 标准1:展现多种运动形式的能力并熟练掌握几项运动技能	身体受教育的人: 标准1:展现运动技能和运动形式的能力以适应多种体育活动需要	具有体育素养的人: 标准1:有展现多种运动技能和运动形式的能力

　　① 胡小清,唐炎,刘阳,王建.近 30 年美国中小学体育教育发展现状及启示——基于《美国学校体育教育发展现状报告》的文本分析[J].上海体育学院学报,2018,42(06):82-97.DOI:10.16099/j.sus.2018.06.013.
　　② 张大超,杨娟.美国 3 版《K12 国家体育教育标准》演变对学校体育影响的比较研究及启示[J].体育科学,2017,37(10):21-31.DOI:10.16469/j.css.201710003.
　　③ SHAPEAMERICA. Grade-level outcomes for K12 physical education [M]. US: Human Kinetics,2013:17.

1995 版	2005 版	2013 版
标准 2:运用运动的概念和原则促进运动技能的学习和发展 标准 3:表现积极的体育生活方式 标准 4:达到并保持一个不断增进健康的体适能水平 标准 5:在体育活动中展现负责任的个人和社会行为 标准 6:对人们在体育活动中的差异表现出理解和尊重 标准 7:认识到体育活动为享乐、挑战、自我表现和社会交往提供机会	标准 2:展现对运动的概念、原则、战术和策略的理解并应用于体育活动的学习和表现中 标准 3:定期参加体育活动 标准 4:达到并保持一种增进健康的体适能水平 标准 5:展现自我责任和在体育活动中尊重自我与他人的社会行为 标准 6:认识体育活动对健康、享乐、挑战、自我表现和社会交往的价值	标准 2:有应用与运动和表现有关的概念、原则、战术和策略的能力 标准 3:有通过知识和技能达到并保持一个增进健康的体育活动和体适能的能力 标准 4:展现有自我责任感和尊重自我和他人的社会行为 标准 5:意识到体育锻炼对健康、享乐、挑战、自我表现和社会交往的价值

六、综合性学校体育计划

2004 年世界卫生组织通过"饮食、身体活动与健康全球战略",旨在通过合理饮食、增加身体活动来促进各国人民健康,并敦促各会员国制定相关的政策方针。根据世界卫生组织要求,美国卫生与公共福利部建议 6—17 岁的青少年儿童每天至少要进行 60 分钟中到大强度的身体活动,但是仅 29% 的学生能达到此标准。2008 年,美国运动与体育教育协会(NASPE)发布《综合性学校体育计划》,要求学校的体育教育不能局限于课堂,还要拓展到课外,组织家庭、社区、体育教师和政府各部门,提高青少年参与体育活动人口,培育青少年终身体育的意识。计划主要由 5 部分组成,分别是体育教育、校内体育活动、校外体育活动、学校教职工参与以及家庭和社区参与[①]。计划对 5 个部分的具体内容进行了详细的介绍,具体内容如表 3-5。

① 严文刚,王涛,刘志民.美国《综合性学校体育活动计划》解读及对我国青少年体育的启示[J].成都体育学院学报,2018,44(05):100-105.DOI:10.15942/j.jcsu.2018.05.017.

表 3-5　综合性学校体育计划的具体内容①

计划组成部分	内　容
体育教育	高质量的体育课程;公平的学习机会;有价值的课程内容;适当的教学方法;有效的课程评估。
校内体育活动	课间休息;课堂体育活动;课程间融合的体育活动;非体育课程中的体育活动;校内体育运动队等。
校外体育活动	学校或社区发起的各种活动:传统体育项目;步行或骑车上学;校外俱乐部参与等。
学校教职工参与	教职工体育纳入整个项目;教职工自愿参与的体育项目;员工健康计划;学校会议期间的体育活动放松;教职工积极的榜样效应。
家庭和社区参与	促进家庭和社区积极参与体育活动;取得社会支持促进青少年体育参与;家长或监护人主导体育活动;家庭活动;青少年体育活动。

七、美国人身体活动指南

　　2008 年,美国卫生及公共服务部发布《美国人体育活动指南》,指南要求6—17 岁的青少年儿童每天参与体育活动的时间至少在 60 分钟,指南的发布为美国人进行身体活动锻炼提供了科学的指导。2012 年,美国卫生及公共服务部发布《美国身体活动指南中期报告:青少年身体活动提高战略》,报告要求提升体育课程的质量,增加体育课程在学校课程中的比重,并延长体育课的时间,设立促进青少年身心健康发展的体育课程,定期对体育教师进行专业培训,将体育教师综合素质纳入体育教师考核评价内容当中,进一步丰富青少年体育活动的内容②。2018 年 11 月,美国卫生及公共服务部发布《美国人身体活动指南》,这一版本的部分内容是为 3 岁以上的儿童提供的指导,2008 年《指南》的建议从 6 岁开始。学龄前儿童(3 至 5 岁)应全天进行生理活动,成人照顾者应鼓励各种游戏(如投掷游戏;骑自行车/三轮车;跳绳、跳跃和翻滚活动)。为了满足 2008 年《指南》中的有氧运动建议,体育锻炼需要持续至少 10 分钟。在新版《指南》中,10 分钟的运动被支持以改善一些健康结果,但新的证据也表明,任何持续时间的适度到剧烈的体育活动都会对健康有益。2008 年,

　　① NASPE. comprehensive school physical activity programs [EB/OL][2017-09-10].http://www.aahperd.org/naspe/standards/upload/comprehensive-School-Physical-Activity-Programs2-2008.pdf.
　　② 鲁长芬,曾紫荣,王健.美国《青少年身体活动提高战略》研究[J].体育学刊,2017,24(03):81-86.DOI:10.16237/j.cnki.cn44-1404/g8.2017.03.010.

对久坐行为与健康之间的关系进行了有限的研究。从那以后,研究人员注意到儿童和成人的久坐行为普遍存在;在醒着的时候每天大约 7.7 小时是久坐不动的。久坐时间与成人全因死亡率和心血管疾病死亡风险之间存在密切关系[①]。

表 3-6 《美国人身体活动指南》(第 2 版)青少年和学校体育相关内容[②]

《2018 报告》内容框架	章节	提炼主要研究主题	确立儿童青少年身体活动热点研究主题
版块一:定义身体活动的新问题	第一章:身体活动行为	对身体活动的基本认知、身体活动测量	身体活动的测量与监控
	第二章:久坐行为		
版块二:身体活动与特定健康结果	第三章:大脑健康	身体活动的健康效益 久坐行为与不同健康结果之间的关系 身体活动的影响因素	低于 10 min 身体活动健康效益的研究 儿童青少年久坐行为模式特征的研究 建成环境对儿童青少年身体活动影响的研究
	第五章:心脏代谢健康以及体重控制		
版块三:特定人群的身体活动考虑因素	第七章:儿童青少年		
版块四:身体活动促进	第十一章:促进有规律的身体活动	身体活动促进策略	儿童青少年身体活动促进的整体实施策略研究

第三节　美国青少年和学校体育政策演进特征

一、青少年和学校体育政策发展较成熟,形成相对完整的政策体系

青少年和学校体育政策的体系化是美国青少年和学校体育政策的重要特

① Physical Activity Guidelines Advisory Committee. Physical Activity Guidelines Advisory committee Scientific Report(2018)[R] Washington,D C:U. S. Department of Health and Human Services,2018.

② 孔琳,汪晓赞,杨燕国,郭强.儿童青少年身体活动研究的热点透视及特征解析——基于美国《2018 年身体活动指南咨询委员会研究报告》的证据审读[J].西安体育学院学报,2021,38(06):749-757.DOI:10.16063/j.cnki.issn1001-747x.2021.06.015.

征,从发展的五个阶段可看出,美国青少年和学校体育政策的发展经历了一个较长的发展时期,从初步探索阶段到优化改革阶段经历了一个多世纪的历史演进。初步探索阶段主要是实现了从无到有的突破,政府和社会各阶层开始成立了相关的组织,为后续政策的制定提供了组织基础。早期发展阶段开始出现具体的政策内容,并突出了联邦政府在政策制定中的地位,颁布了早期的全国性的政策条例。快速发展阶段把学生体质健康和学生体质测试作为政策制定对象,进行了第一次全国范围的大型体质测试,从这一阶段开始,美国总统开始重视青少年和学校体育工作,并出台了相关政策。发展完善阶段完善了青少年和学校体育相关的各项法律法规。优化改革阶段作为最后一个阶段也是最重要的阶段,这一阶段青少年健康问题和社区、学校、家庭关系问题得到了美国社会的关注,因此美国国家体育运动学会建立了学校体育国家标准,针对青少年肥胖问题的体育活动政策也如雨后春笋般陆续颁布。这一阶段的总统都极其重视青少年健康问题,签订了各类法案和总统挑战计划,极大促进了青少年健康问题的解决。这五个阶段分别对不同的问题进行了完善,先是成立组织部门,然后对青少年和学校体育政策进行制定,在过程当中对法律存在的缺失和不完善进行了及时的补充和修订,最后是针对当前美国青少年存在的健康问题在政策上做出了优化和改革。可以看出现在美国的青少年和学校体育政策已经形成了一种完善的体系,在青少年和学校体育之后的发展当中相关政策会根据存在的问题进行不断的优化。

二、注重法律法规的完善,切实保障青少年和学校体育政策的实施

一个完备的青少年和学校体育政策体系离不开法律法规的保障。在美国青少年和学校体育发展之初并没有相关的法律法规,在1972年之前美国青少年女性和一些有身体缺陷的青少年在参与体育活动时往往会遭到不平等的对待,由于美国是多种族国家,一些少数族裔也存在被不平等对待的情况,因此完善青少年和学校体育相关法律法规就尤为重要。美国先是颁布了《第九教育法修正案》,允许青少年女性参与体育活动,为青少年女性体育参与提供了法律保障,之后又相继通过了《康复法案》《残疾人全员教育法案》《残疾人教育法案》保障了有身体缺陷的青少年在参与体育活动时的权利,从此之后,美国残疾人体育相关法规趋于完备。卡特总统签署的《业余体育法》是美国体育政策法规中一部重要的成文法,该法确认了业余运动员的权利,并为运动员个体

提供法律保护。《美国 2000 年教育目标法》把制定国家教育标准写入联邦法律,这一政策的推行使得学校体育有了评价标准。美国总统小布什签署的《不让一个孩子掉队法案》和美国总统奥巴马签署的《每个学生成功法案》,把体育放在较高的位置,要求提高教学质量,由联邦政府提供资金的帮助,为体育发展提供必要机会。《美国保护青少年受害者免受性虐待和安全运动授权法案》的颁布保护青少年运动员免受侵犯,保障青少年运动员在运动过程中的生命安全。这些法律法规所覆盖的范围很广,涉及青少年女性、青少年特殊人群、学校体育、普通青少年、青少年运动员等方面,可以看出法律法规的内容很全面,在很大程度上保障了青少年和学校体育政策的有效实施,是政策实施的重要基础。

三、组织部门相互协作,形成制定和实施青少年和学校体育政策的合力

美国政府没有专门设立管理青少年和学校体育的部门,对于青少年和学校体育管理,美国联邦政府有 11 个部门参与青少年和学校体育管理,如教育部、司法部、交通部、国防部等,如表 7。在青少年和学校体育管理中,更多的是把权力分配给这 11 个组织部门中,不对其内部事务进行行政干预,各个组织享有高度的自治权。美国联邦政府还将管理的权力分配给各个州,州公园娱乐部门、市或县公园娱乐部门、州教育部门、公众住宅开发部,这些部门负责相互协作共同建设和管理当地的公园、球场和健身场所等,也会组织地方性质的寒暑假训练营和学校之间的比赛,供学生娱乐和喜欢体育运动的学生参与。而美国联邦政府中与青少年和学校体关系最密切的两个部门总统体育健康委员会和卫生与公共服务部,主要负责青少年和学校体育政策的制定①。这样在制定和实施政策的过程中不同的部门之间可以互相学习,借鉴彼此的经验。例如,由美国卫生与公共服务部为主导,各州政府和社会专业组织为辅助,每隔 10 年发布的"健康公民"计划,美国国家体育和身体教育协会(NASPE)联合美国心脏协会(AHA)发布的 7 份《体育教育报告》,在美国与卫生公共服务部的指导下,青少年和学校健康疾病控制中心推出了《促进青少年体育活动的行动指南》。部门之间的互相合作情况在发展后期越来越多,第一夫人米歇尔·奥巴马和美国卫生与公共服务部(HHS)部长凯瑟琳·西贝利厄斯宣布

---

① 周兰君.美国政府参与体育管理方式之研究[J].西安体育学院学报,2009,26(01):22-26.

开启"百万PALA挑战赛"，总统健身、体育和营养委员会与美国农业部的免费在线食品和活动追踪工具"Super Tracker"合作，推出了新版PALA＋计划。这些政策的制定和实施是各部门互相学习、发挥出各自优势的共同结果，也更有利于青少年和学校体育的发展。

表3-7　联邦政府部门中青少年和学校体育有关职责

联邦政府部门	主要工作职责
总统体质与健康委员会	借助各种新闻媒体对学生进行健康教育
农业部（林业局）	对各州农业部门提供娱乐活动的土地使用建议
司法部（联邦商务委员会）	批准体育俱乐部的合并与收购
劳工部	提供资金资助城市体育与娱乐项目
商务部	处理体育垄断的法律事务
交通部	完善交通条件使人们易于到郊区游玩
卫生与公共服务部	职业康复管理；公共卫生服务管理；提供培训资金
内政部	户外娱乐；公用道路；印第安人事务；国土管理与改造办公室
国防部（军事工程部）	管理河道、水库及其他水路（是水上活动的主要场所）
教育部（儿童局）	残障儿童体育课与娱乐活动；提供户外娱乐中心
住宅与城市规划部	提供资金修建体育与娱乐设施，作为城市改造的部分工程

四、青少年和学校体育政策目标的确定具有明确性、长期性

从联邦政府和其他组织部门颁布的法案、计划、标准等政策文件来看，这些政策有着明确的目标，美国健康、体育教育、娱乐和舞蹈联盟（AAHPERD）发布的《体育分会宣言：这就是体育》是为了强调体育教育理念目标。青少年体育国家联盟制定的《青少年体育国家标准》明确了参与青少年体育的主体学校、家长在青少年体育参与过程中的责任，第二版《青少年体育国家标准》，标准设计了一个全新的青少年体育框架，为青少年体育的相关从业者提供了青少年体育运动相关计划和青少年体育活动开展的指导性准则。《国家体育教育与运动周》的设立是联邦政府为了呼吁各州降低青少年肥胖人口比例，让青少年人群养成健康的生活方式。《国民身体活动计划》规定了学校需要建立一

些体育类的社团、俱乐部,组织体育比赛和体育表演,激发学生参与体育活动的兴趣,促进学生身心健康发展。"50 Million Strong by 2029"的目标是为了让所有儿童都能过上积极健康的生活,这些政策的目标给政策的实施指明方向。在这么多的政策中有些重要政策的目标得以继承并进一步优化,例如,由美国卫生与公共服务部为主导,各州政府和社会专业组织为辅助,每隔10年发布的"健康公民"计划,到目前为止"健康公民"计划已经经历了五代的发展,从第一代计划的34项目标到第五代计划的9项目标,对目标内容进行了不断的优化,但目标内容都是为了促进青少年体质健康发展。青少年体育国家联盟制定的《青少年体育国家标准》和美国国家体育运动学会(NASPE)颁布的《K12国家体育教育标准》也经历三个版本的修订,政策目标的长期性可以减小政策目标变动导致的资源浪费。

五、基于科学性与全面性确定青少年和学校体育政策内容

科学性是青少年和学校体育政策最重要的特征,联邦政府和其他组织部门在撰写法案、计划、标准的内容时以科学研究为依据,Hans Kraus博士和Ruth P Hirschland在《纽约州医学杂志》上发表的一篇文章"Minimum Muscular Fitness Tests in School Children",对比了美国公立学校系统中约4 400名年龄在6到16岁之间的学生与瑞士、意大利和奥地利约3 000名同龄的欧洲学生的Kraus-Weber体能测试结果,发现当时美国青少年的体能状况远远落后于欧洲各国,根据这次测试,美国健康、体育、娱乐和舞蹈协会发布了青少年体质测试(YFT)全国标准手册,设计了7项指标对全国青少年体质进行普查,形成了学生体质测试的雏形。数据化也是青少年和学校体育政策科学性的表现,例如,第二代健康公民计划明确规定将1—12年级的儿童和青少年每日学校体育课活动时间从原来的27%提高到50%,学校体育教育比例从原来的36%提高到50%。第三代健康公民计划明确规定了儿童青少年每周至少要有3天不低于20分钟高强度的身体活动。第四代健康公民计划明确规定进一步提升达到联邦肌肉强健活动标准的青少年人数,进一步扩大美国学校体育教育的比例,学校体育课时时间要提高50%以上。健康公民计划的内容都有对应的目标值,这样在实施过程中可以对标准进行量化,从而达到对过程准确把控的目的。从青少年和学校体育政策的具体内容可以看出,政策把青少年和学校体育相关内容涵盖较为全面,包括体质测试、体育课程、体育活动参与、促进身心健康等方面,在具体政策上也能体现

出内容的全面性,在单个政策内容里也有涉及不同年级、不同年龄段、不同人群、不同参与主体的要求,内容的全面性会极大降低在青少年和学校体育发展过程中的阻碍。

第四节　启示与反思

一、启示

(一)构建完整的青少年和学校体育政策体系

美国青少年和学校体育政策涵盖了从活动策略、实施计划到增拨经费、开发资源等方面内容,相比来看,我国对青少年和学校体育的发展以及青少年和学校体育政策的研究仍然存在较大的缺陷。构建完整的青少年和学校体育政策体系,首先在各组织部门方面,我们要组建一个完善的部门体系,对于那些有突出成绩的部门要进一步发挥作用,对于那些组织结构存在问题的部门要进行优化改革。其次在政策制定和实施的过程中,要建立政策的监督评估机制,对于那些工作卓有成效的部门要给予嘉奖,对那些政策制定不认真负责政策落实不到位的部门要进行处罚。再者是要有完善的法律法规保障,这是保障政策制定和实施的基础。最后是要针对当下的青少年和学校体育发展存在的新问题制定出新的政策,不同时期我们在发展青少年和学校体育所面临的问题有所不同,如果一直沿用以前的政策来解决现在的问题,会极大限制青少年和学校体育的发展。

(二)完善青少年和学校体育相关法律,切实保障政策实施

法律法规的完善是政策实施的重要保障,就目前来看,我国在保障青少年和学校体育相关的法律较为滞后,法律法规中相关条款的规定不够详细,对青少年和学校体育的约束不足。法律法规立法呈现地方先行,中央立法跟进,法律法规立法以教育行为多,间接保障性的立法较少[1]。为此,在法律法规的完

① 艾振国,郇昌店.我国学校体育法律法规体系构建路径[J].冰雪运动,2021,43(02):53-57. DOI:10.16741/j.cnki.bxyd.2021.02.011.

善过程中,首先,应该注重青少年和学校体育法律法规的详细性和具体性,青少年和学校体育工作内容和目标都是具体和明确的,因此法律法规要注重具体执行过程和操作内容。涉及体育课程、体育场地设施、课外体育活动、青少年身心健康发展等方面的法律法规条文要更加科学合理。其次,进一步重视国家立法。我国虽然地区差异、城乡差别比较明显。但在一些重要的内容上如果没有全国统一的法律法规,将会造成地区体育发展不公平的情况。最后,完善保障性的法律法规。青少年学生在体育参与过程中属于弱势群体,保障性的法律法规能有效保障其参与体育活动的权利,同理,对于有身体缺陷的青少年在青少年群体中也属于弱势群体,也要同样保障他们的体育参与权利。场地设施和参与人员(教练员、体育老师、管理人员)的经费也要得到保障,这样的法律法规才能切实保障青少年学生参与体育活动的权利。

(三)政府主导下各领域相互协作,形成制定和实施政策的合力

我国在青少年和学校体育发展过程中,政府不论是在政策的制定或实施过程中都没有充分发挥其他部门和社会资源的优势。在政策制定方面,体育主管部门应该在制定青少年和学校体育政策和发展规划时,同相关部门如国家卫生健康委员会、住房和城乡建设部、交通运输部等部门共同商定。如果青少年和学校体育政策有各部门共同参与政策的制定,青少年和学校体育政策将会在各部门的集思广益下形成最佳方案,从而制定较为适合青少年和学校体育发展的政策,这将有助于解决制约青少年和学校体育发展的问题。在政策实施方面,相关政府部门要转变传统的思维观念,提升政府工作的方法,政策的实施不能单靠政府来进行,体育非政府组织在政策的实施过程中也扮演着重要的角色,体育非政府组织的发展能够更好地为青少年和学校体育提供服务,在很大程度上可以减少政府在政策执行过程中的人力物力的支出。体育主管部门要进一步加大对体育非政府组织的指导,提高其专业水平和为青少年和学校体育提供服务的能力,积极引导体育非政府组织参与青少年和学校体育政策的实施,充分利用好社区、家庭、社会组织等非政府组织以促进青少年和学校体育政策的实施。

(四)政策目标的确定应具有明确性、长期性

当前我国青少年和学校体育发展的主要问题之一就是政策目标过于抽象。长期以来我国青少年和学校体育形成的"健康第一"的政策目标,属于

政治动员层面的"口号式"和"抽象式"的政策目标①。而形成"口号式"和"抽象式"的政策目标,不利于人们理解青少年和学校体育的发展理念,也会阻碍青少年和学校体育的发展。所以青少年和学校体育目标一定要清晰明确,这样才能引起社会的共识,形成青少年和学校体育发展的推力。我国青少年和学校体育发展的另一个问题就是政策目标过于短视,在确定政策目标时只着眼于当下,而忽视了青少年和学校体育发展的长远性问题。短期的政策目标虽然能解决燃眉之急,但在后续的发展过程中会出现一些新的问题。青少年和学校体育政策目标的长期性,要求我们用长远的眼观来看待青少年和学校体育的发展问题,在健康中国战略背景下,青少年身心健康发展是一个长期性问题,我们要做好长期面对这一难题的准备,因此在确定青少年和学校体育政策目标时,要把目标的长期性放在首要考虑的位置。

（五）政策内容的形成应注重科学性、全面性

目前我国青少年和学校体育政策的内容存在一些科学性不足的情况,在内容的制定上,前期缺乏大量的调研,一个好的政策前期必须要进行大量的调研,这样才能在内容撰写时有科学的依据。政策条文的撰写上,具体的实施办法主要集中在宏观的指导意见上,缺少对于青少年和学校体育发展问题的具体解决办法,《体育强国建设纲要》中的"九大工程",总体内容概括性强,而对于制定政策的主体、社会力量的指向、扶持的标准等都未做阐明②。在后期的评估上,缺少具体的量化标准。因此科学的政策内容一定是:前期要进行实地调研,内容要具体可操作,后期的评估也要有具体的量化标准。目前在青少年和学校体育政策内容的全面性上,存在体质测试、体育课程、体育活动参与、促进青少年身心健康等内容的不完善,在具体政策内容上,不同年龄段、不同人群等内容上不够全面,这样会导致在青少年和学校体育政策实施过程中的工作难度增加。因此在内容的撰写上要更加全面,要完善不同环节的内容,也要有保障不同参与主体的权利,这样在实施过程中遇到问题就会有理有据,使青少年和学校体育政策顺利推进。

① 张文鹏,王志斌,吴本连.健康中国视域下学校体育治理的政策表达[J].北京体育大学学报,2018,41(02):94-100.DOI:10.19582/j.cnki.11-3785/g8.2018.02.014.
② 陈悠,汪晓赞.学校体育政策系统特征、问题及对策[J].体育文化导刊,2022(04):96-102.

二、反思

（一）联邦政府的政策缺乏约束力，美国总统的政策缺乏延续性

由于美国政治经济制度的因素，在青少年和学校体育的发展过程中，联邦政府颁布的相关政策只能作为各州在发展青少年和学校体育时的参考，无法在国家层面强制统一标准，各州都有属于自己的一套标准，这样会导致各州在发展青少年和学校体育存在较大的差异。美国总统往往对于上一任总统的青少年和学校体育政策不会继续关注，转而推行新的政策，由于美国总统的任职时间较短，这就导致之前的政策尚未完全落实，新的政策又继续推进，形成恶性循环。

（二）青少年和学校体育在教育政策中处于边缘化境地

小布什推出的"不让一个孩子落后"法案（NCLB），NCLB 是对 1965 年"中小学教育行动"（ESEA）的加强。该法案的重点是提高学生阅读和数学科目上的成绩，加强对基础学科的考核。联邦政府将根据学校在阅读和数学科目上的成绩拨款。这一法案需要所有的公立学校利用联邦经费组织全体学生每年参加全州范围内的标准化考试，接受 ESEA 资助的学校每年测试成绩必须取得一定程度的进步，如果没有达到目标，学校将面临严重的惩罚。因此学校不得不将更多的时间和精力投入到阅读、数学等文化课方面，在 NCLB 的影响下，体育课程时间及课间活动时间的大幅度缩减不仅使体育教学受到了较大的冲击，同时也减少了学生充分参与学校体育活动的时间①。

---

① 燕凌，李京诚，韩桂凤.美国中小学学校体育发展的政策困境分析[J].首都体育学院学报，2016，28(01)：41 - 45.DOI：10.14036/j.cnki.cn11 - 4513.2016.01.009.

第四章 加拿大的青少年和学校体育政策

在加拿大人的生活中,体育运动扮演了重要的角色,经常参加体育活动的加拿大人约占加拿大全部国民的 54%,可以说加拿大是一个热爱运动的国家①。为了使所有人都能够更容易地参与体育运动,体育政策在制定与发展过程中常以群体进行划分,例如妇女和孩童、残疾人以及土著人等,不同群体的政策或计划实施不同,但最终都指向为提高体育参与和高性能体育发展,走向更好的未来。其中青少年体育常被理解为未成年人体育,体育活动以社会为单位进行,主要分成两个部分:对体育感兴趣且有较高运动技术水平和广泛的青少年体育运动爱好者。关于较低水平的体育热爱者的校际会通过相关学校开展类似"体育活动日"来进行,重点在于提高参与程度。实际上,加拿大关于专门的青少年和学校体育政策其实并不多,但相关体育政策中都会涉及关于青少年及学校体育的内容。

第一节 加拿大青少年和学校体育政策的演进脉络

在不同的时代背景下体育政策的方向也有着相应的特点,以社会发展及生产力需求为划分节点,根据加拿大体育政策发展的重点主要分为以下几个时期。

一、脱英伊始期(1867—1931 年)

这时期的特点是"经济发展与社会矛盾交织",以体育政策促进国家经济

---

① https://cflri.ca/sport-participation.

发展成为加拿大新的治理思路。自 1867 年加拿大脱英后以发展西部地区和保护关税两个方面为重点促进国家的统一和经济繁荣发展,在麦克唐纳担任首届总统期间推行"从海洋到海洋"战略以及"国家政策",想要刺激加拿大的经济发展,以便拥有更多的自治权。良好的社会经济发展能够促进体育政策的快速发展,随着《马尼托巴学校法案》的通过,凸显出文化的力量在社会发展中的作用,加拿大政府重视教育在社会发展中的重要作用,使得教育体系逐渐形成,全国性的教会开始出现。然而,加拿大尽管拥有自治权但政治、经济、司法及外交领域都依旧在英国的监管之下,且由于地理位置、经济、社会等各方面的历史影响与发展受英、美两国影响较大,以及原住民和移民人口各种冲突导致当时社会的发展与矛盾是交织进行的,为当时的体育的发展带来了极大的阻碍。

二、自治独立与转型期(1931—2000 年)

这时期的政策着眼点由重视高水平竞技体育逐步转向重视所有人的体育参与。直到 1931 年加拿大实现完全自治正式进入独立发展时期,学校体育的重要性得到普遍重视,但还是以英国的身体训练大纲为蓝本进行,体育课的重点是身体训练,在教学中命令式的方法居于主导地位,虽然逐渐意识到身体、心理和精神结合为一体的需要,但是还没有具体的政策和方法。1961 年,出台的《健身和业余体育法案》是联邦政府参与体育运动的重要转折点,政府开始与体育利益相关者建立长期关系,采取各种政策、方案和财政资源的形式鼓励、促进和发展体育。1968 年后联邦政府显著地增加了体育经费的投入,促进了体育竞赛和群众体育、娱乐方面的发展[①]。这一时期学校体育的内容主要是"竞技性的和表演性的游戏活动",在体育教学中竞技体育具有压倒优势,但也开始引入一些新的内容,如加拿大人的健康的问题不同于从前,现在的健康问题是由环境因素和人们不良的生活习惯而不是人们的其他方面的因素所造成的等等,因此,从小学开始就培养儿童具有良好的生活习惯逐渐成为当时学校体育发展的核心目标,在 1978 年的《体育和体育宪章》中规定了"每个人都有获得体育和体育机会的基本权力",这对于当时青少年儿童的全面发展起到了至关重要的作用。

在这之后加拿大体育政策总体偏向于提高加拿大在竞技体育方面有所发

---

① 侯高璐.供给侧改革的体育产业政策分析[D].北京体育大学,2016.

展,例如加拿大奥委会从 1987 年开始实施"加拿大奥林匹克学校计划",目的是宣传奥林匹克价值观,让师生们更加了解加拿大冬奥会代表团,促使学生们参与体育运动以及帮助学生们树立健康的生活方式。为达成这一目标,1988年颁布了"高质量日常活动计划"(简称 QDEP)以及一系列实现该计划目标的措施和建议,借以此促进青少年积极健生活方式的养成与提高体育运动的参与度。

　　总的来说,在 1992 年前,加拿大联邦政府推出的体育政策以注重高水平竞技体育的发展为主,对于包含学校、社区、公园街道及休闲体育等,作为加拿大体育基础的大众体育并未列入体育政策的范围之中。1992 年之后,联邦政府的体育政策有所转变,逐步包含了社区大众体育,确立了终身体育活动模式的形成,这一模式不只是针对竞技运动员的培养,同时还包括所有参与体育活动的人群,以使他们终身受益。根据 2001 年加拿大健康和生活方式研究所《加拿大儿童青少年身体活动报告》显示,青少年体质依旧呈下降趋势,有 51％的 5 至 12 岁的儿童体育参与不够活跃,13 至 17 岁的青少年体育参与不活跃的比例稳步上升到 64％[1],远远达不到当时联邦政府以及社会各界对于加拿大未来生活的美好期待与愿望,因此为实现体育参与和竞技体育发展方面的迫切需求,加拿大遗产部于 2000 年开始计划并制定第一个加拿大体育政策十年计划。

三、探索与形成期(2000—2012 年)

　　这时期政策制定的着眼点逐渐从关注竞技体育转向普惠大众的体育参与。联邦政府及各组织协会都在积极探索提高加拿大竞技体育战略计划以及各类群体的体育参与,从而扭转体育项目下降的趋势,以及形成积极的生活方式。2001 年的体育监测数据中显示,加拿大 15 岁及以上儿童的体育参与率从 1992 年的 45％急剧降到 1998 年的 34％,尽管体育参与对健康有好处,但数据显示儿童青少年到 12 岁时体育活动开始减少。参加体育活动的人数越来越少,因此相应的适应度降低,超重男孩的比例从 1981 年的 15％增加到 1996 年的 35.4％,超重女孩的比例从 15％增加到 29.2％[2]。加拿大专家认为,这一增加主要是由于身体活动减少所致,而加拿大体育政策目的研判和消除参与体

---

① https://cflri.ca/sport-participation/children-and-youth.
② Canada C. Canadian Sport Policy 2002[J].

育运动的障碍,使所有人都能更容易地参与体育运动。这里的障碍可能是社会、语言、文化和经济,也可能是某些群体,如女孩和妇女、残疾人、土著人和明显的少数群体,并且运动员、参与者和领导人,在加拿大体育系统中的代表性仍然不足,虽然在 2002 年冬奥会中加拿大取得的积极成绩让加拿大人感到自豪和钦佩,但联邦政府及其他组织协会发现在其他国际赛事方面成绩有下滑趋势。因此,为了改善加拿大人体育参与不足以及提高社会各个阶层和各级加拿大人高质量体育活动的比例,历经两年终于 2002 年颁布了"首个加拿大十年体育政策"(简称 CSP1),之后,为了让更多的运动员站上最高领奖台上而颁布了"SPORT EXCELLENCE STRATEGY"(高水平体育战略)。

CSP1 政策是促使加拿大体育系统从入门阶段顺利过渡到优秀阶段的重要制度来源,政府及各社会组织继续沿用《国家娱乐声明》的职责声明并且加强了政府间的合作。CSP1 政策的颁布为加拿大各地体育发展提供了强有力的支撑,其中联邦政府(加拿大体育部)就将该政策作为《体育活动与体育法案》的基础。在联邦政府中推出的长期运动员发展(LTAD)模式即加拿大终身体育中侧重于所有加拿大运动员的成长、成熟和发展、可训练性以及运动系统的协调整合,鼓励个人参与终身体育和体力活动,虽然在该计划中没有把儿童青少年体育作为单独的具体目标要求来体现,但也是通过将学校系统中的体育项目与精英体育项目以及社区中的休闲体育项目相连接和整合来实现这一目标,确保所有儿童正确学习基本动作技能,并确保这些技能在其成长和发展的最佳阶段被引入。

在高性能体育运动尤其是在冰雪项目等方面取得了优秀成绩之后,加拿大联邦政府逐渐意识到加拿大人体育参与不足的问题,尽管已经出台了一些法案以及政策促进加拿大人的体育参与,如 2003 年为使加拿大体育立法走向现代化,确定了所有人都认同和公平参与体育运动的《促进身体活动和运动的法案》(C-12:An Act to Promote Physical Activity and Sport),但显然结果还未达到期望目标,运动参与程度的提高所带来的好处远远超过了个人的满足感和身心健康感。因此加拿大政府还针对不同人群制定了相关计划和政策,力图通过运动让加拿大人感受快乐和幸福,如在 2009 年正式出台了"积极参与:活跃妇女和女孩行动计划"(Actively Engaged:A Policy on Sport for Women and Girls)以此来解决妇女和女孩群体运动能力不足与参与不够的问题,以此来提升参与体育运动的活跃程度。

2011 年,"加拿大身体活动指南"(Canadian Physical Activity Guidelines)正式颁布,加拿大联邦政府及社会组织开始意识到加拿大人的身体活力须从小培养。自此，在政策制定中越来越关注普及社会大众，同时这也是首个关于青少年儿童身体活动指南的具体要求，为指导、规范青少年儿童行为提供了明确的要求。同一年，为解决青少年儿童超重和肥胖问题，出台了"遏制儿童肥胖的行动和未来方向"的政策，避免儿童因肥胖引起其他慢性病的发生。2012年，安大略省也颁布了"时不待我：儿童健康策略"（No Time to Wait：the Healthy Kids Strategy）政策，以提高青少年儿童的运动能力和与他人交往关系等等。这些政策或计划的发布只为达成建立一个充满活力的体育环境，使所有加拿大人都能在其能力和兴趣范围内体验和参与体育运动，并使越来越多的加拿大人最终能在更高的竞争水平上斩获佳绩。

四、发展与更好的福祉期（2012—至今）

这时期加拿大终身体育意识加强，建立充满活力的加拿大社会。成为政府的目标 CSP1 推行以来，随着加拿大在竞技体育方面不断取得成功，体育部及其他组织机构将更多的注意力策集中在提高加拿大人尤其是有运动不足的少部分群体的体育参与方面。其实这样的高度关注是基于对 2002 年加拿大体育政策评估的结果，在加强运动、不断发展的体育系统这一优先事项方面尚未完全实现。因此在 CSP2 中卓越运动（即竞技体育）和运动参与仍然是加拿大联邦政府重视的发展事项，另外增加了体育概况、休闲体育和竞技体育的目标。第二个十年体育政策计划与加拿大终身体育（也称为长期运动员发展模式）联系起来，这也是针对青少年的一项最重要体育推广计划。其实自 CSP1 制定以来，加拿大的体育参与度、能力、互动以及特长四个重点方面都有明显提升但还未达到预期目标，为进一步提高加拿大人运动能力以及达成政策惠及不同人群的期望，政府将 CSP2 的四个重点内容改为八个重点内容，对于运动不足或者边缘化人口的体育活动能力，将以前的"增强互动"的政策概念改为"协作"，通过协作的方式达成加强互动的愿望。

在 2014 年加拿大公共卫生部正式启动了一项名为"为孩子们打造成功之路"的计划。提倡让小学生在每天上学之前用体育运动的方式充分激活大脑，为一整天的学习生活做好准备，通过体育运动促进身体健康，设计的课程基本都是以小组为单位的游戏，让孩子们有足够的机会玩耍，该计划的重点就是要"开心，有趣"，最终目标是提高学生们的学习成绩。在 2015 颁布的"加拿大娱乐土著体育参与"和"加拿大娱乐框架——幸福之路"中力求在变化和新出现的问题中建立通往幸福的道路，并将挑战转化为机遇，并且在这一年加拿大联邦政府宣布了"体育年"并将其主题定为"加拿大——领先的运动国度",随后举办了 60 多场国际单项比赛和大约 55 场国内单项比赛,联邦政府鼓励所有的加拿大人参与体育运动、去观看比赛以及去做志愿者。为鼓励青少年参与体育,加拿大联邦政府还制定了"公众参与运动意识宣传计划",加强媒体对体育信息的传播,提升青少年体育参与意愿[1]。

另外,虽然在关于青少年和学校体育方面的针对性政策较少,但在很多法律、法规中体现出了加拿大政府对青少年体育运动的重视程度,例如在加拿大的《税法》中明确规定:"家长为少年儿童报名参加体育俱乐部,家长因此可以得到减免个人所得税的政策优惠"[2]。另外,加拿大联邦政府还为肥胖和不运动的青少年专门推出一项税收抵免政策等,加拿大法律、法规体系也明确并保障政府体育政策的实施,强调政府"促进国民体育参与,使其成为人们健康与福利的一个基本要素,鼓励国民将身体锻炼融入日常生活,帮助人们减少参加身体锻炼的障碍,巩固体育在加拿大社会文化生活中的地位"的核心目标[3]。

至此,加拿大体育经过了多年的发展,体育政策包含了普及体育知识、培养运动技能和让体育适合所有人的先进理念,除此之外,占有相当规模的社区体育正逐渐成为培养高水平运动员的基础。

第二节　加拿大青少年和学校体育的重要政策及特征

一、加拿大青少年和学校体育重要政策概况

表4-1　加拿大重要政策一览表

年份	政策名称	年份	政策名称
1987	国家娱乐宣言	2011	遏制儿童肥胖的行动和未来方向
1987	加拿大奥林匹克学校计划	2012	时不待我:儿童健康策略
1988	高质量日常活动计划	2012	创造一个活跃国家的文化活跃

[1]　白银龙,舒盛芳.加拿大体育战略演进的历程、特征与启示[J].沈阳体育学院学报,2020,39(06):9-17.
[2]　https://www.canada.ca/en/services/youth.html.
[3]　陈玉忠.加拿大体育政策的特点及启示[J].上海体育学院学报,2014,38(01):36-40.

续　表

年份	政策名称	年份	政策名称
1994	加拿大国家体育法案	2012	2012 加拿大体育政策
1995	加拿大遗产部法案	2013	加拿大体育政策
1998	加拿大的体育参与	2014	加拿大终身体育
2000	双赢的解决办法	2014	为孩子们打造成功之路
2002	加拿大道德行为策略	2015	加拿大娱乐框架——幸福之路
2002	加拿大体育政策 2002—2012	2015	加拿大土著体育参与与娱乐政策
2003	促进身体活动和运动的法案	2018	2018—2022 战略计划
2005	高性能体育战略	2018	共同愿景：一个多动少坐的加拿大人
2008	利用体育的力量促进体育和平与发展	2018	让我们动起来
2009	积极参与：活跃妇女和女孩行动计划	2020	积极的加拿大
2010	在加拿大和体育方面的趋势及问题：环境	2019	加拿大高性能战略计划
2011	加拿大身体活动指南	2021	迈向下一代加拿大体育政策 2023—2033
2011	体育行动和未来方向		

加拿大人的体育参与受到一系列社会和经济因素的影响，例如收入、社会地位、社会支持体系、受教育程度、工作条件、社会环境、身体活动环境、个人健康行为、健康儿童的培养、健康服务、性别、文化认知等。从 1987 年的《国家娱乐宣言》到加拿大第一个十年计划再到第二个十年计划以及即将出台的第三个十年计划，加拿大体育政策以国家促进经济发展的同时保证国民经济快速增长使得每一个加拿大人都生活在幸福的社会之中为原则的；不仅着眼于高水平体育运动的发展，还关注到了社会大众的体育参与；为创建有活力的前沿体育国家，加拿大联邦政府以及各组织机构极其注重政策的制定以及实施后的结果评估，为加拿大体育发展在方向上探索出了符合加拿大社会发展的体育政策。从专注高性能体育运动到重视所有人的体育参与，青少年和学校体育政策在历经两个多世纪的发展中逐渐让加拿大政府及社会组织重视起来，

像"让我们动起来"就是加拿大首个关于身体活动的计划,涉及范围包括身体活动,身体活动与体育、娱乐和健康的关系,以及其他相关政策。主要包括《2010年多伦多身体活动宪章》《加拿大身体活动指南》《加拿大青少年24小时活动指南》《积极的加拿大2020》《加拿大青少年久坐行为指南》《加拿大体育政策》(2012年颁布)《加拿大娱乐活动框架》《健康路径和终身体育——长期运动员发展资源手册》等明确了身体消耗的要求。身体活动是指身体骨骼肌消耗能量后做出的任何动作,例如体育和娱乐活动、上班时爬楼梯、户外活动、走路去上学、做家务、打猎和捕鱼等活动。久坐行为是指坐或者躺的身体姿势,能量消耗低,缺乏身体活动,例如看电视、坐在书桌前或者沙发上、开车上班、打电话或者看书等,从生活视角向加拿大人提供了可锻炼的依据和应该达到的标准。

二、加拿大青少年和学校体育重要政策的特征

(一)以提高体育参与为目标,推动青少年儿童的身体素养发展

加拿大2001年的体育监测数据显示:15岁及以上儿童的体育参与率从1992年的45%急剧降到1998年的34%。尽管体育参与对健康有好处,但数据显示儿童青少年到12岁时体育活动的参与率开始下降且会随着年龄的增加而减少,另外参加运动的男性数量是远远大于女性的,参加体育活动的人数越来越少因此相应的适应度会降低,超重男孩的比例从1981年的15%增加到1996年的35.4%,超重女孩的比例从15%增加到29.2%。专家认为,超重率增加是由于身体活动量减少。因此,从2000年开始,运动参与统计数据薄弱成为决策者极为关注的问题,并开始以提高体育参与为目标制定体育政策,从"加拿大人的体育参与"到"CSP1"政策再到"促进身体活动和运动的法案"以及"积极参与:活跃妇女和女孩行动计划"和《身体活动指南》,加拿大联邦政府及体育组织致力于提高加拿大人的体育参与率。在以往的政策中,联邦政府和国家体育组织(NSO)通常负责竞技体育运动,随着CSP1等政策的出台,联邦和省/地区政府对体育参与给予了更多关注,目的是为了实现一个积极的、有活力的加拿大。2011—2012年运动监测数据显示体育参与率为34%,与2007年、2004年的36%相似,在这些参与的人群中年龄在15—17岁的青少年中有70%,为了鼓励更多的父母重视和促进孩子的体育参与,加拿大还实行了"Go NB Program"计划,制定了具体的促进学生

体育参与的行动方案,对新不伦瑞克省学校体育取得的成绩予以奖励,并鼓励学校开展新的体育运动项目。随着学校规模的扩大,加拿大重视提高残疾学生参与度,通过"人人玩要""不削减"等方式促进包容性的学校比例正在减少。小学相对于中学来说更倾向于强调"每个人都玩"的教学方法。小学也更强调在体育和体育活动规划中发展公平竞争文化的必要性,更多的小学管理者强烈强调"不削减"的必要性,即所有学生无论技能或能力如何都能参与。

加拿大体育政策以身体素养为基础理念促进青少年儿童的健康发展。在《加拿大身体素养共同声明》就明确指出身体素养由情感(动机、信心)、身体(身体能力)、认知(知识与理解)、行为(身体活动参与)4 个要素相互关联与影响,其发展和阅读、计算等能力同等重要①。加拿大青少年身体素养的培养重视从儿童童年开始,该理念也和加拿大发展终身体育有所联系,是通过训练和实践而获得的一种修养,其中包含了身体素质和身体教养。身体素养理念在根本上转变了以往人们仅关注活动的结果而忽略过程的错误观念,对学校体育发展目标有着重要作用。由于各省教育部门独立,加拿大在学校体育方面并没有国家层面统一的体育课程标准,但在加拿大国家教育部对各省课程的协调作用下,各省的体育课程标准在总体的课程理念、目标体系、评价体系等方面基本上没有较大差异。其中安大略省是加拿大经济、文化中心,也是加拿大教育最为发达的地区,其《健康与体育课程标准》具有典型的代表意义。小学课程目标中身体素养理念对应社会情感学习技能、积极生活、运动能力三个方面,将 1—8 年级的目标分成三个水平,分别为 1—3 年级、4—6 年级和 7—8 年级,这三个水平的目标既有层次性又有连续性,体现了低年级目标向高年级目标的连续发展和深化。社会情感学习技能目标是培养青少年全面健康和幸福感、积极的心理、学习能力,激发学生活力,积极生活目标是帮助学生发展定期和安全地参与体育活动所需的技能和知识,运动能力目标是通过运动技能的发展和相关运动概念和策略的运用,帮助学生发展参与体育活动所需要的运动能力。安大略省初中《标准》中把体育课程目标分为运动技能、健康生活、管理能力三大部分,9—10 年级又根据阶段不同,将每部分细化为不同的指标。"运动技能"和"健康生活"作为体育课程的基础目标,包含了体育技能学习、运动理论学习、运动自我监督、健康管理等领域,体现出"运动"与"健康"的紧密

---

① 吴铭,杨剑,郭正茂.发达国家身体活动政策比较:基于美国、加拿大、英国、日本的视角[J].北京体育大学学报,2019,42(05):77-89.

联系。"管理能力"则突出了对器材使用、安全措施、比赛组织等实践能力的培养,强调体育运动中的公平精神、领导能力对于个人发展的重要意义①。

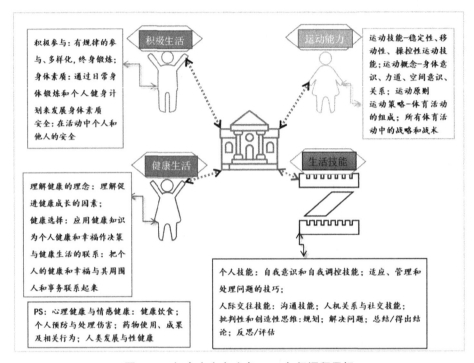

图 4-1　加拿大安大略省 1—8 年级课程目标

　　加拿大政府十分重视身体素养的研究与应用,在《加拿大体育政策 2012年》中,身体素养已经被认为是体育整体发展的基石,强调在政策执行过程中为加拿大人提供教育、经验和机会以提高他们的身体素养;充分认识身体素养是儿童时期发展的重要组成部分②;将身体素养作为发展优质体育课程的一部分,以此来开展人们的健康发展。目前加拿大在体育素养评价体系研发方面走在各国前列,现有 3 种评价体系和标准分别是加拿大健康积极生活与肥胖研究小组研发的 Canadian Assessment of Physical Literacy(简称 CAPL)、加拿大体育与健康教育组织研发的 Passport for Life(简称 PL)及加拿大终身体育组织(Canadian Sport for Life)研发的 Physical Literacy Assessment for

---

　　① 郑玲玲.加拿大安大略省中学《健康与体育课程标准》特征及其启示[J].体育文化导刊,2014,(03):149-152.
　　② 吴铭,杨剑,郭正茂.发达国家身体活动政策比较:基于美国、加拿大、英国、日本的视角[J].北京体育大学学报,2019,42(05):77-89.

Youth(简称 PLAY)。CAPL 通过青少年调查问卷评价体育动机和信念、体育知识和理解力及日常行为,借助专业工具由教师(专业人士)评价身体能力;PL 通过青少年调查问卷评价体育参与度和生活策略,结合规定动作由教师(专业人士)评价身体能力和运动策略;PLAY 则需要教师(专业人士)、父母、教练及青少年自身共同参与评价,通过问卷和规定动作共同完成体育动机和信念、身体能力、体育知识和理解力、终身体育参与等评价①,从不同的角度、人群及方法中,以问卷测得的不同数据中反映加拿大青少年儿童身体健康状况的最真实状况,并针对某方面运动不足的现象出台相对应的政策,例如 2011 年为解决青少年儿童肥胖及肥胖引起的一系列健康问题而出台的《遏制儿童肥胖的行动和未来方向》,旨在促进青少年儿童的身体健康发展。

(二)以优先事项联合行动计划确保青少年及学校体育的执行力度

　　P/T 合作行动的优先事项是社会广泛发展过程中的产物,旨在实现加拿大体育政策的愿景和目标。在 2002—2005 年、2007—2012 年、2012—2017 年以及 2017—2022 年四个阶段的合作行动优先事项是促进加拿大体育政策(CSP)的目标达成而制定的联合行动计划,是由各省市地区在个别行动计划中的补充,每一个优先计划都是在前一个计划结果和未解决的问题的基础上进行升级和加强,从 2002 年的第一个优先计划开始,开启了联邦、省/地区政府在体育领域合作的新篇章,到 2017 年第四个优先计划,从数据和内容的优先级来看越来越多的加拿大各阶层参与,从四种重点目标内容增加到十一项问题解决提高了政策决策的准确性和普惠性。从 2007 年的 LTAD 模式鼓励个人参与终身体育和体力活动,通过将学校系统中的体育项目与精英体育项目以及社区中的休闲体育项目相连接和整合来实现目标,将确保所有儿童在其成长和发展的最佳阶段正确学习基本动作技能。在正规学校课程中提供体育识字、体育和体育活动是使所有加拿大儿童和青年都能参加这些活动的最有效方式,为 F-P/T 政府和体育及相关部门制定一项战略,以促进在小学、中学和中学后各级学校将体育素养、体育教育和体育活动纳入课程,并提高这些活动的规划质量。从青少年儿童的学习基本动作技能到提高体育素养的优先改变上不难看出加拿大政府对于青少年儿童的体育活动关注度是逐渐提升

---

①　赵雅萍,孙晋海,石振国.加拿大 3 种青少年体育素养评价体系比较研究[J].首都体育学院学报,2019,31(03):248-254.

的,要想实现终身体育发展模式就需要从儿童抓起,为了促进父母对体育运动的支持主要通过运动减少实际税费。通过法律来保障运动带来好处的真实性等举措,这保障了每个家庭可以得到的实际的反馈效益。

在过去的二十年通过合作鼓励国家体育组织和省/地区体育组织增加对体育运动的参与尤其是妇女、儿童和青年等群体,确认了女孩(6—9岁)、青少年(10—13岁)和青少年(14—17岁)以及女性(25岁以上)的体育参与目标,认识到省级和地区管辖区将根据各自的情况制定目标并实施行动计划;加拿大健康和生活方式研究所(CFLRI)基准和监测方案的设计和实施是为提高儿童和青年、女孩和妇女以及土著儿童和青年的参与制定目标的基础;促进女孩和妇女的参与体育活动的战略已经完成;终身体育发展模式也在执行中;还制定并实施了加拿大土著人参与体育运动的政策,减少种族主义,通过体育活动增强土著儿童自尊心从而减少行为问题,建立一个更健康更有凝聚力的社会。

(三)社会各界参与政策评估,不断提升政策受惠人群的满意度

根据需要 F-P/T 与 13 个省、地区签订多年的双边协议用以协助加拿大体育政策目标的达成,并且建立了共同的报告程序,该报告每年进行一次,各省、市地区将根据报告数据的最新进展规划今后的体育发展。自从《加拿大体育政策》于 2002 年颁布,加拿大体育理事会多次面向公众开展体育政策满意度调查,并通过第三方评估以及评估专家进行有效评估,建立评估专家组有助于确保体育政策评估方法的科学性和规范性。在评估方法的选取时,多达 7 种,分别是文献资料法、数据库资料分析、主要知情者访谈、民意调查、小组讨论、网络问卷调查和专家小组评定。在数据更新评估手段,可以利用信息的发达技术,如 2009—2010 年开始,体育理事会就委托政策评估机构萨特克里夫公司对"加拿大体育政策"(2002 年)的实施情况进行执行中评估,评估标准是加拿大联邦和各省的副体育部长联席会议批准的评估框架。2010—2011 年,加拿大文化遗产部对其下属部门加拿大体育理事会的"体育支撑计划""运动员援助计划"等项目实施正式评估,主要采用加拿大评估服务理事会代表、加拿大体育理事会代表和"国际体育理事会"代表组建评估专家组,指导评估机构选用合适的体育政策评估方法[①]。还有 2018 年的"让我们动起来"是加拿大第一个关于身体活动的计划,是一种新的、集体的前进方式,借鉴了原住民的观

---

① 张曙光,李桂华,王跃新,茹秀英.世界体育发达国家体育政策评估体系研究[J].体育科技文献通报,2020,28(02):1-2+58.

点和许多组织和领导人的意见,面向所有在加拿大促进体育活动和减少久坐生活的人。从组织、社区和领导者无论是单独还是与他人合作可以促进、分享和使用共同愿景;政府负责建立、协调和召集所有相关政策领域的组织、社区和领导人;政府、组织、社区和领导人一起做可以有问责、协调、协作和公开透明以促进围绕共同愿景的集体行动,将参与政策以及该政策所参与的人群责任一一划分,将身体活动与体育、娱乐和健康的关系以及其他相关政策,协调、扩大和帮助进一步促进这些努力。它是建立在几个独立努力中已经确定的融合领域的基础上,政府、社区、组织和领导人联合起来,通过促进各种形式的体育活动,同时减少久坐的时间,来增强共同的领导能力,从而开创积极生活和活力的新时代。

（四）促进终身体育发展,多元化组织共同发展鼓励青少年儿童站上更高的领奖台

发展竞技体育运动能够让更多的加拿大人站上最高领奖台一直是联邦政府及各组织的深切愿望。自加拿大体育政策通过以来,在体育发展领域潜在的最重大进展之一就是 F-P/T 通过了长期运动员发展（LIAD）模式,即终身体育模式,它承认体育、学校体育、竞技体育和娱乐活动是相互依存的,鼓励加拿大每一个人参与终身体育和体力活动,它将学校体育系统中的体育项目与精英体育项目以及社区中休闲体育项目进行整合,确保所有儿童正确学习基本动作技能并且在成长和发展的最佳阶段被引入,因此终身体育模式不仅促进青少年儿童的体育兴趣发展也为竞技体育后备人才的培养做出了莫大贡献。如图 4-2 所示,加拿大在夏季奥运会赛事中的表现一直平淡无奇,但在 1984 年洛杉矶奥运会中大放光彩,因此加拿大奥委会从 1987 年开始实施"加拿大奥林匹克学校计划",该计划的主要目标包括宣传奥林匹克价值观、让师生们更加了解加拿大冬奥会代表团、促使学生们参与体育运动以及帮助学生们树立健康的生活方式,并且在国际赛事中能够保持高水平的运动表现。迄今为止,超过 5.6 万名教育者参加了"加拿大奥林匹克学校计划"。与夏季奥运会不同,加拿大高度普及化的冰雪运动的群众基础成为加拿大冰雪竞技实力雄厚的重要原因,而优渥的季风气候和高纬度多森林的地理环境使得加拿大人有着良好而深厚的冰雪运动传统,在此基础上,加拿大各级政府、体育协会、体育俱乐部以及其他体育组织都积极利用一切条件来开展大众冰雪运动。他们从小就接触、参与冰雪运动,无论是学校还是社区,各种冰雪运动方面的组织十分健全,活动开展非常普遍。而加拿大成功申办 2010 年温哥华冬奥会以来,

在政策方面向其倾斜目的就是在"家门口"举办的国际赛事中大放光彩,让世界人再次认识加拿大、再次感受加拿大的雄厚实力。根据图4-3可以看出,加拿大在冬季奥运会的奖牌数量获取上一直呈上升趋势且表现稳定,并在温哥华冬奥会中取得奖牌数第一的好成绩,这对于加拿大竞技体育的发展无疑是大有裨益的。而在赛事举行之前,加拿大奥委会在"加拿大奥林匹克学校计划"中实施了提高体育参与的措施,从未来力量的群体中激发他们参与竞技体育的火苗,感受竞技体育的文化与魅丽,其中包括组织学校师生拜访奥运会明星和参观2010年温哥华冬奥会火炬传递、在校园分发明星运动员的海报以及组织奥运会和残奥会运动员去学校演讲等活动。在温哥华冬奥会落幕之后,雷鸟体育场就面向地区居民和大众开放,成为发展大众冰雪项目的圣地,并设有滑冰课程、冰球课程和花滑课程,面向3—12岁儿童、中学生、大学生、成年人和老年人等不同年龄人群。儿童通过雷鸟体育场的滑冰、冰球和花滑等课程,可以接触到冰雪运动,并将其作为一生的兴趣爱好。成年之后,他们可以参与到地区冰球兴趣协会中,并且可以参加雷鸟成人联盟(与北美冰球大联盟类似)。奥运中心的冰壶比赛场地改造后的面积为200×85平方米,有400个座椅,并且可为地区居民提供冰壶指导,它还被作为地区高中的冰壶联赛的比赛场地使用,为学校冰雪运动的发展贡献了力量。目前加拿大共有400多处条件优良的滑雪场,分布于各个省份,其中40座是现代化大型滑雪场,在加拿大境内河流湖泊众多,也形成了很多天然的滑冰场,在加拿大的冬季,学校和社区多采用人工浇筑的方法建成数量众多的简易滑冰场,供市民免费使用[①]。

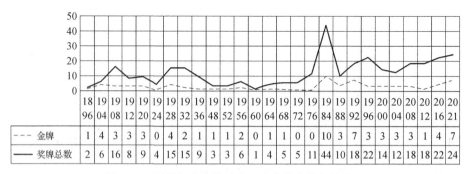

	18 96	19 04	19 08	19 12	19 20	19 24	19 28	19 32	19 36	19 48	19 52	19 56	19 60	19 64	19 68	19 72	19 76	19 84	19 88	19 92	19 96	20 00	20 04	20 08	20 12	20 16	20 21
- - - 金牌	1	4	3	3	3	0	4	2	1	1	1	2	0	1	1	0	0	10	3	7	3	3	3	3	1	4	7
—— 奖牌总数	2	6	16	8	9	4	15	15	9	3	3	6	1	4	5	5	11	44	10	18	22	14	12	18	18	22	24

图4-2 历届加拿大夏季奥运会获得奖牌数趋势图

① 陈玉忠.加拿大体育政策的特点及启示[J].上海体育学院学报,2014,38(01):36-40.

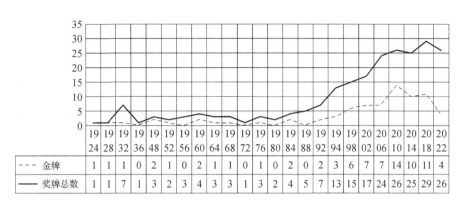

	19 24	19 28	19 32	19 36	19 48	19 52	19 56	19 60	19 64	19 68	19 72	19 76	19 80	19 84	19 88	19 92	19 94	19 98	20 02	20 06	20 10	20 14	20 18	20 22
- - - 金牌	1	1	1	0	2	1	0	2	1	1	0	1	0	2	0	2	3	6	7	7	14	10	11	4
—— 奖牌总数	1	1	7	1	3	2	3	4	3	3	1	3	2	4	5	7	13	15	17	24	26	25	29	26

图 4 - 3　加拿大历届冬季奥运会获得奖牌数趋势图

　　其实在加拿大竞技体育后备人才培养计划中,各运动组织协会也出台了相应的计划以促进后备人才的输送和选拔。在 2004 年高山滑雪协会就以培养更多的世界冠军为目的实施"目标就是胜利"计划,该计划是在加拿大体育理事会"长期运动员培养计划"的理论框架基础上施行的,鼓励和支持各个水平的参与者都可以发挥潜能,最终达到终身体育的目标。该计划分为开始参与、基本技能、专项训练、学会比赛、为比赛而训练、为获胜而训练和终身参与七个阶段为俱乐部、教练员、管理人员、父母、教师和志愿者提供了一个平台。该计划主要目标群体是青少年儿童,吸引他们参与高山滑雪运动,为他们提供场地、教练员等基本条件,鼓励青少年儿童发现滑雪、比赛和追求卓越的乐趣,促使他们终身参与高山滑雪运动。在 2014 年加拿大越野滑雪协会制定了"青少年儿童技能培养计划",该计划遵循了加拿大体育理事会"加拿大终身体育计划"和"长期运动员培养计划"的理论框架[1]。如表 4 - 2 所示,不同的目标群体有着不同的目标,最终促使青少年儿童热爱越野滑雪运动,树立健康生活方式,学习运动技能,提高身体素质。

表 4 - 2　青少年儿童技能培养计划

名称	年龄段	主要目标
"兔宝宝"计划	5 岁及以下	了解越野滑雪运动,树立健康生活方式,初步掌握越野滑雪的基本技能

续　表

名称	年龄段	主要目标
"大野兔"计划	6 至 9 岁	掌握越野滑雪基本技能,享受滑雪的乐趣,组织一些低强度的比赛,树立信心,培养社交能力,激发终身参与越野滑雪运动的兴趣
"飞车"计划	10 至 12 岁	参加专项训练,能够在比赛中运用学到的越野滑雪技能,举办训练营,通过训练提高技术能力、速度和力量,为运动队挑选和培养后备人才

另外加拿大有许多滑雪单项协会和相关的体育组织,他们管理着滑雪运动的各个方面,例如运动队建设、后备人才培养、滑雪指导员培训、滑雪教练员发展、滑雪场运营、残疾人滑雪、滑雪比赛、滑雪安全、滑雪器材销售等领域。为促进青少年儿童在日常生活中也能够参与体育运动,还举办"四年级和五年级滑雪通行证"活动,他们可以通过官网在线申请或邮寄申请表,也可以学校集体申请,每位学生只需 29.95 加元就可以在某一个指定的滑雪场滑雪三次,而且每个指定的滑雪场都可以申请一次,加拿大各省共有 150 多个滑雪场赞助了这项活动。加拿大是一个适宜开展和普及冰雪运动的国家,其自然条件、文化传统、经济状况和体育政策都有利于大众冰雪运动的发展,不同的体育组织协会在各地利用地理条件的优势发展冰雪运动,在冬季奥运会中从奖牌数来看已然属于强国之列,这与加拿大政府支持以及政策的倾斜密不可分,从小培养青少年儿童参与体育活动,能够让更多地孩子有意识、有机会站在更高的领奖台上。

（五）政府投资与体育组织行动形成资源依赖,增加青少年参与体育运动的机会

从 1994 年开始加拿大的政府机构组织权责进行了调整,目前加拿大联邦政府体育管理的最高政府机构是设在加拿大遗产部的加拿大体育局,可以说体育系统由加拿大体育部领导,体育部是最大的体育单一资助者。其重点包括竞技体育和运动参与,提供指导和资金以确保加拿大体育系统的良性运行,使加拿大人能够参与到体育体验和卓越的运动表现。加拿大体育部的一部分资金被划拨到省和地区政府,以协助实施加拿大体育政策,特别是关于提高加拿大人的体育参与水平方面的政策。这些资金是政府间合作的证据,也是加拿大体育政策的核心,同时作为这些资金的一项附加要求,省/地区政府预备要与联邦政府的资金水平相匹配,从而使用于体育参与的资金翻一番。加拿

大管理大众体育的主管机构是加拿大健康部的健身处,其主要的工作任务是推动加拿大"积极生活"运动的开展,其职能主要是通过宣传、联络、协调等方式推动加拿大大众体育的发展。加拿大政府的体育管理体制中,分权化的趋势十分明显①。过去,加拿大国民健康福利部分管身体锻炼和体育运动工作;现在,健康部分管身体锻炼工作,文化遗产部分管体育运动工作。加拿大政府助理政务次长协助健康部和文化遗产部完成身体锻炼和体育运动工作。各省在体育管理中,拥有制定自己的体育政策,对本省的体育事务实施全面管理的权力。每项运动都有自己的 NSO、省级/地区体育组织以及当地社区俱乐部、联盟和/或团队。联邦政府一般无权过问各省政府的体育管理事务。各省政府一般均设有体育管理的专门机构,其最主要的工作职能是建设和管理本省的体育与休闲设施,向居民提供参与体育的机会。如加拿大大学体联(Canadian InteruniversitySports,简称 CIS)实施了一系列政策激励学生参与体育。CIS 以及成员大学设立了多项奖励资金,如:运动奖,CIS 给评选出的成绩优异运动员颁发该奖;皇家银行学术奖,学习平均成绩在 80 分以上的学生运动员被授予此奖;助学金奖,该奖由各高校评选经 CIS 确认,对优秀的学生运动员提供助学金等。系统的激励机制引导更多的青少年学生积极参与体育活动②。

地方政府还通过向当地俱乐部、联盟和团队提供补贴和/或为其社区体育和娱乐组织提供体育和娱乐设施来支持体育和娱乐。各级政府的公共资金和补贴对于支持负责体育参与和卓越体育的非营利组织网络极为宝贵。政府彩票的收益还用于支持社会需求,包括体育(高性能体育和体育参与)和娱乐、艺术、文化、教育、社会服务和健康以及环境。加拿大采用多级治理,有两个方面,一是指各级政府之间的各种公共政策和决策机制。二是指政府与民间社会和/或社会力量之间的互动。由于每个省和地区在其辖区内对体育的重要方面拥有专属管辖权,从发起和娱乐到高性能的体育选择和发展,只要不侵犯联邦政府的专属管辖权,它们都有权采取自己认为合适的政策和计划。但在不同项目上的执行主体有所区别,例如不同体育利益相关者(如加拿大奥林匹克委员会、加拿大残奥会委员会、冬季运动组织、温哥华组委会、联邦政府)之间的合作促成了 2010 年"拥有领奖台"的发展,这是一项在温哥华奥运会上成为最佳国家的战略。为 2012 年伦敦奥运会开发了一个类似的合作项目,卓越

---

① 余道明.体育现代化理论及其指标体系研究[D].福建师范大学,2007.
② 陈玉忠.加拿大体育政策的特点及启示[J].上海体育学院学报,2014,38(01):36-40.

之路(专注于夏季运动)并打造了卓越俱乐部计划,虽然领奖台和卓越之路不是联邦政府的项目,但它们得到了政府的充分认可,因为他们取得了巨大的成功并且带来了好的影响。

2012—2013 年,联邦政府在体育领域投资了约 2.1 亿美元。这些资金分别在国家和多个体育组织、加拿大体育中心/研究所、运动员援助计划、体育参与倡议和主办计划中使用。在举办大型体育赛事时,市政当局与联邦和省/地区政府进行互动,在其他情况下,省/地区政府可以为市政府进行调解或倡导,以便代表市政府为具体的体育基础设施项目获得联邦财政援助。政府在社区开发建设时期,就明确地将配套体育文化活动中心纳入建设规划。社区内配套的文化、体育休闲中心,社区范围内学校体育活动设施等,则通过俱乐部的形式向市民开放,以免费为主或低偿收费等方式开展。社区体育组织的经费来源依靠会员费,其中有些组织也通过出售体育用品、申请政府拨款、募集私人赞助等方式来筹集经费。同时,政府的税收政策对体育事业给予倾斜,体育协会、体育俱乐部接受企业赞助是不需要交税的,这样能够促进体育协会和俱乐部的自身建设,减少对国家资助的依赖。以温哥华 YMCA 青少年体育俱乐部为例,有 17.41% 的俱乐部经费是通过开设多种多样的体育运动项目与探索发现课程获得的;另有 0.79% 的俱乐部经费是通过对外(向公司或个人)租赁俱乐部现有场地获得收益;有近 7.11% 的俱乐部经费来自政府对公益性质机构减免的税费;通过企业赞助和个人捐赠的经费数额约占全部数额的74.69%。

随着加拿大体育的快速发展,尤其是加拿大体育商业化程度的不断提高,为解决与体育相关的纠纷,加拿大联邦政府在 2003 年的《促进体育锻炼和体育运动法》中提出设立非营利性机构——加拿大体育纠纷解决中心(Sport Dispute Resolution Center of Canada,简称 SDRCC)。为涉及相关纠纷的当事人提供调解和仲裁服务,以避免体育纠纷走向普通的司法诉讼程序。主体主要包括 2 类:第 1 类是注册的包括国家级体育组织、多元化体育组织、加拿大业余运动协会(NSO)以及与体育相关具有代表性的组织、国家体育中心、政府体育管理机构等;第 2 类是包括国家级的运动员、教练员、官员、行政人员、志愿者等在内的国家级体育组织成员。加拿大体育纠纷解决中心对体育中的纠纷进行调查审理和裁决,不仅发挥了专业性、灵活性的特点,有效地解决了体育发展中的纠纷,为体育发展创造了平稳的环境,也减轻了司法程序的负担[1]。

---

① 陈玉忠.加拿大体育政策的特点及启示[J].上海体育学院学报,2014,38(01):36-40.

第三节　启示与反思

一、启示

（一）重视青少年和学校体育政策制定过程中的证据循证

加拿大体育依托于成熟的市场经济环境,体现着市场经济的特征及其运行规律。加拿大联邦政府在体育政策的制定和实施中定位准确,政府在体育政策的制定和运行中起主导作用,体育政策目标既集中地体现出国家意志,又有效地整合了社会参与力量,服务于政府总体体育政策目标。在CSP2制定期间,加拿大在全国范围内,对公众、政府官员、体育从业者、相关行业代表等征询了意见,包括从女性、残疾人、土著、少数民族群体中挑选50人进行面对面访谈,对800个机构的3 300位代表及2 500位个人进行在线调查等。青少年和学校体育政策在具体实施过程中,会从不同的研发小组发布的问卷调查,从不同的角度、人群及方法,以问卷测得的不同数据反映加拿大青少年儿童身体健康状况的最真实状况,并针对某方面运动不足的现象出台相对应的政策,从而提高政策制定的有效性和针对性。我国在关于解决实际存在的青少年和学校体育相关问题主要由体育总局或教育部及其下属机构提出,再经过教育部、发展改革委、财政部、体育总局、中央文明办、民政部、共青团中央等部门的讨论,识别出值得关注的问题,解决青少年的实际体育需求,最终再由国务院相关部门进行政策决策。通常情况下通过网络的方式调查反馈意见,以此来判断该政策文件是否行之有效。这些环节可以借鉴"三步走"的成功经验,第一步,把青少年的体育需求作为发展的出发点,进行深入的数据调研、整理,分析出客观可操作的路径;第二步,政府投资的有关青少年体育项目要进行具体化的评估指标,防止物不极其所用的情况出现;第三步,做好参与政府政策或政府赋予第三方企业机构资金配置,引导社会组织积极参与政策制定,提出建设性建议,做到监督有效,真正惠及青少年的实际工作。

（二）专业性的方法评估青少年及学校体育政策的施行效果

我国在评估过程中,大多也都是对政府相关部门进行评估,对于政策所提及的目标群体或许是因为群体数量庞大往往有所忽视,评估主体较为单一,在评估机构组织方面,一般也是非独立部门,与执行主体部门常常有所联系,因此会造成评估结果受到干扰,政策监督力度不足的局面,但经历多年的体育改革与探索已经出现了政府与地方合作的评估机制。如在 2022 年的新体育课程标准中首次明确对于在校学生应该完成或者达到的体育目标,对于体育学科本身而言是可以行之有效,但在跨学科的学习与评价方面还需要健全第三方监管机制,加强日常监管并建立动态调整机制。因此第三方评估的独立自主权还需加强,这里的第三方评估机构可以是专业的体育院校、科研所等,也可以是有专业团队的社会企业机构,从以上我们可以总结出,建设青少年体育发展的重要前提条件就是满足其真实体育需求,方法上的数据采集可以建立在公众满意度调查与走访访谈的方式,综合专业领域的专家学者的意见,这个过程的工作量显然是庞大的而时间持续较长,需要政府投入大量的精力对此进行建设,或者赋权给第三方专业机构进行,建立在社会参与基础上进行建设,内容才更加合理具有真实性,更有效地促进我国青少年的健康发展。评估方式的正确选择对于一项政策来说,是政策效果的最真实的反馈,由于我国是一个地域广阔、地形多样的人口大国,对于青少年体育政策执行的评估方式更要结合当地特色来施行,保证政策的可行性,对于政策结果能够及时改进及时完善,惠及每一位群众,为健康中国的发展提供保障。

（三）体育组织多元化,促进青少年身心健康发展

我国在保障方面更多的是提供政策制度的保障,健全组织制度来确保实施效果,国情的发展需要决定了自上而下的执行方式,资金方面大多以政府拨款方式为主,但在青少年体育活动促进计划中各级体育、教育部门已经进一步创新机制,鼓励通过政府购买服务、政府和社会资本合作（PPP）等方式,引导社会力量积极参与青少年体育活动。加拿大在举办大型体育赛事时,市政当局与联邦和省/地区政府进行互动,其他情况下,省/地区政府可以为市政府进行调解或倡导,以便代表市政府为具体的体育基础设施项目获得联邦财政援助。社区内配套的文化、体育休闲中心,社区范围内学校体育活动设施等,则通过俱乐部的形式向市民开放,以免费为主或低偿收费等方式开展。社区体育组织的经费来源依靠会员费,其中有些组织也通过出售体育用品、申请政府拨款、募集私人赞助等方式来筹集经费。同时,政府的税收政策对体育事业给予倾斜,体育协会、体育俱乐部接受企业赞助是不需要交税的,这样能够促进体育协会和俱乐部的自身建设,减少对国家资助的依赖。例如 2009 年加拿大

可口可乐公司提供了 200 万加元赞助青少年体育活动,只要成员达到 10—15 人的社区体育组织,就可以申请 500 加元的活动经费,不过因为交流合作较少缺乏相应的推广和宣传,部分社区体育组织对相关信息不了解,导致此项目经费并未用完。这种知名企业赞助体育活动组织,既可以再次提高企业的知名度与良好口碑,也可以为政府减少财政拨款,从而为青少年参与体育活动提供更多的机会,增强学生与学生之间相互交往的能力的方式是值得借鉴与称赞的。我国在 2022 年为落实"双减"政策三部委推行了《关于提升学校体育课后服务水平促进中小学生健康成长的通知》,提到引导支持体校、体育俱乐部等专业力量进入校园开展课后体育服务,通过多方聚力促进青少年健康成长,也提到了鼓励社会体育组织机构进校园,这样既可以丰富课后服务的内容,也可以提升该体育组织的知名度,从而带来效益,因此要加强经费、人员、物资等方面保障,鼓励公益基金会提供服务,正确引导市场力量参与,从而营造家校社共同支持学生体育锻炼的良好氛围。

(四)针对运动不足群体分门别类制定体育政策

青少年身心健康状况一直以来都是重点内容,在 2022 年的"双减"政策,为解决在学校教育学生睡眠不足、运动时间不足的情况,增加了青少年体育活动的机会和提供条件。想要提高国家的体育水平,从政策颁布到落地,离不开社会各组织的支持与协助。在加拿大社区内配套的文化、体育休闲中心,社区范围内学校体育活动设施等,则通过俱乐部的形式向市民开放,以免费为主或低偿收费等方式开展。目前我国已经大力推动学校体育设施开放共享,完善学校体育设施面向青少年的开放机制,使场馆在平日晚间及周末、节假日能有序向周边青少年免费开放。在这里还需要重视城市和农村身体素质健康之间的差异,田径类尤其是径赛类项目较好但球类以及其他团体合作的项目类运动参与不足的情况,针对农村青少年群体的情况根据时间、场地、人员配备、资金需求等方面出台相应的政策。另外随着年龄的增长各类群体会出现运动参与下降的情况,尤其是女性群体,出台具有针对性的政策计划,鼓励女生进行运动,走出家门拥抱大自然,改善离开学校就运动不足的情况。从青少年儿童运动参与方面进一步考虑,虽然说得到金牌不是我们的最终目的,但是仅仅从促进身心健康发展来看,长期坚持将会是一个难题。假如可以有实质性的目标例如在某个年龄段参与某项运动达到一定的成绩,父母可以申请免费室内场所或者更好的资金奖励,从个人及家庭因素来说有助于青少年儿童的健康发展,从社会及国家角度来说有助于竞技体育后备人才的培养,可以使我国在国际体育赛场上表现经久不衰,代代相传。

（五）建立体育道德行为规范机制,确保体育机会公平

随着社会经济水平以及文化程度的提高,我国在参加体育活动以及观看体育竞赛的青少年人群已然占到了一部分比例,青少年阶段正处于世界观、人生观、价值观形成的重要阶段,因此通过具有影响力的体育公众人物宣传,培养青少年正确的体育道德观念及竞争意识,这样既能够净化赛场风气,也能够有助于建设社会主义文明国家。当然当体育发展到一定程度时,会出现运动员违反体育道德行为,如故意拉拽他人导致运动员成绩无效甚至受伤;裁判员违反体育道德规范如黑哨等影响比赛结果的公平性;教练员违反体育道德行为规范如出于金牌主义让运动员服用兴奋剂;体育组织违反体育道德行为规范如肆意改变竞赛规则、内定冠军等现象;另外还有观众违反体育道德行为规范的如只支持自身喜爱运动员而辱骂其他运动员甚至出现过激行为等诸多问题,因此需要建立体育道德行为规范机制。可以建立诸如"加拿大体育纠纷解决中心"等类似的机构,针对在体育赛事中的出现的任何有纠纷事件进行调查审理和裁决,并有相应的处罚结果,这样不仅能够发挥建立该组织中心的专业性、灵活性的特点,有效地解决了体育发展中的纠纷,也能够为体育事业的发展创造平稳的环境和公平体育机会,同时减轻司法程序的负担,最终帮助青少年在体育道德行为规范方面养成公平竞争的体育道德素养。

二、反思

（一）青少年肥胖形势严峻,肥胖问题亟待解决

在加拿大,父母更容易支持孩子进行体育运动,一方面源于对于孩子的关爱,让他们更好适应社会,另一方面是在政府层面上有多重补贴,例如对官方组织的、对自营体育组织的活动参与以及通过孩子的运动表现可以直接减免税收,这样从经济角度解决了很多青少年儿童想要参与运动的客观阻力,如果孩子在运动方面有突出表现还会有额外的奖励,对社会发展、个人成长以及运动环境良性循环发展有着极其大的帮助。因此,在各项政策颁布以来,加拿大青少年体育参与率维持在百分之三十左右,但青少年儿童肥胖问题依然是政府亟需解决的重要问题,在过去的几十年加拿大儿童超重和肥胖率持续上升,根据国际肥胖分类有四分之一的儿童超重或肥胖,而青少年儿童代表了国家

未来发展的中坚力量,虽然 2011 年就颁布《遏制儿童肥胖的行动和未来方向》,但是根据世界卫生组织预计超三分之一的加拿大儿童将超重,并会造成当下和长期的负面健康后果,因此从优先计划、饮食、环境、营养等方面解决问题并且同意跨区域联合管理,旨在给加拿大儿童在人生中有一个最健康的开始,减少青少年儿童疾病、残疾和受伤的风险,但从加拿大健康方式和研究所的监测数据来看,青少年儿童的肥胖问题依旧需要重视。相较于加拿大近30％的肥胖率,我国目前 6 至 17 岁儿童青少年超重肥胖率为 19.0％。党中央、国务院高度重视儿童健康促进工作,通过完善儿童健康促进法规政策,健全儿童健康促进保障机制,集中力量解决儿童健康重点问题等措施,着重缓解中国青少年肥胖问题,降低青少年肥胖率,通过各方的不懈努力,我国青少年肥胖率的增长率呈下降趋势,并趋于稳定。

(二) 缺乏专门性的体育司支持体育活动的可持续发展

在加拿大没有专门的青少年儿童发展部门,青少年及学校体育政策的制定与颁布大多包含在大众体育及竞技体育之中,而在我国有专门的青少年体育司负责指导和推进青少年体育工作的推进,分别在体教融合、科学健身以及训练竞赛方面有具体的指导和规划,体教融合是立足于解决我国学校发展中体育和教育学训矛盾问题、促进青少年儿童全面发展的重要方面,让孩子不仅有智慧的头脑还要有强健的体魄,也是社会主义建设和发展的传承需要;科学健身是让家长以及孩子本身对于运动的方式和原理有所了解,避免运动损伤,融洽家庭氛围;训练竞赛则是促进我国竞技体育后备人才的培养与发展密不可分,这对于青少年儿童来说想要参与运动的方式以及了解运动信息的渠道更加正式和便捷。还可以增设青少年儿童专门数据板块,如增设青少年专职的发展部门,负责青少年的健康生活及研究所公布的数据,将各省市的青少年运动参与情况、学校体育设施覆盖等情况进行数据可视化,这不仅有益于青少年儿童的发展,也能够促进成年、中年以及中老年运动保持,建立充满活力、进步的国家。

(三) 体育课程结构设置不适宜青少年体育长期化发展进程

在加拿大,小学体育课程主要包含生命科学课、健身课、运动技能课以及课间体育活动。在学校体育课程课时设置方面以安大略省小学为例,体育活动每周不得小于 150 分钟,每周仅有两节体育课,每节课 45 分钟,剩余 60 分钟将在余下的三天内完成,每天仅 20 分钟,此课程设置并不适合加拿大青少年体育的长期发展,在体育课程结构设置上亟需改进。2022 年 4 月,我国教育部发布的《义务教育体育与健康课程标准(2022 年版)》中明确规定,从 2022 年 9 月起,全国九年义务教育学校各年级均要开设体育与健康课,其占总课时比例为 10%—11%,仅次于语文(20%—22%)、数学(13%—15%)。自 2020 年以来我国小学 1 至 2 年级每周 4 节体育课,3 年级至初三每周 3 节体育课①。在体育课程的设置方面主要包含室外课和室内课,室外课以学习技能为主,室内课以体育与健康课程为主。青少年阶段是身心发育的敏感期和技能获得的重要窗口期,我国的新课标对体育课程进行了调整,使得体育教学课程体系的设置更加均衡,更加符合体育发展规律,有利于最终实现健康第一的教育理念。

---

① 温朋飞.我国中小学学校体育工作的实效性研究[D].河北师范大学,2015.

第五章　澳大利亚的青少年和学校体育政策

　　21 世纪起,澳大利亚连续三届奥运会都取得了金牌榜前六位的优异成绩,最近的东京奥运会也是稳居前六甲,难以想象这些成就是建立在其仅有 2 000 多万人口基础上的,足以见得其体育强国的地位。然而,纵观澳大利亚百余年参加奥运会的历史也并非一帆风顺,从 1956 年本土墨尔本奥运会跻身前三的历史最佳到 1976 年蒙特利尔奥运会"零金牌"的跌入谷底。在蒙特利尔奥运会上糟糕的竞技表现实则归咎于自由党政府对体育发展的不甚重视,大大缩减体育领域的财政预算,政府的不甚重视又直接引发了青少年体育参与率下降、学生体质健康状况堪忧、竞技体育后备人才青黄不接等一系列现实问题。直到工党政府重新掌权,与自由党相比,工党领袖更加重视体育所蕴含的多元价值和以青少年为重点人群的普通大众的权利保障,开始开展体育政策相关方面的研究并逐步提高联邦政府的体育预算。因此,从 20 世纪 80 年代开始,联邦政府以提高青少年体育参与率为目标,养成终身体育习惯为宗旨,出台了一系列青少年和学校体育政策。自此,澳大利亚的执政当局虽因自由党和工党的激烈博弈依然动荡,但青少年和学校体育政策的连续性却未受到波及,极大促进了青少年和学校体育的快速健康发展。

　　然而,国内外对澳大利亚青少年和学校体育政策的研究数量还较少,缺乏对其系统性地梳理与研究。鉴于澳大利亚青少年和学校体育政策所具有的典型性特征,有必要沿历史脉络对澳大利亚联邦自独立以来的青少年和学校体育政策演变历程进行回顾,归纳总结其重要特征,并借鉴其有益经验,这对于我国青少年和学校体育的发展来说是大有裨益的。

第一节　澳大利亚青少年和学校体育政策的演进脉络

一、独立后早期的青少年和学校体育政策（1901—1945 年）

1901 年 1 月 1 日,澳大利亚结束了自 1788 年以来长达一百多年的殖民地历史,6 个英国殖民地合并成澳大利亚联邦。在独立后的一段时期,澳大利亚国民经济发展较快,踏上了向新兴工业化发达国家转变的新征程。由于这时期世界格局动荡不安,接连发生了两次世界大战,与政治、经济、军事以及教育等相比,体育很少能够进入政府议事日程,加之这时期联邦政府并没有设置体育相关部门,因而这时期的体育政策比较少见,澳大利亚体育的开展较多是民间自发的,一些非营利部门和业余组织成为推动澳大利亚体育发展的重要力量。直到 1941 年 7 月 4 日,联邦政府审批通过了《1941 全民健身法案》(National Fitness Act 1941)。该法案最初是在第二次世界大战期间通过的,其目的是提高澳大利亚年轻人的健康水平,让他们为在武装部队和工业中的工作做好准备。联邦政府向州健身委员会提供联邦资金,以协调推广活动、项目,推进教育发展和基础设施建设。这项工作大部分由志愿者完成,重点是儿童青少年运动场地、体育俱乐部、户外体育活动营地项目以及学校体育教育的发展。

伴随着《1941 全民健身法案》的颁布,20 世纪 40 年代之后,体育课程开始出现在澳大利亚基础教育阶段课程体系中,这与澳大利亚开展的较大规模的教育教学改革密切相关,各州通过颁布法令延长义务教育年限,公立学校实施九至十年义务教育,并免除中学学费。同时,澳大利亚致力于推进学校课程改革,根据儿童青少年的身心发展规律及特点科学开设各类课程,并降低学术课程和考试难度,减轻学生学习负担,从根本上提高了学校教育教学质量。此外,澳大利亚各州教育部门在传统学术课程基础上,积极研发并增设体育、音乐和手工等方面的课程,通过多样化的综合课程促进学生全面发展。这是体育课程首次出现在澳大利亚联邦层面的政策内容中,改变了殖民地时期儿童青少年教育课程体系中无体育课程的局面。

二、二战结束到 21 世纪前的青少年和学校体育政策(1946—1999 年)

二战后,澳大利亚的发展重心在于经济建设,追求经济的快速发展成为联邦政府执政党的首要目标。到 1956 年,澳大利亚国民生产总值为 106 亿澳元,足足是 1946 年的 3 倍有余,1969 年,澳大利亚的人均国民生产总值居世界第 8 位,增速位居世界第 4。然而,与经济的快速发展态势相比,这时期澳大利亚的体育发展却显得格外"滞后":一是联邦政府仍然没有设立专门研究体育发展战略的职能部门,国家体育事业的改革和发展缺乏顶层设计引导;二是战后国民特别是青少年体质状况较差,但联邦政府并未出台具有针对性的健康干预政策;三是澳大利亚精英体育在世界舞台上表现并不稳定,1964 年东京奥运会和 1968 年墨西哥奥运会奖牌榜排名相较前两届下降明显。究其原因,这与 20 世纪 50、60 年代澳大利亚处于自由党领导下一贯保守的执政理念相关,他们深信澳大利亚体育发展"业余性"的重要性,澳大利亚体育发展基本处于自给自足的原生态格局[①]。但 1972 年惠特兰领导的工党政府上台后事情出现了转机:在随后三年内,联邦政府迅速启动对体育的积极治理,首先将体育政策制定纳入澳大利亚公共政策的合法领域,其次委托相关科研机构对联邦体育发展现状和棘手问题进行研究,据此开始着手进行国家体育改革,最重要的是提出了建立国家体育学院助力精英体育发展和培养后备人才的建议。然而,转机终是昙花一现,伴随着 1975 年自由党弗雷泽政府重夺政权,大幅缩减体育预算甚至中止了前任工党政府建议进行的国家体育改革,青少年和学校体育发展也就此搁浅,青少年体育参与率的提升、学生体质健康的促进以及竞技体育后备人才的培养也就无从谈起了。随后在 1976 年蒙特利尔奥运会上澳大利亚创造了自参加奥运会以来唯一一次"零金牌"的尴尬记录,澳大利亚的体育发展格局亟需改变。

20 世纪 80 年代以来,澳大利亚工党在与自由党激烈的政治博弈中占据上风。与自由党相比,澳大利亚工党领袖对体育的态度有了极大改观,更加重视体育所蕴含的多元价值,他们在体育领域所追逐的斐然业绩愈发成为其赢得竞选的重要砝码。1981 年,澳大利亚体育学院(AIS)在首都堪培拉成立。

---

① 浦义俊,吴贻刚.百年奥运视角下澳大利亚竞技体育的二次崛起历程分析及启示[J].南京体育学院学报(社会科学版),2014,28(06):99-106.

1983 年,澳大利亚霍克政府成立了体育、休闲与旅游部,从此开启了联邦政府积极治理体育的时代。然而,由于联邦政府急于复兴竞技体育,把发展重心放在了竞技体育训练和竞赛上,却忽视了大众体育特别是青少年体育的发展,导致青少年体育参与率下降①。这种急功近利的政策举措实则违背了体育发展的规律,导致竞技体育后备人才青黄不接,也成为澳大利亚 20 世纪 80 年代莫斯科、洛杉矶、汉城三届奥运会成绩整体不佳的诱因(见图 5-1)。因此,从 20世纪 80 年代中后期开始,联邦政府以提高青少年体育参与率为目标,养成终身体育习惯为宗旨,出台了一系列青少年和学校体育政策。

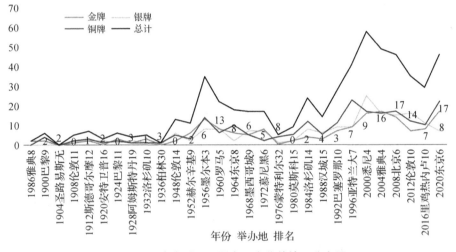

图 5-1　澳大利亚历届奥运会奖牌情况分布图

1985 年,澳大利亚体育委员会(ASC)成立,在联邦层面终于有了一个专门负责国家体育事务的政府职能部门,它决定体育宏观发展方向和资源的实际分配以及负责颁布国家体育政策。近十年间,教育工作者、体育管理人员和州政府部长对青少年和学校体育表达了相当的重视,他们认为青少年体育活动应该是多样化的且需要不断改进。社会各界也开始愈发对青少年的体育参与态度和行为予以热切关注,并发现了一些亟待解决的问题:青少年特别是儿童可参加的体育运动种类和数量相当有限,现有运动的趣味性不足,但竞争性却过度了,导致青少年体育参与率低下、身体活动不足,女孩相较于男孩来说情况甚至更糟糕些;且由于缺乏高素质的体育教练制约着青少年运动技能水平的发展。为了提高青少年体育参与率,促使其终身体育习惯的养成,清晰的问

①　徐士韦.澳大利亚大众体育政策的演进述析[J].沈阳体育学院学报,2016,35(06):6-13.

题导向促成了 1986 年"澳式体育"(Aussie Sports)政策的出台。它是澳大利亚有史以来第一部国家层面上指向所有小学学龄儿童的体育教育政策,是澳大利亚体育和教育史上一项独特创举。该计划旨在增加儿童可参加体育运动的种类,为儿童提供更多优质、公平参与的机会,从根本上解决儿童体育参与率低下的问题。通过向学校和体育俱乐部等提供经过修改的、符合儿童身心发展规律及特点的 40 多种如儿童板球 kanga、无板篮球 netball、儿童水球 flipperball、儿童曲棍球 minkey 等运动资源,使得很多儿童在小学时期就能够规律性参加体育锻炼,为其终身体育习惯的形成奠定了坚实的基础。

　　伴随着青少年体育工作组(Youth Sport Workshop)于 1988 年成立,青少年体育论坛(Youth Sport Forums)也于次年在全国范围内如火如荼展开。此阶段凸显出的一个重要问题是女孩的体育参与率依然低下,同时,之前的"澳式体育"政策由于最初目标群体局限于小学生,致使配套方案无法充分满足中学生的体育需求。作为积极回应,澳大利亚体育委员会 ASC 于 1989 年颁布了旨在提高所有澳大利亚人体育参与率的"下一步"(The Australian Sports Kit Next Step)政策,同样,提高国家精英体育水平也是其重要价值旨归[1]。针对提高全澳体育参与率的政策措施包括"澳式体育"计划的进一步发展完善、推动妇女和残疾人体育发展和积极培育国家体育组织 NSOs 等[2]。体育部长、参议员理查德森(Graham Richardson)宣布在未来四年中 854 万英镑将用于协助州和体育团体之间合作以共同促进青少年体育发展。此外还针对青少年体育领域特别发表了"青少年体育下一步"(Youth Sport the next step...)报告。随着"下一步"政策的实施,"澳式体育"已发展成为一个综合方案,有适合从三岁到二十岁各年龄阶段的体育参与项目资源(见图 5 - 2),特别是加入了鼓励女孩体育参与的"活力女孩活动"(Active Girls Campaign)。在"下一步"政策颁布的四年内,在澳大利亚 88% 的小学有两百万儿童青少年参与了"澳式体育"计划,大量女孩和在校中学生也都通过新开发的"澳式体育"配套方案积极参与到体育运动中来。"下一步"不仅巩固了最初目标群体是小学生的"澳式体育"成果,而且在发现诸如缺乏针对中学生的配套方案、女孩参与率远低于男孩等掣肘难题基础上,积极应对、与时俱进,不断优化政策措施,因此"澳式体育"的蓬勃发展也是"下一步"最伟大的成果之一。

---

　　① ASC.The Australian Sports Kit Next Step[M]. Canberra:Department of the Arts, Sport, the Environment, Tourism and Territories,1989.

　　② ASC."Maintain the Momentum" Australian Government Sports Policy:1992 to 1996[M]. Canberra:Department of the Arts, Sport, the Environment and Territories,1992.

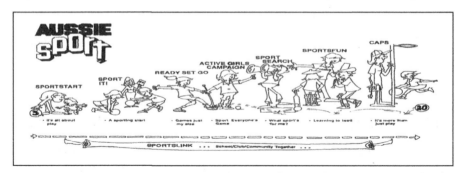

图 5-2 "澳式体育"从 3 岁到 20 岁各年龄段项目资源①

澳大利亚青少年和学校体育发展在"澳式体育"的坚实基础上走出了"下一步",社会各界戮力同心,在优化后的青少年体育促进政策实施四年后,青少年体育参与率顺利迈上了一个新的台阶。1992 年颁布的"保持势头 1992—1996"("Maintain the Momentum" Australian Government Sports Policy:1992 to 1996),顾名思义,即继续保持"下一步"的良好发展势头,再创辉煌。它列出了七个优先事项,"体育参与"被列为第一个优先事项:除了之前一直关注的青少年体育参与领域(继续推进"澳式体育"发展,加强学校、社区、俱乐部、家庭的联系等),同样对老年人、妇女、职工、土著居民等人群的体育参与给予充分重视。

20 世纪 80 年代以来澳大利亚基础教育课程改革的背景下,先是于八十年代初,澳大利亚全国课程发展中心(CDC)发表了一份颇具影响力的报告《澳大利亚学校的核心课程》(Core Curriculum for Australian Schools),报告认为"核心课程"必须包括八个核心学习领域②,其中包含健康与体育课程,这意味着体育课程成为学校课程的核心内容之一。进而在 1989 年通过的《霍巴特宣言》中明确了统一的国家十大教育目标,有关于体育课程的目标表述为:增强学生们的体质和身心健康,创造性地利用娱乐时间③,此外国家课程建设也走上议程。然而在此时期,学校体育课程在学校课程中往往受到忽视,暴露出体育课程无论是在数量还是质量上都在持续下降的问题。为此,"保持势头1992—1996"的第六项优先事项专门聚焦于此,呼吁州/领地教育部门对学校体育课程需给予充分重视,建议举措与之前在 1991 年 10 月举行的"青少年体育——交付的时候到了"(Junior Sport-Time to Deliver)会议中提出的:教育

① ASC."Maintain the Momentum" Australian Government Sports Policy:1992 to 1996[M]. Canberra:Department of the Arts,Sport,the Environment and Territories,1992.
② 汪霞.八十年代以来澳大利亚课程改革轨迹[J].比较教育研究,1998(02):37-40.
③ 汪霞.八十年代以来澳大利亚课程改革轨迹[J].比较教育研究,1998(02):37-40.

部门应尽快制定出学校体育核心课程和国家课程的建议前后呼应[①]。

1991 年的“青少年体育——交付的时候到了”(Junior Sport-Time to Deliver)会议中提到需由澳大利亚体育委员会、教育总干事理事会和澳大利亚学校体育理事会等部门组成工作组联合起草一部国家青少年体育政策(A National Junior Sports Policy)以便更系统和协调地满足澳大利亚青少年的体育需求,在此背景下,由 ASC 牵头成立的工作组于 1994 年 2 月颁布了目标群体年龄范围为 5—19 岁的国家青少年体育政策框架(National Junior Sport Policy: A Framework for Developing Junior Sport in Australia)。政策主要目标是为所有的澳大利亚青少年提供平等、优质机会,通过体育来发展和丰富他们的生活,鼓励其终身体育参与,并为 5—7、8—10、11—12、13—19 岁四个年龄段的儿童青少年提供了体育发展指引(见图 5-3)。

JUNIOR SPORT DEVELOPMENT MODEL

DEVELOPMENT STAGE	GENERAL AGE GROUP	DEVELOPMENT EXPERIENCES	COMMENTS
ONE	5-7 YEARS	• Spontaneous play and movement • Co-ordination skills • Trying more complex tasks • Informal games • Minor Games (1)	The strong desire for general play and physical activity during these years lays the foundation for future sport involvement. Emphasise enjoyment, and encourage the learning of basic physical skills: throwing, catching, kicking, hitting, jumping, running and swimming/water safety) as well as social skills, and positive attitudes (fair play etc).
TWO	8-10 YEARS	• Co-ordination skills • Small group activities • General skill development • Modified sport (2) • Competitive sport: inter/intra school/club	Experiences during these years should build upon the foundation laid earlier. In this stage, children accept the challenges of sport participation. Provide enjoyable opportunities for the development of positive social skills and a wide range of physical skills which can then be applied to specific sports.
THREE	11-12 YEARS	• Sport-specific skill development • Modified sport (2) • Talent squads (3) • Sports development programs/camps/exchanges (4) • Competitive sport: inter/intra school/club	Continue to offer opportunities in a wide range of physical activities, helping to develop interests and skills in particular sports. Maximise positive sporting experiences through co-operation with other schools and clubs. Programs at this stage should emphasise skill development and game appreciation. These programs may include coaching clinics, appropriate competition and educational excursions.
FOUR	13-19 YEARS	• Sport-specific skill development • Modified sport (2), where appropriate • Talent squads (3) • Sports camps (4) • Competitive sport, inter/intra school/club, district/regional, inter/intra state, international, social • Leadership opportunities	Take account of general adolescent development as well as individual differences in ability and interest. Continue to co-operate with other schools and clubs in the provision of programs, to minimise duplication but still allow for maximum participation opportunities. Educate players about good sporting behaviour and provide excellent role models. Provide leadership development opportunities.

***THE AGES IN THIS MODEL ARE A GENERAL GUIDE ONLY. THE NEEDS OF SPECIAL POPULATIONS AND INDIVIDUALS MUST ALSO BE CONSIDERED WHEN APPLYING THESE GUIDELINES*

NOTES:
(1) Minor games are small, structured activities that build basic skills.
(2) Modified sports develop skills by allowing for the needs and abilities of developing children (see 2.3).
(3) Talent squads provide opportunities for talented players to develop their sporting potential. The focus should be on skill development leading to the adult game. The method for selection should be decided by sporting associations in consultation with education authorities.
(4) Sports development programs/camps/exchanges provide opportunities for talented players to receive intensive instruction in a specific sport. These programs/camps/exchanges could be at regional, state or interstate level.

图 5-3 澳大利亚青少年体育发展模型[②]

1996 年,约翰·霍华德领导的自由党在政治上失势 13 年后重新掌权,虽然前任基廷政府对精英体育的大力支持促使澳大利亚在 1996 年亚特兰大奥运会上取得了近 6 届奥运会以来最佳战绩,但有研究表明超过三分之一的澳大利亚成年人未能定期参与体育运动[③],国民健康状况令人担忧。为此,体育、

① ASC. “Maintain the Momentum” Australian Government Sports Policy: 1992 to 1996[M]. Canberra: Department of the Arts, Sport, the Environment and Territories, 1992.

② The National Junior Sport Working Party by the ASC. National Junior Sport Policy: a framework for developing junior sport in Australia[M]. Canberra: Australian Government, 1994.

③ ASC. Active Austraia: A National Participation Framework [M]. Canberra: Australian Government, 1997.

娱乐部门首次联合卫生部门共同制定了旨在鼓励所有澳大利亚人体育参与的"活跃的澳大利亚:全国参与框架"(Active Austraia:A National Participation Framework)。在政策实施层面,"活跃的澳大利亚"涵盖三层网络体系:学校、地方政府和私人体育服务供应商(体育俱乐部)①。学校致力于提供有趣、安全、具有挑战性和组织管理良好的体育活动,以学校体育课程为重点,与社区相联系,发挥着促进青少年体育参与率提高的基础性作用。地方议会向学校、社区、体育俱乐部提供基础设施资金并在促进学校、社区和体育俱乐部之间紧密联系上发挥至关重要的作用。最后,体育俱乐部致力于向所有人提供多样化且高质量的体育、健身服务。"活跃的澳大利亚"标志着体育、娱乐部门开始摆脱孤军奋战的局面,积极与各政府部门特别是卫生部门合作,多元主体协同推进国民体育参与的格局逐渐形成。

世纪之交通过的《阿德莱德宣言》是根据全球及澳大利亚新的发展形势而提出的国家教育战略,从而取代了 1989 年"霍巴特宣言"所制订的国家教育目标体系②,从之前八个核心学习领域的形神分离转向强调各学科课程安排均衡化以及核心学习领域之间的相互关联,旨在促进学生综合能力的提高,保障学生全面发展。

三、21 世纪后的青少年和学校体育政策(2000 年至今)

进入 21 世纪,鉴于 2000 年悉尼奥运会获得奖牌榜第四名的亮眼表现以及进一步促进所有澳大利亚人特别是青少年体育参与的现实需求,总理约翰·霍华德(John Howard)、体育和旅游部长凯莉(Jackie Kelly)于 2001 年共同颁布了"促进澳大利亚的运动能力:一个更加活跃的澳大利亚"(Backing Australia's Sporting Ability:A More Active Australia,BASA)政策。该政策有两个主要目标:一是确保精英运动员能继续在国际赛场上获得成功,其中更是对新的"奥林匹克青少年计划"(Olympic Youth Programme)注入 400 万澳元的资金支持;二是鼓励全民尤其是青少年的体育参与。政策措施包括继续加强学校、社区和体育俱乐部之间的联系,鼓励更多的中小学生加入体育俱乐部,在普及运动项目的基础上为有竞技潜力的青少年运动员提供向更高一级

---

① Bob Stewart, Matthew Nicholson, Aaron Smith and Hans Westerbeek. Australian Sport: Better by Design?: The evolution of Australian sport policy [M]. 2 Park Square, Milton Park, Abington, Oxon, OX14 4RN:Routledge, 2004:78.

② 冯大鸣,赵中建.世纪初美、英、澳国家教育战略述评[J].教育发展研究,2002(10):32 - 36.

精英体育发展的机会,为国家竞技体育源源不断输送后备力量。

1994 年颁布的"国家青少年体育政策框架"(National Junior Sport Policy：a framework for developing junior sport in Australia)经过近十年的发展演变成了一个相对完善的青少年体育政策体系,澳大利亚体育委员会分别于 2003 年和 2005 年发布了青少年体育指南(Junior Sport Guidelines)。2003 年指南主要对青少年体育的"长期参与"、通过体育参与促进身体发育以及教师、教练如何开展高质量的体育教学指导等方面提供相应策略。2005 年指南从确保运动安全、倡导公平参与(是否残疾、性别、经济状况、地域、种族等都不应影响平等参与)、5—17 岁不同年龄段青少年运动发展路径以及强调加强学校、俱乐部、社区之间联系和厘清各方责任等方面进行了补充。

谈到此阶段的学校体育,需提及《学校资助法案 2004》(Schools Assistance Act 2004 - Sect 14)在国家层面规定了各州/领地公立学校必须满足每周为小学和初中生提供至少两个小时的身体活动机会才能获得资助的硬性要求[①],作为核心学习领域之一的健康与体育课程自然成了这两小时学生身体活动的主要承担载体。然而"一周仅两个小时"足以见得学校体育课程在所有核心学习领域里的边缘化位置,加之儿童青少年课后体育活动时间有限,导致儿童青少年整体上的体育参与率依然有待提高。因此除了继续呼吁教育部门对学校体育课程的数量和质量给予高度重视外,澳大利亚体育委员会于 2005 年出台了积极课后社区计划(The Active After-school Communities,AASC)。AASC 计划旨在为 5—12 岁小学生在下午 3 点到 5 点 30 分的课后时段提供免费参加运动和有组织身体活动的机会,并培养他们对体育的热爱,激励他们加入当地的体育俱乐部,促进终身体育参与。AASC 计划基于"为生活而运动"(playing for life)理念,该理念框架下开发出的各种活动卡片(见图 5 - 4)通过精心设计的体育游戏循序渐进介绍特定的运动技能和战术,用以满足不同年龄段学生的身体素养发展需求。为教师、教练、课后托管服务看护人员等的日常使用提供了详细指引。这些基于游戏的活动也在不断改进,始终与国家健康与体育课程标准以及澳大利亚身体素养框架保持步调一致性,有助于为儿童青少年创造一个安全、包容和具有挑战性的参与环境,极大促进了儿童青少年的体育参与。

2007 年底,工党领袖陆克文击败执政 12 年之久的自由党领袖霍华德,当

---

① Michalis Stylianou,Jacqueline L. Walker. An assessment of Australian school physical activity and nutrition policies[J]. Australian and New Zealand Journal of Public Health,2018,42(1), 16 - 21.

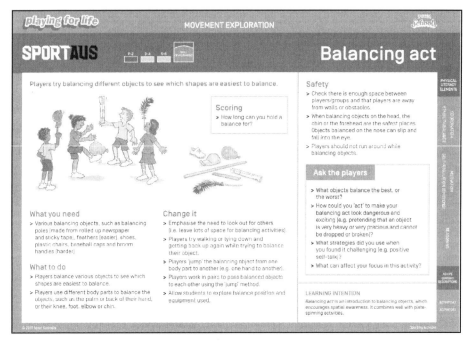

图 5-4　澳大利亚"为生活而运动"活动卡——控制平衡[①]

选新一任澳大利亚总理。陆克文政府上台之后一个重要举措即将体育部门划入卫生部,确保体育和身体活动是预防性健康议程的关键要素,以便更好发挥体育在建设健康国家中的作用。澳大利亚国民较低的身体活动水平导致澳大利亚成为世界上超重率最高的发达国家之一,在儿童和青少年人群中肥胖比例也令人堪忧。在此背景下,澳大利亚政府于 2008 年颁布了"澳大利亚体育:新挑战,新方向"(Australian Sport:Emerging Challenges New Direction)政策。陆克文政府承诺将与国家体育组织合作,重振学校体育和社区体育。针对 18 岁以下的儿童和青少年群体政府还引入了"地方体育冠军项目"(Local Sporting Champions)并提供资助,让他们有机会去参加路途超过 250 公里的重要体育活动或专业体育赛事,为天赋出众的青少年运动员打通向更高一级发展的路径。此外,从 2005 年积极课后社区计划 AASC 颁布到 2008 年为止已有超过 15 万名儿童青少年参与其中,政府承诺将研究如何进一步发展和改进该项目,使更多的儿童青少年定期参加体育活动。

① Clearinghouse for Sport. AASC Playing for Life[EB/OL]. [2023-03-16]. https://www. clearinghouseforsport. gov. au/australian-sport-publication-archive/australian-sports-commission/asc_ programs/asc_programs_-_aasc/aasc-playing-for-life/activity_cards.

　　在 20 世纪就提出的澳大利亚国家课程从理念萌生到真正实施,经历了较长时期的等待。直到 2008 年,国家课程研制才提上日程,新成立的澳大利亚课程委员会,负责监管全国课程的规划和决策工作。同年 12 月教育、就业、训练及青年事务部长委员会在墨尔本发表了《墨尔本宣言:澳洲年轻人的教育目标》,之后又在 2009 年提出了具体的《4 年行动计划(2009—2012)》。2012 年 5 月,澳大利亚课程评估与报告管理局讨论、修订并正式颁布了纲要文件。至此,澳大利亚中小学课程彻底改变了过去各州各自为政的局面,真正开始实施全国统一的课程①。

　　2012 伦敦奥运会期间,澳大利亚所有小学生可通过"总理的奥林匹克挑战"(Prime Minister'S Olympic Challenge)活动参与各种奥运项目,享受乐趣的同时还可以通过活动时长和参与运动项目的积累来获得金银铜牌和证书奖励。完成注册后,儿童青少年必须做到每周在学校、家里、体育小组参与体育活动②,趁着伦敦奥运热潮进一步提高儿童青少年体育参与率。2012 年澳大利亚体育委员会通过"获胜优势 2012—2022"(Australia's Winning Edge 2012‑2022)明确了未来十年的精英体育发展计划,政府认为同样重要的是看到更多的澳大利亚人,尤其是青少年群体,更经常地参与到体育运动中来——这也契合了"游戏·体育·澳大利亚计划"(Play. Sport. Australia)的主要目标。

　　在"游戏·体育·澳大利亚计划"(Play. Sport. Australia)中提及即将启动一个全新的青少年体育参与计划。虽然在 AASC 计划运营的 10 年中(2005—2014 年),来自 6 000 所学校和 OSHCS 的 200 万名儿童青少年参与了该计划,但与 1986 年的"澳式体育"有个相同的问题即目标群体只局限于小学生导致无法满足中学生的课后体育活动需求,因此于 2015 年正式启动的"体育学校计划"(Sporting Schools)取代了 AASC 计划,成为澳大利亚最大的校本体育参与计划。它为 5 至 12 岁和 13 至 17 岁的儿童、青少年提供课前、课中和课后直接参加体育活动的机会,旨在培养兴趣、提高青少年体育参与率并助其终身体育习惯养成,该计划相当注重学校和社区、体育俱乐部的紧密联系。

　　从澳大利亚于 2008 年颁布《墨尔本宣言》,并确立"促进公平,追求卓越"和"使所有澳大利亚青少年成为成功的学习者、自信且富有创造力的个体以及积极明智的公民"两大教育目标,从此拉开澳大利亚基于核心素养的课程改革帷幕。通过 7 年开发,于 2015 年颁布了中小学义务教育阶段首个全国性课程

---

① 李新翠.澳大利亚基础教育[M].上海:同济大学出版社,2015:62-65.
② 李晨.澳大利亚推出总理的奥林匹克挑战活动[EB/OL].(2012-07-23)[2023-02-10]. http://www.sportinfo.net.cn.

标准,作为八大核心学习领域之一的健康与体育课程也颁布了《健康和体育课程(F-10)7.5版》。2016年6月澳大利亚教育委员会又通过了《健康和体育课程(F-10)8.2版》,精简了课程内容和成就标准的呈现方式,增强了对素养的关注且提升了课程的可管理性①,至2022年4月1日课标更新至9.0版。

澳大利亚体育委员会于2019年颁布了《澳大利亚身体素养框架》,这个框架确定了4个主要身体素养领域——身体、心理、社交、认知,同时介绍了4个关键领域所包含的30项身体素养要素(见图5-5),此框架适用于所有能力、年龄和背景的澳大利亚人。于AASC计划中开发的"为生活而运动"活动卡也据此做了相应改进和更新,以便儿童青少年适应新的身体素养发展要求。教师、教练、课后托管服务看护人员等都可根据儿童青少年个性化的身体素养发展需求针对性选取活动卡片去开展高质量体育教学指导,以便更好发展儿童和青少年各领域的身体素养使其全面发展。

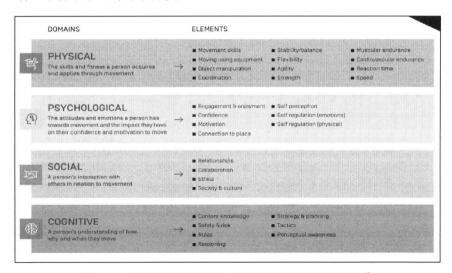

图5-5　澳大利亚身体素养四个关键领域及其包含要素②

同年,澳大利亚卫生部还发布了"儿童和青少年24小时身体活动指南"(Australian 24-Hour Movement Guidelines for Children(5-12 years) and Young People(13-17 years):An Integration of Physical Activity, Sedentary Behaviour, and Sleep),此版本是对2017年版本的更新。它借鉴了加拿大

① 刁玉翠,李梦欣,党林秀,董翠香.澳大利亚健康与体育课程标准解读[J].体育学刊,2018,25(02):85-90.

② ASC.Australian Physical Literacy Framework[M]. Canberra:Sport Australia,2019.

2016 年首次在全球范围内颁布 24 小时综合指南的成功经验,在原有的身体活动和久坐行为指南外加入了规律睡眠时间指南。为了获得最佳健康效益,儿童和青少年(5—17 岁)应在指南建议的高标准的身体活动、限定时间的久坐行为和规律的睡眠之间寻求平衡。

第二节　澳大利亚青少年和学校体育的重要政策

一、"澳式体育"政策(Aussie Sports)

"澳式体育"政策(Aussie Sports)由澳大利亚体育委员会 ASC 于 1986 年 4 月发起。这是澳大利亚首次制定的针对所有小学学龄儿童(all primary school aged children)的全国性体育教育和发展计划,是澳大利亚体育和教育史上一项独特创举。在此计划颁布之前,ASC 成立了一个"儿童体育委员会"(Children in Sport Committee),由罗伊(Roy Masters)担任主席。该委员会与州和领地政府、教师、体育教练、澳大利亚健康体育教育和娱乐委员会(英文简称 ACHPER;the Australian Council of Health Physical Education and Recreation)以及众多国家体育组织(NSOs)进行了为期 18 个月的磋商。委员会确定了青少年体育领域六个备受关注的问题[①]:儿童体育活动参与率低;运动技能水平低下;可以参加的体育活动范围、数量和种类有限;许多儿童运动中的成人目标(竞争性)过于强烈;女孩更充分地参与体育运动的机会有限;缺乏高素质的体育教练。这些问题都为 ASC 制定"澳式体育"政策(Aussie Sports)提供了思路。

"澳式体育"以现有的成人运动项目为基础,将其修改成适合儿童参与的运动游戏,如儿童板球、篮球、足球和垒球等,一些规则包括运动场地和设施器材都随之进行了修改。这使孩子们能够体验到游戏各个方面的乐趣,并享受定期参与体育运动所带来的回报。其次,它还注重鼓励孩子们对体育运动的态度适当从"成年人的体育态度和目标"(强调竞争性)进行调整,呼吁新的关注点不再是"不惜一切代价取胜",而是"试一试",让每个孩子都有平等参与到体育运动中去的机会。此外,"澳式体育"鼓励家长参与到孩子们的运动中去,

---

① Clearinghouse for Sport. AUSSIE SPORTS[EB/OL]. [2023 - 03 - 16]. https://www.clearinghouseforsport.gov.au/kb/aussie-sports.

针对家长开发的短期初级教练课程（short beginner coaching courses）可以帮助那些没有接受过专业体育训练的孩子父母，这些课程是与当地体育俱乐部联合举办的，只需几个小时就能完成。"澳式体育"还相当注重青少年体育俱乐部的培育，它鼓励青少年加入当地的体育俱乐部。俱乐部能为青少年在校外提供课后体育服务以及假期项目等，运动场地、体育设施器材、教练等资源在学校与俱乐部的紧密联系中得以充分整合。

二、澳大利亚青少年体育政策框架（National Junior Sport Policy：A Framework for Developing Junior Sport in Australia）

由澳大利亚体育委员会 ASC 牵头成立的工作组于 1994 年 2 月颁布了目标群体年龄范围为 5—19 岁的澳大利亚青少年体育政策框架（National Junior Sport Policy：A Framework for Developing Junior Sport in Australia）。之前"澳式体育"的成功促成了全国青少年体育工作组（the National Junior Sport Working Party）的成立，该工作组由澳大利亚体育委员会 ASC、娱乐和体育常务委员会（英文简称 SCORS：The Standing Committee on Recreation and Sport）和教育部长会议（The Conference of Directors-General of Education）的代表组成。

政策主要目标是为所有的澳大利亚青少年提供平等、优质机会，通过体育来发展和丰富他们的生活，鼓励其终身体育参与，并为 5—7、8—10、11—12、13—19 岁四个年龄段的青少年提供了体育发展指引。该政策内容包含 7 个部分[①]：第一节详细介绍了该政策的使命、目标和基本原理，概述了参与体育运动的好处，并强调了体育运动和体育教育之间的关系；第二节描述了青少年体育运动参与者的权利和义务，也提出了青少年体育发展模式；第三节涉及青少年体育的竞争问题：合适的竞争水平、男女共同参与和青少年弱势群体参与情况下的竞争水平；第四节的"体育教育者"强调对青少年体育参与者进行高质量体育教育的重要性，指出需要对教师和教练进行专业培训；第五节为学校和社区青少年体育提供方之间的联系提供了指导方针，特别是强调资源（人员、场地和设施等）的最佳整合利用；第六节概述了其他重要贡献者对青少年体育发展的作用和责任；第七节的安全指南为青少年的运动安全提供了基本建议。

---

① The National Junior Sport Working Party by the ASC. National Junior Sport Policy：a framework for developing junior sport in Australia[M]. Canberra：Australian Government，1994.

三、积极课后社区计划(The Active After-school Communities, AASC)

澳大利亚体育委员会 ASC 于 2005 年出台了积极课后社区计划(The Active After-school Communities,AASC)。AASC 计划由澳大利亚体育委员会 ASC 针对影响青少年体育参与的社会趋势因素制定,包括:澳大利亚学校体育教育的衰落、家庭支持校外活动机会的减少以及青少年在家中进行体育锻炼的机会减少等。AASC 计划旨在为 5—12 岁小学生在下午 3 点到 5 点 30 分的课后时段提供免费参加运动和有组织的身体活动的机会,并培养他们对体育的热爱,激励他们加入当地的体育俱乐部,促进终身体育参与。除在小学实施外,该计划也在校外看护服务机构(英文简称 OSHCS:out of school hours care service)得到普及。

AASC 计划基于"为生活而运动"(playing for life)理念,该理念框架下开发出的各种活动卡片通过精心设计的体育游戏循序渐进介绍特定的运动技能和战术,用以满足不同年龄段学生的身体素养发展需求。这些基于游戏的活动也在不断改进,始终与国家健康与体育课程标准以及澳大利亚身体素养框架保持步调一致性,有助于为儿童青少年创造一个安全、包容和具有挑战性的参与环境,极大促进了儿童青少年的体育参与。在 AASC 计划运营的 10 年中(2005—2014 年),来自 6 000 所学校和 OSHCS 的 200 万名儿童青少年参与了该计划,并且有 70 000 名教练参与了六大州和两大领地的活动,平均每学期有 190 000 名青少年参加[1]。

四、体育学校计划(Sporting Schools)

由于 AASC 计划目标群体只局限于小学生,无法满足中学阶段青少年的体育需求。因此,澳大利亚政府宣布,AASC 计划于 2014 年底终止,作为升级款的覆盖澳大利亚小学和中学的"体育学校计划"(Sporting Schools)于 2015 年正式启动。"体育学校计划"是澳大利亚体育委员会 ASC 青少年体育参与战略的重要组成部分,有助于推动国家体育组织 NSOs 的发展和成长。它是澳大利亚最大的校本体育参与计划,为 5 至 12 岁和 13 至 17 岁的儿童、青少

---

[1]　ASC.Celebrating 10 years of the AASC[R].Canberra:Australian Government,2014..

年提供课前、课中和课后直接参加体育活动的机会,旨在培养兴趣、提高青少年体育参与率并助其终身体育习惯养成,该计划相当注重学校和社区、体育俱乐部的紧密联系。澳大利亚体育委员会 ASC 通过向学校和体育组织提供资金,让所有青少年都能拥有平等地参加体育运动的机会。打开"体育学校计划"(Sporting Schools)官网,映入眼帘的即"寻找一个俱乐部"(Find a Club)字样,可见 ASC 在鼓励青少年踊跃加入当地体育俱乐部的用心。青少年可根据自己的兴趣从篮球、足球、羽毛球、高尔夫等 40 种体育运动项目中快速定位到附近的体育俱乐部并参与其中,各州为了响应政府号召,都引入了青少年体育俱乐部"州代金券计划"用以帮助青少年支付注册和会员费。

随着该计划的发展,澳大利亚体育委员会 ASC 于 2017 年 6 月分别发布了名为《一体化课程指南》(Curriculum Alignment Guidelines For the Sport Sector)和《教师专业学习指南》(Teacher Professional Learning Guidelines For the Sport Sector)的配套政策。

第三节　澳大利亚青少年和学校体育政策的主要特征

一、政策制定坚持问题导向原则,强调循证实践确保政策科学性

澳大利亚的青少年和学校体育政策在制定时都充分考虑了时代背景下青少年体育在参与率低、体质健康下降、身体活动不足、学校体育课程不受重视和竞技体育后备人才缺乏等一系列现实困境,继而出台了用以解决掣肘难题、针对性强的具体方案。如在 1980 年到 2000 年这个阶段,霍克和基廷领导的工党政府针对儿童和青少年体育参与率低下的问题出台了一系列具有连贯性的"澳式体育"、"青少年体育下一步"和"保持势头 1992—1996"政策,这些政策都以学校作为促进青少年体育参与的主阵地,建立并不断加强其与社区、家庭、体育俱乐部等的联系。进入 21 世纪后,伴随着积极课后社区计划 AASC 开发出来并在不断完善的"为生活而运动"活动卡,通过精心设计的体育游戏循序渐进介绍特定的运动技能和战术,用以满足不同年龄段学生的身体素养发展需求,为学生在学校体育课程与课外体育活动提供了大量优质的运动游戏选择,极大促进了青少年的体育参与。随后 2015 年启动的"体育学校计划"

(Sporting Schools)正式取代 AASC 成为澳大利亚最大的校本体育参与计划，更加充分发挥好学校育人、育体的主阵地作用，并与家庭、社区、体育俱乐部多元联动，协同推动青少年体育参与。随着澳大利亚经济高速发展，青少年由于久坐、长时间使用电子设备、不良的饮食习惯和身体活动不足愈发陷入肥胖、近视、身体素质下降等体质危机，政府充分意识到青少年体质危机会引发健康问题、经济问题等一系列连锁反应。鉴于此，除了体育相关部门颁布的一系列提高青少年体育参与率的政策外，澳大利亚卫生部联合澳大利亚医学联合会、澳大利亚体育委员会等政府与专业机构，为了全面启动和实施身体活动促进计划，增强澳大利亚国民健康素质，于 2008 年首次启动制定了《身体活动与久坐行为指南》，并于 2012 年、2017 年和 2019 年分别进行了更新，其中将青少年版块（5—17 岁）又单独划分为儿童 5—12 岁和青年 13—17 岁 2 个部分[1]，体现出历任政府对青少年身体活动和体质健康的高度重视。从 1989 年的《霍巴特宣言》到 1999 年的《阿德莱德宣言》、2008 年的《墨尔本宣言》再到 2012 年的《澳大利亚课程纲要》、2015 年首个国家层面《健康与体育课程标准》颁布，澳大利亚在国家青少年教育目标上首先从将健康与体育课程列入核心学习领域之一到加强教育及课程改革，一步步明确学校体育教育的重要性，从地方课程到国家课程的研制直至最终实施，都是围绕着学校体育课程不受重视问题进行的。自澳大利亚体育学院 AIS 于 1981 年正式启用，除致力于澳大利亚运动员在重大国际赛事如奥运会和英联邦运动会上获得优异成绩外，它还相当注重竞技体育后备人才的培养。由澳大利亚体育学院和州/领地体育学院组成国家体育学院网络 NIN 便于更加系统科学地培养青少年运动员，从根本上解决竞技体育后备人才不足的问题。后来诸如 2001 年"促进澳大利亚的运动能力：一个更加活跃的澳大利亚"政策中的"奥林匹克青少年计划"（Olympic Youth Programme）和 2008 年"澳大利亚体育：新挑战，新方向"中针对 18 岁以下儿童和青少年群体引进的"地方体育冠军项目"（Local Sporting Champions）等都为天赋出众的青少年运动员打通了从基层向更高一级发展的路径。

此外澳大利亚的青少年和学校体育政策相当注重政策制定的科学性及循证实践。青少年和学校体育发展中暴露出来的各种问题都是建立在国家对儿童、青少年体育参与率及体质健康情况长期系统追踪调查基础上的。2015 年

① 张晓林，廖文豪，袁锋，约翰·桑德斯.澳大利亚《身体活动与久坐行为指南（青少年版）》的形成、特征及借鉴[J].西安体育学院学报，2020，37（04）：394-399.

10 月,澳大利亚推出了一项大规模的全国性的旨在追踪所有澳大利亚人体育参与情况的 AusPlay 调查,以后每一年都会更新调查统计结果帮助体育部门更好地了解国民参与情况,以科学的调查数据结果作为基础来指导新的体育参与策略制定。澳大利亚体育委员会于 2018 年颁布的首个国家体育规划"体育 2030"(Sport 2030)中第一个重点规划"建立一个更加活跃的澳大利亚"的现有问题阐述以及未来 2030 远景目标设定都是基于 AusPlay 的长期追踪调查结果。从 2019 年出台的"澳大利亚身体素养框架"来看,本国青少年身体素养 4 个关键领域及相应提升依据也均是建立在 AusPlay 调查基础上的。在此之前,政府也都会通过多部门联合成立的工作组对某一领域问题进行长期深入调查,并以最终发表调查报告的形式阐明现存棘手问题并提供相应决策建议。例如 1983 年众议院支出常务委员会发表的《我们玩的方式》("The way we PLay")报告的调查结果就是在全国范围内深入各州及领地经历 6 个月调查后得出的,强调了诸如政府对大众体育特别是青少年体育领域没有给予足够重视、资助过少以及学校和社区体育联系不够紧密的一些问题,并提出了相应建议作为今后的决策参考,该报告也成为澳大利亚体育政策快速发展的开端。1986 年颁布的"澳式体育"是由澳大利亚体育委员会下属的儿童体育委员会与州/领地政府、澳大利亚健康体育教育和娱乐委员会(ACHPER)以及众多国家体育组织(NSOs)进行为期 18 个月的共同调研磋商而归纳出了儿童青少年体育发展领域最棘手的六个问题,基于此而出台的具体解决方案。还有 1994 年颁布的国家青少年体育政策经历了从 1991 年 10 月召开的全国性会议:"青少年体育——传递的时候到了!"(Junior Sport-time to Deliver!)到 1992 年联邦参议院对"澳大利亚学校的体育和运动教育"进行了深入调查研究,发布了关于澳大利亚学校健康与体育教育的声明以及澳大利亚学校健康与体育课程概况,加之由体育、娱乐、教育等众多部门参与组成的工作组进行长期讨论、调查、研究才得出的成果。澳大利亚的学校健康与体育课程经历了从 1960 年前的地方课程到 20 世纪 80 年代被确立为核心课程,再到 2016 年国家课程实施,经历了长达半个世纪的调研、开发。

二、政策理念注重青少年体育兴趣培养,体育俱乐部在青少年体育运动普及和提高上肩负重任

"兴趣是最好的老师",如何更好促进青少年体育"始于兴趣,终于坚持,成于热爱"的态度一直是澳大利亚政府在制定政策时所考虑的关键要素。在

1986年"澳式体育"政策颁布之前，澳大利亚的体育运动项目对儿童和青少年的吸引力相当有限。各项体育运动都似乎只是成年人的游戏，竞争性太过于强烈且缺乏趣味性，更强调输赢却并非鼓励尝试，导致适合儿童青少年参与的运动种类、数量相当有限且未考虑到其身体、心理发展程度及特点，此外也没有任何激励儿童青少年体育参与的实质性奖励。因此很多儿童青少年对现有的运动项目望而却步，女孩的体育参与率更是低下。为此，澳大利亚体育委员会与体育、教育等众多部门及国家体育组织进行了超过12个月的研究与开发，以现有的成人运动项目为基础对包括运动场地、设施器材、规则等方面进行了适当修改，开发出了符合儿童身心发育情况的40多种如儿童板球kanga、无板篮球netball、儿童水球flipperball、儿童曲棍球minkey等体育运动资源，极大提升了青少年的体育参与兴趣。此外，"澳式体育"的一大亮点是它引入了"澳式体育奖"（Aussie Sport Award）作为对儿童青少年积极参与的奖励，奖励的初衷是鼓励儿童青少年"试一试"而不是"不惜一切代价争胜"。还有2012年伦敦奥运会期间，儿童青少年可在总理发起的"奥林匹克挑战"活动中通过积极的体育参与来获得"金、银、铜牌"和证书奖励。实质性的纪念奖章和证书对于儿童青少年来说是相当诱人的，更增添了他们参与到体育运动中去的兴趣。无论是工党还是自由党执政，青少年和学校体育政策出台也都是秉持着"兴趣化"原则，使得很多儿童在小学时期就能够因对体育产生了浓厚兴趣而坚持参加体育锻炼，更为他们对体育发自肺腑的热爱和日后终身体育习惯的养成奠定了坚实基础。"为生活而运动"活动卡通过精心设计的体育游戏这一充满趣味性的组织形式来开展高质量的体育教学指导，而非传统"填鸭式教育"机械灌输技能，更增添了青少年的体育兴趣，在提高儿童青少年体育参与率、传授运动技能及均衡发展其各领域身体素养助其全面发展的宗旨上达到了事半功倍的效果。1986年的"澳式体育"、2005年的积极课后社区计划AASC以及后来的"体育学校计划"（Sporting Schools）等政策中，学校教师、课后托管服务看护人员和体育教练等也都以儿童和青少年的兴趣为主导，积极向他们提供高质量的体育教学指导和服务以满足其多样化的体育需求。在各州/领地基础教育学段的中小学校，学校都致力于通过兴趣培养来普及各项体育运动。例如，据维多利亚自行车学院托米教授介绍，在维多利亚州，大部分中小学均具备自行车运动的场馆器材条件，学校鼓励学生参加自行车项目运动，主要目的是培养兴趣，扩大自行车运动人口[1]。

① 胡冰洋.澳大利亚竞技体育人才培养特点与启示[J].青少年体育，2016(11):138-140.

儿童和青少年可以根据自己的兴趣选择加入不同的体育俱乐部,作为最基层一级的体育组织,它始终坚持"普及与提高"相结合的原则。尤其是在儿童和青少年体育工作中,坚持业余性为其普及体育运动的理念,"以兴趣为主导"动员儿童、青少年广泛参与为基础,在学校、社区、体育俱乐部、公园等场所或机构开展青少年体育活动,澳大利亚的青少年运动员一般要经历体育俱乐部、州/领地最终至国家三级选拔,通过科学选材引导青少年运动员进行业余训练并结合精英培养,乃至最后的专业化和职业化发展①。纵观澳大利亚蓬勃发展的青少年体育俱乐部,它们都已经深入学校、家庭、社区广泛开展儿童、青少年体育活动,并与地方政府、单项体育协会、基金会、企业等组织达成合作伙伴关系,承担着为国家提高青少年体育参与率、普及体育运动和培养竞技体育后备人才的重任。在 2000 年本土举办的奥运会上澳大利亚获得了仅次于美国、俄罗斯、中国的辉煌战绩,2001 年由总理约翰·霍华德(John Howard)、体育和旅游部长凯莉(Jackie Kelly)在共同颁布的"促进澳大利亚的运动能力:一个更加活跃的澳大利亚"(Backing Australia's Sporting Ability:A More Active Australia,BASA)政策中大力提倡、鼓励儿童和青少年遵循自己的兴趣和现实需求加入不同的体育俱乐部,并帮助体育俱乐部更好招募新会员。随着政策的落地生根,越来越多的儿童、青少年加入了当地社区体育俱乐部,俱乐部也没有辜负政府的信任并充分发挥好其"以兴趣为主导"和坚持"普及与提高"相结合的原则,在提高儿童青少年体育参与率的初衷之上,为国家源源不断输送精英体育人才,在下一个奥运周期的 2004 年雅典奥运会延续了奖牌榜第四的辉煌。

三、政策强调整合政府及社会资源,重视跨部门合作及家校社俱协同推动青少年体育发展

澳大利亚的青少年和学校体育政策无论是从政策制定还是执行、评估等环节来看都强调多政府部门间的协同,其契合了英国布莱尔政府提出的"公共服务整合"(Joint-up service)理念。诸如 1994 年颁布的国家青少年体育政策(National junior sport policy:a framework for developing junior sport in Australia)是由澳大利亚体育委员会(The Australian Sports Commission)、澳大利亚体育联合会(The Confederation of Australia Sport)、教育总干事会议

---

① 柳鸣毅.国外青少年体育组织培育与政策监管研究[M].北京:科学出版社,2018:136-141.

(The Conference of Directors-General of Education)、体育和娱乐常务委员会(The Standing Committee on Sport and Recreation)和澳大利亚学校体育理事会(The Australia School Sports Council)五个政府机构联合成立的工作组还有国家体育组织 NSOs 共同商讨、研究才制定出的结果。在推进此政策执行方面,除了上述五个政府机构外,政策文本中还提到需由如澳大利亚教练委员会、澳大利亚卫生委员会、澳大利亚运动医学联合会、澳大利亚运动药物管理局等一系列国家机构[①]进行联合推动,此外还需要各州/领地政府积极响应,根据国家青少年体育政策框架灵活制定符合当地情况的配套实施政策来保障国家青少年体育政策在各地顺利落地。1996 年霍华德领导的自由党政府上台后更加注重体育政策的整合性,同年颁布的"活跃的澳大利亚:全国参与框架"(Active Austraia:A National Participation Framework)是由澳大利亚体育委员会 ASC、工业科学和资源部门以及卫生部门(Industry Science and Resources,and Health Departments)协同推动下进行的。为推动政府部门间的协作,特意设置了体力活动与健康跨政府部门战略合作论坛(SIGPAH),定期召开部门代表协作会议商讨政策实施问题[②]。"活跃的澳大利亚"也标志着体育部门开始摆脱孤军奋战的局面,积极与各政府部门特别是卫生部门合作,多元政府部门主体协同治理体育的格局逐渐形成。此后,2007 年陆克文政府上台之后一个重要举措即将体育部门划入卫生部,确保体育和身体活动是预防性健康议程的关键要素,以便更好发挥体育在建设健康国家中的关键作用。

研究治理理论的权威学者斯托克表示:治理意味着一系列来自政府,但又不限于政府的社会公共机构和行为者[③]。除了联邦层面的体育行政部门与其他政府部门间的协作外,青少年和学校体育的发展还需由地方政府、体育组织、社会团体等有拧成一股绳的合力协同推动,做到真正共建共治共享。澳大利亚政府注重通过国家体育部门加强学校、体育俱乐部、地方政府和社区之间的联系。如 1996 年"活跃的澳大利亚"在政策实施层面形成了涵盖学校、地方政府和提供体育服务的俱乐部的三层组织网络体系。它们各司其职、密切协作,此外还积极与不同领域的社会团体形成合作关系,从而共同构建了一个高效的青少年体育治理体系。在竞技体育后备人才培养方面,除了澳大利亚体

① The National Junior Sport Working Party by the ASC. National Junior Sport Policy:a framework for developing junior sport in Australia[M]. Canberra:Australian Government,1994.

② 孟宪欣.澳大利亚促进体育参与政策的历程、特征与启示[J].吉林体育学院学报,2016,32(2):40-45.

③ 丁煌.西方行政学说[M].北京:中央广播电视大学出版社,2009:324-327.

育学院和各州/领地体育学院对青少年运动员进行专业化、系统化、科学化培养外；儿童和青少年可以根据自己的兴趣选择加入不同的体育俱乐部，体育俱乐部遵循"在普及的基础上提高"原则，同学校、社区、家庭等其他社会组织密切协作，鼓励儿童、青少年体育参与并普及体育运动，在此基础上积极发现有天赋的儿童、青少年将他们推荐至地方体育学院甚至国家体育学院，在更专业的教练、医疗团队保驾护航下进行更加科学系统的运动训练以期创造优异成绩。例如在维多利亚州，有运动潜力的学生可以参加社会自行车俱乐部训练，在该州有56家自行车俱乐部，2万多名会员参与其中，每年大小赛事超过3 000场，由协会组织举办的比赛也有90次之多，洲际性比赛有5次，通过俱乐部基础训练与比赛，一大批苗子从中涌现①。纵观澳大利亚蓬勃发展的青少年体育俱乐部，它们都已经深入学校、家庭、社区广泛开展儿童、青少年体育活动，并与地方政府、单项体育协会、基金会、企业等组织达成合作伙伴关系，承担着为国家提高青少年体育参与率、普及体育运动和培养竞技体育后备人才的重任。自2015年启动的旨在帮助学生建立信心和能力，让他们终身活跃的"体育学校计划"（Sporting Schools）正式取代AASC成为澳大利亚最大的校本体育参与计划，以期更好发挥学校的育人、育体主阵地作用，并与家庭、社区、体育俱乐部紧密联系，协同推动青少年体育发展。在该计划的官网上设置有方便儿童、青少年根据自己的兴趣从篮球、足球、羽毛球、高尔夫等40种体育运动项目中快速定位附近的体育俱乐部并参与其中的界面。为了鼓励青少年积极加入体育俱乐部以促进其体育参与，除了澳大利亚首都领地外的6大洲和1领地全都覆盖了青少年体育俱乐部"州代金券计划"，用以帮助其支付注册和会员费（见图5-6）。除了政策评估中政府的主导作用外，积极引入第三方对政策执行效果进行专业、独立、客观的评估也是其在实践中的一大特色。

澳大利亚的青少年和学校体育政策在政策制定、执行、评估等环节都较好体现了联邦政府内部门、州/领地政府、地方政府、体育组织（特别是基层体育俱乐部）、学校、家庭、企业等社会各界间的协同配合，通过各方资源整合，使得优势得以互补，多元主体协同参与治理，都在朝着让澳大利亚青少年拥有更美好未来的目标发力。

---

① 胡冰洋.澳大利亚竞技体育人才培养特点与启示[J].青少年体育,2016(11):138-140.

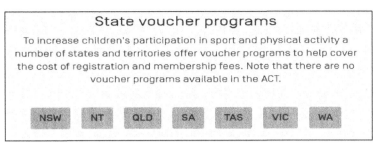

图5-6　澳大利亚青少年体育俱乐部"州代金券计划"①

四、政策导向注重平等与包容，强调政策目标群体的全员化覆盖

青少年和学校体育政策的全员化覆盖，政策利好惠及每一个儿童和青少年是澳大利亚体育一以贯之的重要特征。在强调平等与包容的基本原则下，无论是横向上的性别、种族、地域、社会经济地位、有无残疾、运动能力高低等，还是从纵向上不同年龄、不同学段来看，政策都注重全员化覆盖，充分考虑弱势群体感受，这也印证了联邦政府长久以来秉持的"Sport for all Australians"的理念。

长期以来，澳大利亚青少年女性的体育参与率相对于男性来说始终是有明显差距的。在促进女孩体育参与上，政府推出了一系列政策。自澳大利亚体育委员会于1992年3月颁布"在体育运动中实现性别平等"（Towards Gender Equity in Sport）战略旨在提高妇女和女孩体育参与促进体育中的性别平等作为一个良好开端起，到1999年推出的"妇女和女孩体育、娱乐和身体活动政策（1999—2002）"（National Policy on Women and Girls in Sport, Recreation and Physical Activity1999-2002）成为全球范围内最早的国家层面上的女性体育促进政策之一，之后又陆续出台政策作为改进和补充。联邦政府相当重视女性体育参与文化的建设与弘扬，多部门协同、政府机构与非政府组织合作共同推动女性体育参与，关注女性体质健康。除了宏观政策外，澳大利亚也相当重视配套方案的开发。如在"澳式体育"计划内部后期开发的"活跃的女孩"活动（Active Girls Campaign）以及卫生部门发起的、灵感来自

---

① ASC. Find a Club[EB/OL]. [2023-03-16]. https://www.sportaus.gov.au/schools/find-a-club.

Sport England 的"This Girl Can"倡议的"女孩行动起来"(Girls Make Your Move)等都旨在鼓励青少年女性体育参与,促使她们活跃起来、增强体质。还有一系列与女性办公室(the Office for Women)联合推出的女性体育领袖计划(The Women Leaders in Sport program)、澳大利亚体育学院人才计划(Australian Institute of Sport Talent Program)和澳大利亚体育学院运动员加速计划(AIS Athlete Accelerate Program)为青少年女性成长为优秀的体育行业领袖保驾护航。除强调性别平等外,政策充分考虑到土著人和托雷斯海峡岛民的体育参与情况,参照"为生活而运动"游戏活动卡还特意开发了几十种"Yulunga 传统土著体育游戏"(Yulunga Traditional Indigenous Games),有利于弘扬传统文化与提升土著青少年的身份认同。由于澳大利亚的移民大国地位,多元文化融合背景下促使决策者也同样考虑到来自亚洲、欧洲、美洲等其他大洲来的儿童和青少年体育文化融入情况。为了提高农村、偏远地域等经济欠发达地区青少年体育参与率,解决青少年体育发展不平衡、不充分的问题,很多政策都有提到增加对偏远地区学校和社区体育基础设施建设的投入,使所有青少年享有平等的体育参与机会。针对残疾青少年体育参与,从 1986 年的"澳式体育"为小学教师提供资源帮助他们为残疾儿童提供学校体育课程、1995 年的"愿意和能计划"(Willing and Able program)为体育俱乐部提供残疾青少年体育服务培训以及"体育学校"计划(Sporting Schools)为聋哑、听力障碍、智力残疾以及自闭症学生提供体育参与机会①,还有一系列诸如"活跃聋哑儿童战略计划 2014—2017"(Active Deaf Kids Program Strategic Plan 2014‐2017)的政策。除了普通青少年,澳大利亚对运动能力出众的青少年运动员培养也格外注重,澳大利亚体育学院 AIS 和各州/领地体育学院组成了国家体育学院网络 NIN 更加系统科学地培养青少年运动员,中、小学校和体育俱乐部都坚持普及与提高相结合的原则,在提高体育参与率、普及体育运动和挑选输送竞技体育后备人才上都发挥了重要作用。还有政策如 2001 年的"促进澳大利亚的运动能力:一个更加活跃的澳大利亚"和 2008 年的"澳大利亚体育:新挑战,新方向"中都有针对青少年运动员的特别拨款以助力其向更高水平发展,为国家竞技体育后备人才的培养增砖添瓦、贡献力量。

"十年树木,百年树人",一个孩子对体育兴趣的培养、体质健康的促进和

① Clearinghouse for Sport. SPORT AND PERSONS WITH DISABILITY[EB/OL]. [2023‐03‐16]. https://www. clearinghouseforsport. gov. au/kb/persons-with-disability-and-sport # australian_government.

终身体育习惯的养成是一个渐进而长期的过程。虽然刚开始在 1986 年实施的"澳式体育"以及后来 2005 年出台的积极课后社区计划 AASC 初始目标群体都仅是所有小学学段儿童,但随着各项政策的一步步落地生根,最终都发展到从幼儿到小学、中学的全基础教育阶段覆盖,真正涵盖了一个孩子生命中最为关键的成长周期。通过从横向上的性别、种族、地域、社会经济地位、有无残疾、运动能力高低等,以及纵向上的不同年龄、学段全员化覆盖,更好保证了儿童和青少年的体育参与、体质健康促进以及终身体育习惯养成,为所有儿童青少年的幸福美满人生做好铺垫。

第四节　启示与反思

一、启示

(一) 整合政府及社会资源,多元联动、协同治理,助力青少年和学校体育发展

澳大利亚的青少年和学校体育政策得以顺利实施,得益于多政府部门间的协同配合,以及"家—校—社—俱"的一体化推动。从政府部门间的合作上看,改革开放四十多年来,我国在青少年和学校体育政策发展上,政策制定主体也逐渐由最初是教育部门的独角戏,到后来愈发注重强调整合部门资源,国家体育总局、共青团中央等部门积极参与其中,多部委联合发文成为常态。2020 年 8 月 31 日,体育总局和教育部联合颁布的《关于深化体教融合 促进青少年健康发展的意见》中"加强学校体育工作"一项提到"教育部门要会同体育、卫生健康等部门加强对学校体育教学、课余训练、竞赛、学生体质健康监测的指导、评估和监督"。《意见》还明确提出"原则上需每半年召开一次由国务院办公厅、教育部、体育总局牵头,由中央宣传部、财政部、发展改革委、卫生健康委、共青团中央等 12 个重要相关部门共同参与的青少年体育工作部际联席会议,研究解决现存问题"。然而,虽然在政策文本中有对整合多部门资源协同推动青少年和学校体育快速健康发展的积极引导,但落实到具体操作的实践层面又遇到了"整合难、协同难"的困难。首先,这是长期以来不同职能部门间相互分割、各自为政的局面导致的,部门与部门之间建起了一堵"看不见、摸

不着"却又真实存在的墙。纵使上有顶层设计的积极引导,部门间的良性联系与有序互动却没有随之形成。各相关部门习惯于只关注部门内部的事务,固守只对上级主管部门下达任务负责的工作方式,相对忽视平级部门间的会商与协作,政策执行一定程度上出现了"碎片化"现象,部门割据的碎片化执行很大程度上影响了政策执行过程的有序推进①。其次,相关政策文本对"部门间的协同"只停留在宏观政策指导层面,具体政策推进过程中各部门应该怎样合作,各自在合作中的权责分工尚未落实到实践层面,不能精准地各司其职也在一定程度上影响了政策执行的效率和效果。而澳大利亚的青少年和学校体育政策文本中往往都有提及各利益相关职能部门的权责划分,如 1994 年颁布的"国家青少年体育政策"(National junior sport policy:a framework for developing junior sport in Australia)不仅明确了联合颁布此政策的包括澳大利亚体育委员会等五个政府机构的角色和职责,还明确了如澳大利亚教练委员会、澳大利亚卫生委员会等一系列国家机构在推进政策执行中的权责分工,此外还规定了各州/领地政府和地方政府在推进政策实施中的具体职责,各部门在实践层面有章可循,大大提高了政策执行的效率。此外,澳大利亚的青少年和学校体育政策也相当注重"家—校—社—俱"一体化推动青少年体育参与、学生体质健康促进与竞技体育后备人才培养的合力作用,各政策多倡导场地设施、专业教练等资源灵活共享以及鼓励儿童青少年在校外积极加入社区体育俱乐部,因此在政策执行效果上看也收获颇丰。然而我国在四位一体多元联动上存在诸如体育运动场地设施等的资源共享问题亟待解决,"家—校—社—俱"的一体化推进缺乏相应政策引导等一系列问题。所以,我国可以借鉴澳大利亚的有益经验,打破部门藩篱,整合各政府部门资源,在颁布的政策中明文规定相关职能部门在政策推进过程中的权责分工并做好监督、评估以提高政策执行效率;在助力青少年和学校体育发展的初衷上不断加强家庭、学校、社区、俱乐部体育的交流合作,互相达成一体化合作伙伴关系促成体育场地设施和专业体育教练员等资源的充分整合与灵活共享,化解因场地资源缺乏引发的"青少年有心却无地锻炼"以及因专业教练员资源紧缺而导致的"青少年运动技能水平参差不齐"等尴尬现象;积极助力青少年体育俱乐部培育、发展并在基层社区广泛开展青少年体育活动吸引更多孩子积极融入其中,优化其市场准入机制并简化相应行政审批流程,在学校这一育体、育人主阵地的

---

① 潘凌云,王健,樊莲香.我国学校体育政策执行存在的问题与应对策略[J].体育学刊,2017,24(02):80-84.

坚实基础上更好发挥体育俱乐部在青少年体育普及和后备人才培养上的"补偿效应"。通过上述途径积极整合政府及社会资源,多元主体协同参与治理,助推青少年和学校体育治理现代化的同时在对肩负中华民族伟大复兴重任的青少年培养上真正达到"文明其精神,野蛮其体魄"的目标。

(二)注重青少年体育兴趣培养,不断深化学校体育课程改革

纵观澳大利亚的青少年和学校体育政策,无论是顶层设计的价值观引领,还是较为具体的配套服务方案,或是学校的健康与体育课程,都可看出其非常注重青少年体育兴趣的培养。如伴随着积极课后社区计划 AASC 就开始发展的"为生活而运动"活动卡通过精心设计的体育游戏这一充满趣味性的组织形式来开展高质量的体育教学指导,更增添了儿童、青少年的体育兴趣,在提高体育参与率、传授运动技能的宗旨上达到了事半功倍的效果。该活动卡也与时俱进,不断改进完善,与《澳大利亚健康与体育课程标准》和《澳大利亚身体素养框架》保持步调一致性,也因此在学校体育课程、课后体育服务和课外体育活动中得到广泛使用。澳大利亚义务教育阶段的学校体育课程主要采取玩游戏的方式进行,让学生在游戏中产生对体育的兴趣,培养爱好,体育不再仅仅是一门课程,更是一种生活,体育课是为了帮助学生培养良好的体育观和体育习惯,增强体育活动的参与能力[1]。自 2015 年正式启动的体育学校计划(Sporting Schools)与众多体育俱乐部合作,在友好的俱乐部环境中提供有趣的体育项目,儿童、青少年可根据自己的兴趣从篮球、足球、羽毛球、高尔夫等40 种体育运动项目中找到自己家附近的青少年体育俱乐部并参与其中。与澳大利亚拥有多样化的体育课程模式相比,我国现阶段的体育课程模式仍非常少,尤其是基于国家课程标准开发的体育课程模式更是凤毛麟角,亟须补齐这一短板[2],单一的体育课程模式忽略了教育中学生的主体地位,教师机械地灌输式教学总让学生提不起兴趣,因此在技能教学后的练习环节学生也自由散漫、无心练习,加之临近课堂尾声的学习评价也多是流于形式,这些都极大影响了课堂学习效果,以至于很多学生在经历义务教育阶段的学校体育课程后甚至连一项运动技能都没有很好掌握。2021 年国务院办公厅颁布了《关于进一步减轻义务教育阶段学生作业负担和校外培训负担的意见》,其中提到"学校要制定课后服务实施方案,增强课后服务的吸引力。开展丰富多彩的科普、

---

① 蒋菠,JOHN QUAY,CUI XIA,等.中国基础教育体育课程改革新启示——基于澳大利亚创意身体教育课程模式视角[J].北京体育大学学报,2018,41(6):93-99.

② 季浏,马德浩.改革开放 40 年我国学校体育发展回顾与前瞻[J].体育学研究,2018,1(5):1-11.

文体、艺术、劳动、阅读、兴趣小组及社团活动"。虽在顶层设计层面对学校课后体育服务的顺利开展做出了积极理论引导,但"切实可行且可大范围推广的课后体育服务实施方案应该是怎样的""怎样提高课后体育服务的吸引力"还没有进一步阐明。因此,我国可以借鉴澳大利亚青少年和学校体育政策的有益经验,在 2022 年新课标体育与健康课程成为第三主科的利好背景下,针对青少年学生体质健康持续下降的问题,在坚持"健康第一"的教育理念基础上,注重青少年学生体育兴趣的培养,坚持问题导向、目标导向和创新导向的"三元导向"原则,不断深化学校体育课程改革以及"教会、勤练、常赛"的教学改革,真正落实"立德树人"教育根本任务;研发出与我国体育与健康课程标准以及包括运动能力、健康行为和体育品德的体育学科核心素养相呼应的儿童、青少年体育游戏活动卡片并坚持与时俱进、不断优化,通过生动有趣的体育游戏形式培养青少年对体育的兴趣和终身爱好;在课后体育服务中积极通过学校购买第三方服务的方式引入学生感兴趣的例如轮滑、街舞、跑酷等新兴趣味性运动项目,吸引一系列符合资质的、可提供此类体育服务的青少年体育俱乐部和校外培训机构等加入进来。通过上述措施使青少年产生对体育"始于兴趣,终于坚持,成于热爱"的积极态度,真正为国家培养出德智体美劳全面发展的社会主义建设者和接班人。

(三)完善青少年弱势群体的体育政策,细化政策目标、推进策略和相应量化标准

平等的体育参与是每个公民依法享有的基本权利之一,没有规律性的体育运动参与作为保障,全民特别是儿童、青少年的健康就无从谈起;没有全民健康,第一个百年奋斗目标达成全面建成小康社会的阶段性成果就难以稳固。中西部贫困地区青少年、残疾青少年、青少年女性、少数民族青少年等弱势群体在我国青少年人群中占有相当比例。据《2020 年中国残疾人事业发展统计公报》,到 2020 年全国残疾人社区文化体育活动参与率仅为 17.8%,距健全人群的体育参与率尚有较大差距。一项来自西部贫困地区的体育教学调查表明:由于师资力量不足,没有相应的器材设备,部分实施体育课程标准和基本不实施体育课程标准的学校占到了 76.3%,而在所授体育科目中,田径始终是贫困地区学校的主要教学内容,原因在于田径教学对场地器材的要求较低[①]。此外,女童及青少年女性的体育参与率在我国均低于同年龄段男性。青少年

---

① 李强.改革开放四十年中国青少年体育政策演进述析[J].成都体育学院学报,2021,47(1):56 - 62.

弱势群体没能较好享有平等的体育权利,究其原因即是在我国缺乏专门针对该类特殊群体的体育政策。当然,在越来越注重社会公平的原则下,我国的一些青少年和学校体育政策文本中也对某些特殊群体做出了特别关照。如 2019 年《体育强国建设纲要》提到"制定实施青少年、妇女、老年人、残疾人等群体的体质健康干预计划,推动残疾人康复及健身体育活动广泛开展""推动全民健身公共服务资源向农村倾斜,重点扶持革命老区、民族地区、边疆地区、贫困地区发展全民健身事业"。2022 年新修订的《中华人民共和国体育法》中明确强调"学校应当在体育课堂教学时,组织病残等特殊体质学生参加适合其特点的体育活动。病残等特殊体质学生的体育科目考核,应当充分考虑其身体状况"。然而,类似向青少年弱势群体倾斜的法规政策却仅停留在了宏观引导层面,缺乏具体的实践层面指导以及相应的量化标准。其次,我国目前还尚未制定国家层面的妇女体育和残疾人体育政策,很大程度上制约了该类青少年弱势群体的体育发展。此外,青少年体育"均衡发展"的理念虽已确立,相关政策也在积极破解体育事业发展不平衡、不充分的问题,但政策文本中仅有"国家采取财政支持"、"向农村倾斜"等流于形式的字眼,具体投资金额、谁投资等核心问题的避而不谈也削减了贫困地区青少年和学校体育迅速发展、迎头赶上的底气和信心。而澳大利亚对于残疾青少年、青少年女性、土著及托雷斯海峡群岛青少年等弱势群体的体育政策内容已较为详细,如自澳大利亚体育委员会于 1992 年 3 月颁布的"在体育运动中实现性别平等"(Towards Gender Equity in Sport)战略旨在提高妇女和女孩体育参与促进体育中的性别平等作为一个良好开端起,到 1999 年推出的《妇女和女孩体育、娱乐和身体活动政策(1999—2002)》(National Policy on Women and Girls in Sport, Recreation and Physical Activity1999‒2002)成为全球范围内最早的国家层面上的女性体育促进政策之一,之后又陆续出台政策作为改进和补充。"活跃聋哑儿童战略计划 2014—2017"等一系列针对残疾青少年颁布的政策也从目标、各相关职能部门推进策略进行了细致全面部署,较好保障了政策执行效率,为澳大利亚残疾青少年享有平等安全的体育参与权利保驾护航。澳大利亚在制定健康与体育课程标准时,也会充分考虑残疾学生的体育学习需求,个性化为其提供相应的体育课程。此外,澳大利亚联邦政府在各政策期限内对青少年和学校体育各领域的投入预算也会较为精确地在政策中展现出来。澳大利亚针对于此的顶层设计对于我国青少年弱势群体的体育发展具有重要借鉴价值,今后我们需要整合政府及社会资源尽快研制出专门的国家层面上的妇女体育、残疾人体育等一系列弱势群体的体育政策并在文本中将此类青少年人群作为政策重点关注对象;细化现有相关的青少年弱势群体的体育政策,开发出可操作性强的配套服务政策方案提高政策执行效率;尽可能清晰表述政策文本中理应存在的相应量化标准,对经济欠发达地区的青少年和学校体育事业发展提供有效且持续的资金支持,做到"扶上马,送一程";在国家体育与健康课程标准中加入适合残疾学生学练的体育课程内容,帮助他们更好增强自信、融入集体和社会;鼓励体育科学研究学者加强对青少年弱势群体的体育研究。

(四)鼓励青少年体育俱乐部发展,更好发挥其在青少年体育运动普及和提高上的作用

除基础教育学校外,澳大利亚的青少年和学校体育政策也相当注重青少年体育俱乐部在青少年体育运动"普及和提高"上所发挥的积极作用。1986 年的"澳式体育"政策中的"澳式体育俱乐部计划"(AUSSIE SPORT Club project)开启了澳大利亚以儿童青少年"兴趣为主导"、积极培育青少年体育俱乐部的历史,之后诸如 2001 年的《促进澳大利亚的运动能力:一个更加活跃的澳大利亚》和 2015 年的体育学校计划等都强调了青少年体育俱乐部在提高青少年体育参与率和培养竞技体育后备人才上的巨大功能和价值,鼓励儿童、青少年踊跃加入与自身兴趣相符的社区青少年体育俱乐部。除了有利的政策扶持外,用于俱乐部场地设施建设、日常运营管理等的资金投入可以说是体育俱乐部健康可持续发展的不竭动力。澳大利亚青少年体育俱乐部的发展除了享有联邦、州/领地、地方三级政府的财政支持和税收减免政策外,澳大利亚麦当劳体育信托基金机构作为一个为学校体育、青少年体育运动队、青少年体育俱乐部和青少年体育协会提供器材设施或资助的体育社会组织,为澳大利亚青少年体育俱乐部提供大量的资金和器材,促进青少年参与体育运动及体育活动的开展[①]。从 1986 年的"澳式体育"政策开始,政府即意识到在积极培育青少年体育俱乐部的同时,需建立并不断加强俱乐部同学校、社区、地方政府等的联系,甚至早在 1983 年的《我们玩的方式》报告中就有提到社区体育俱乐部发展需合理、有效利用学校体育场地设施,做好资源上的互惠互利。此外,体育志愿者也在澳大利亚体育俱乐部的快速发展中起到了不可替代的作用,每年约有 230 多万人参加体育休闲组织的志愿服务工作,占澳大利亚总志愿者

---

① 柳鸣毅.国外青少年体育组织培育与政策监管研究[M].北京:科学出版社,2018:118.

人数的 37%①。与澳大利亚较为完善的以青少年体育俱乐部为基石的青少年体育公共服务体系相比,我国的青少年体育俱乐部发展还处于"发展中阶段"。自 2023 年 1 月 1 日起施行的《体育法》中第六章第六十八条指出:"国家鼓励发展青少年体育俱乐部、社区健身组织等各类自治性体育组织。"2019 年《体育强国建设纲要》中也有提到"促进青少年体育俱乐部发展"。然而,从政策体系上来看,这显然是缺乏针对性和层次性的,如何"鼓励与促进"亟需出现在未来专门针对青少年体育俱乐部发展的国家层面专项法规政策和地方各级政府配套政策中,破解发展"源动力"受阻问题。在青少年体育俱乐部发展过程中我国还面临着如:青少年体育俱乐部对政府资金支持依赖性强,融资渠道单一,自身造血能力薄弱;由于缺乏政府和社会的积极引导,公民普遍缺乏"体育志愿者精神";俱乐部和学校的联系不够紧密,共享场地设施、专业教练等资源优势互补方面有待改进;俱乐部规模数量有限,不能很好满足青少年多样化的体育需求,在承担后备人才培养的光荣使命上更是任重道远等发展瓶颈问题。因此,我国在今后的青少年体育俱乐部培育上需借鉴澳大利亚的有益经验:在顶层设计上制定出科学系统且可行性强的各级政府青少年体育俱乐部发展规划,国家和地方各级政府的权责划分和投资预算上"谁支出、出多少"的问题都需在政策文本中做到具体细化,通过整体性、层次性、针对性的政策体系激发青少年体育俱乐部的发展活力;提高青少年体育俱乐部在社会主义市场经济体制下"实体化运营"和"自身造血"能力,广泛吸纳体彩、体育基金会、企业赞助等社会力量参与;在社会上大力弘扬无私奉献、互助团结、共治共享、平等包容的志愿者精神,鼓励热爱体育事业的各行各业人群加入体育志愿者和社会体育指导员队伍,破解俱乐部人力资源匮乏的问题,助力青少年体育俱乐部蓬勃发展;加强学校同青少年体育俱乐部的联系,在"双减"政策背景下学校课后体育服务中,学校向专业的青少年体育俱乐部团队提供场地设施资源,俱乐部通过降低相应收费标准向学生提供高质量、多样化、趣味性的体育服务,与此同时俱乐部也可更好吸纳招募新会员,真正实现资源整合,互惠互利的双赢局面;政府尽量做到权力下放,激发市场参与和社会治理的热情,但必须做好对青少年体育俱乐部的政策监管。通过上述一系列措施助力青少年体育俱乐部规模化、规范化、科学化、快速可持续发展,更好发挥其在青少年体育运动普及和提高上的积极作用。

---

① 汪颖,李桂华,袁俊杰,陈琳,李晨,武婧雅,王跃新,侯海波,苏钰莹,常利华.世界体育发达国家体育俱乐部发展经验及启示[J].体育文化导刊,2020(01):48-53.

二、反思

（一）澳大利亚政坛执政党之争造成青少年体育发展理念的动荡

政党制自 1901 年澳大利亚联邦成立以来一直是联邦议会制度的核心。第二次世界大战以来，澳大利亚政坛一直维持着澳大利亚工党和澳大利亚自由党两大党派的博弈格局。1891 年成立的澳大利亚工党与工会关系最为密切，代表的是普通社会劳工阶层的利益诉求，属于偏左翼的改良派政党。澳大利亚工党始终信奉"为全部普通大众创造一个机会、财富和权力掌握在多数人手中的社会，大家包容、团结和互相尊重地生活在一起"[①]。工党政府更加重视大众体育发展，充分考虑残疾人、妇女、土著居民等弱势群体的特殊体育需求。1944 年成立的澳大利亚自由党是一个偏右的保守性政党，主要代表的是工商业主、中产阶层和资产阶级的利益需求，它更加强调个人权利和政府最小化干预。他们认为体育完全是所有人的分内之事不需要过多干预、资助，在一定范围内可以任其自由发展，在政策上更加倾向于精英体育的发展。

20 世纪 70 年代前，由于自由党长达 20 年的独步政坛，体育的治理问题一直不在政府的议事日程里。1972—1975 年昙花一现的工党惠特兰政府的体育改革让人看到了澳大利亚体育学院成立以及针对二战后一直存在的青少年体质健康下降和体育参与率低等问题的相应青少年和学校体育政策随之颁布的可能性。然而伴随着 1975 年自由党弗雷泽政府重夺政权，良性发展势头被扼杀在摇篮，青少年体育政策发展也就此搁浅，青少年体育参与率、学生体质健康状况的提升和竞技体育后备人才的培养也就无从谈起了。1976 年蒙特利尔奥运会"零金牌的耻辱记录"可谓是醍醐灌顶，自由党政府也逐渐清醒，意识到大众体育和竞技体育发展的"原生态"格局亟待改变：于 1981 年成立澳大利亚体育学院，忍辱负重以竞技体育复兴为己任被迫开启了一系列体育改革。直到 1983 年霍克代表的工党政府又重新上台，由此至 1996 年长达 13 年的工党执政期间，如其"更加重视以青少年为重点人群的大众体育发展"的初衷，"澳式体育"、"青少年体育下一步"、"保持势头 1992—1996"等政策接踵而至，青少年和学校体育得到快速发展。然而，此阶段工党政府也愈发意识到发展精英

---

① House of Representatives(standing Committee on Finance and Public Administration). Going for gold: The first report on an inquiry into sports funding and administration[R], Canberra: The Committee, 1989:56.

体育所能够带来的巨大价值,甚至一定程度上能增加其在竞选时继续击败自由党的砝码。因此越往后,工党政府的体育发展重心也逐渐偏离了其初衷,向精英体育领域倾斜,刻上了深深的"政治烙印"。虽然从 20 世纪 80 年代末汉城奥运会第 15 名的成绩到 1996 年亚特兰大一跃成第 7 名的"改头换面"让其尝到了服从政治目的、转变体育发展思路的甜头,但其似乎没有控制好精英体育和大众体育之间的平衡,青少年体育参与率、学生体质健康状况又开始进入了恶性循环,整个澳大利亚国民也变得越来越不活跃。1996 年霍华德领导的自由党以"鼓励参与者,发展冠军"(Encouraging Players, Developing Champions)和"在精英体育成就和大众体育参与间寻求平衡"(striking a balance between elite achievers and grass roots participation)为其争夺政权的体育发展理念,因拥有了更加均衡的发展理念而顺利击败了工党重获执政权。自此之后澳大利亚的体育政策更加注重均衡性、全局性和连续性,虽然工党和自由党一直在进行激烈的政治博弈,体育发展理念也必然存在分歧,但大都一改新的政党上台就盲目全盘否定前任政府的一切体育发展思路,变为"取其精华,弃其糟粕",辩证地去批判、继承。此前政党之间在体育领域所固有的分歧似乎也表现得不那么明显了,而在执政期内取得更多的体育发展成果成为他们的共同目标,在这个阶段,政府也不再轻易否定其前任的政策成果,而是在寻求不断地改善与改进,进一步推进体育的发展向更高层次演进①。虽然后来执政党积极反思并尽量避免此类问题再度出现,但不可否认因执政党之争确实造成了青少年体育发展理念的动荡,阻碍了青少年体育健康快速发展。

　　然而,在我国就完全不存在澳大利亚的那种"困扰"。中国共产党自1921 年成立以来,始终把为中国人民谋幸福,为中华民族谋复兴作为自己的初心使命,党团结带领人民取得了新民主主义革命、社会主义革命、改革开放和社会主义现代化建设的伟大成就。我们要坚决拥护党的领导,在习近平新时代中国特色社会主义思想指引下,落实最新的《体育法》及一系列青少年和学校体育政策要求,始终把提高青少年体育参与率,促进学生体质健康和积极为国家培养竞技体育后备人才作为自己最崇高的使命任务,"文明其精神,野蛮其体魄",为国家培养德智体美劳全面发展的社会主义建设者和接班人。

---

　　① 浦义俊,吴贻刚.澳大利亚体育政策设计的历史演进及特征[J].武汉体育学院学报,2014,48(05):21-25.

(二)体育俱乐部建设需立足国情,明确学校育人育体主阵地的价值定位

澳大利亚历来相当重视对最基层的社会体育组织(体育俱乐部)的培育,以体育俱乐部为基石的社区体育发展思路已有悠久历史。1996 年的《活跃的澳大利亚》政策希望通过地方政府、学校和私人体育服务供应商(体育俱乐部)三层网络体系的合力去提高青少年体育参与率,这三层网络体系向青少年提供结构化或非结构化的体育参与机会,政策目标是促进青少年的身体活动而并非局限于结构化的俱乐部体育活动参与。然而 2001 年颁布的《促进澳大利亚的运动能力:一个更加活跃的澳大利亚》政策理念有明显的转变:它仅对呼吁青少年更多加入体育俱乐部并参与有组织、结构化的俱乐部体育运动有明显侧重,而甚至忽略了学校和家庭在提高青少年体育参与率上的积极作用[①]。

若过分依赖体育俱乐部在促进青少年体育运动普及和提高上的作用,便可能会出现以下几个问题:1. 来自偏远农村、土著地区和托雷斯海峡群岛等地的青少年因当地俱乐部资源有限和家庭贫困无法缴纳加入俱乐部的会费如何才能与经济发达地区青少年享有同等的俱乐部参与体验。且俱乐部的运动一般而言竞争性、规范性都较高,对于运动能力一般、残疾青少年、青少年女性、土著青少年、农村地区青少年等弱势群体在俱乐部体育环境中是否会遭到歧视和排挤,糟糕的俱乐部体育参与体验可能会打击其之后继续参与体育运动的热情从而影响终身体育参与。2. 跑步、钓鱼、游泳、散步和澳大利亚专门为青少年开发的游戏活动卡等日常休闲运动往往是不需要在俱乐部环境下就可进行的,而像篮球、板球、足球等集体对抗性项目则一般在俱乐部环境中开展较多。然而就绝大多数儿童青少年而言,他们课后更倾向于充满休闲性、趣味性以及竞争性小的一些身体活动,影响学生校外体育参与的往往是非俱乐部环境下的运动。3. 体育俱乐部是最基层的社会体育组织,澳大利亚的体育俱乐部自治程度高,若过分依赖体育社会化发展,在资本主义市场失灵环境下俱乐部运营可能会出现混乱情况。4. 学生在校生涯会因为学校和俱乐部的紧密联系而更多地参与体育运动,一旦毕业脱离了学校环境,可能会因与学校、体育俱乐部的疏离且平时又没有养成规律性户外休闲锻

---

① Bob Stewart, Matthew Nicholson, Aaron Smith and Hans Westerbeek. Australian Sport: Better by Design?: The evolution of Australian sport policy [M]. 2 Park Square, Milton Park, Abington, Oxon, OX14 4RN:Routledge, 2004:92.

炼的习惯而导致身体活动不足,影响终身体育参与。且澳大利亚人口老龄化问题严重,年纪越大的人越不倾向于参加竞争性、规范性高的俱乐部体育活动。5. 志愿者在体育俱乐部发展和日常运营上起到关键作用,疫情肆虐、经济下滑等一系列问题的制约下志愿者参与热情会衰减,俱乐部体育活动开展情况也受到影响。

因此,我国在未来体育俱乐部发展问题上不能忽视它在提高青少年体育参与率、促进其体育运动普及和提高上的重要作用,但要立足国情,明确好政府、市场、社会的角色和职责,积极培育青少年体育俱乐部等一系列青少年体育组织,建立并不断加强青少年体育俱乐部和学校、社区、家庭的联系,多元联动、各司其职、协同治理,助力青少年体育健康可持续发展。然而,最重要的还是要明确学校育人、育体主阵地的价值定位,以学校体育课程、学校组织的体育比赛和课外体育活动等学校体育关键要素作为主要载体充分发挥好学校在提高青少年体育参与率、促进学生体质健康和培养竞技体育后备人才上最为基础性和关键性的作用。与此同时,不断谋求体育俱乐部发展的最优路径,使其在青少年体育运动普及和提高上的"补偿效应"最大化。

第六章 日本的青少年和学校体育政策

在 2021 年结束的东京奥运会上,日本是除中国外亚洲获得奖牌数目最多的国家,创造了日本参与奥运会以来的最佳成绩。日本体育的快速发展离不开对优秀竞技人才的培养,更离不开日本对青少年和学校体育的大力支持。我国与日本同属于亚洲国家,人种也同为黄种人,传统文化也有其共通性,在人体形态和身体机能方面有一定的"共同语言"。日本政府早在明治维新时期,就开始关注青少年身体素质和重视学校体育的发展。在二战后,日本政府更是在增强学生身体健康素质等方面加大了投入力度,如学生膳食营养、学校午餐制度、学生健康饮食教育等,并且不断制定和更新学校体育政策的相关内容,为提高学生体质健康提供保障。进入 21 世纪后日本政府更加重视青少年体质的提高,颁布相应法规,规范具体措施;呈现学校—家庭—社区共同协作以此促进青少年体质健康,提高体力活动能力;以及日本较早发展幼儿体育,有相对完善的幼儿体育教学模式,为其拥有健康体质和使其能在青少年阶段更加顺利地参与体育活动奠定基础。

日本的青少年和学校体育政策的制定始终围绕当时社会的需求,在充分考虑政策可行性的基础上制定和实施,服务于日本特定时期经济和社会的进步和发展,并在保障经济社会向前迈进的过程中,切实有效地提高了本国青少年的身体健康状况,形成了一整套完整科学的且具有日本特色的体育政策体系。尽管在政策实施过程中,日本青少年体质并非处于一直增长的状况,也出现了一定时间的停滞甚至倒退。但不可否认,日本在提高青少年体质健康上的许多措施,例如完善的法律制度体系、科学的保健制度以及全面的青少年体质监测评估体系等,对我国来说,具有较高的借鉴价值。为推动青少年健康发展,以培养德智体美劳全面发展的社会主义建设者和接班人为目的,努力推动青少年学生文化知识和体育锻炼协调发展,加强学校体育工作。我国应该根据实际国情和青少年身体素质发展及学校体育政策发展现状,借鉴日本的政策经验,制定和调整学校体育政策法规、重视幼儿体育的发展、健全科学合理的膳食制度及完善青少年体质监测评估制度等方面来促进我国青少年和学校体育政策的发展。

第一节 日本青少年和学校体育政策的演进脉络

一、第二次世界大战前的青少年和学校体育政策

(一) 明治时期

1. 背景

幕府末期,一方面社会急剧动荡,不仅新兴的资本主义跟传统的封建社会有着不可调和的矛盾,并且幕府跟它的支柱(武士阶级)之间也出现了矛盾。另一方面美国"黑船来航",日本的大门被西方列强强制打开,让处于封建落后的日本面临西方国家的巨大威胁。此时的日本内忧外患。

1863 年,日本爆发了明治维新运动。这次运动推翻了统治日本近三百年的德川武士政权,建立了以天皇为中心的新政权,废除了封建锁国的制度,推行现代化政策,提出文明开化、殖产兴业、富国强兵等发展目标。

通过明治维新力求崛起。日本发现自己与西方的巨大差距不仅仅是在科技方面,在体力、体格方面也与西方相去甚远。于是在明治政府的推动下,日本对身体及身体健康表现出了前所未有的重视,如谋求人种改良、开始食肉、推广卫生知识、引进西方解剖科学、重视学校卫生保健等。日本近代学校体育是在政府对国民的身体与健康强烈关注的背景下应运而生。

2. 相关政策

明治五年(1872 年)日本文部省颁布近代史上第一个体系完备的教育法令——《学制》,揭开了日本教育改革的序幕,奠定了日后教育改革的基础。其中规定小学开设"体术"课程,体育课程从此有了制度规定[①]。同时"体术"也作为体育的教学科目被认可。中学则以同年日本文部省所颁发的《外国教师教

---

① 今村嘉雄.日本体育史[M].东京:不昧堂,1970:343.

学规则》规定了体操作为体育教学科目,然而,当时体操的学习时间主要是安排在每周乐器演奏 30 小时以上的时间①。根据东京大学教授岸野雄三的记载,1874 年,教师用的教科书有多种版本出版,主要是以体操为中心体育教学②。由于当时学校老师对体操的不理解以及运动经验的缺乏,加上社会带有浓厚的封建思想观,体育教育还处在萌芽阶段。

1879 年日本文部省将《学制》改为《教育令》,使其得到进一步修正和完善。在《教育令》颁布次年的《修正版小学教则》中,"体术"变为了"体操"。规定各年级均设置"体操",每天一至二小时,内容主要以德式徒手器械体操为主,其次是游戏。推行初期,守旧势力极力反对,加上师资的缺乏,《修正版小学教则》并没有在全国各地执行,各地区学校内容趋同,基本上以从德国、法国引进的体操和游戏为主。"学生夏身着单衣,冬天里面穿带有里子内衬的和服,外披坎肩。无论是单衣还是带里子的和服,都有袖兜,并且披着斜饰带",这是对当时体操教学时学生服饰最生动的描述。

1878 到 1886 年,日本设立了国家性质的体育研究机构和体育师资培养机构——体操传习所,是一所专门教授与体育有关的各项学科,并培养体育学教员的学校,体操传习所的设立符合本国的体育教育理念",体操传习所使用的体育、体育学等专业词汇中加入了解剖学、生理学、卫生学等学科内容,建立了体育的科学研究基础。设立体操传习所的动机主要是批判偏重知识的教育和警惕欧化倾向,然而也是从这时候开始,日本才逐步出现摆脱模仿外国、符合国情的体育教育方针。日本政府还从美国聘请"利兰德"(也有称为李兰多)博士任教,这使日本的学校体育向前迈进了一大步。在日本任教期间,利兰德对适用于日本的运动法《普通体操》做了研究,在这里奠定了日本的体操基础。一方面,"体育有即兴"的思想普遍存在,有关资料记载了学生穿着和服,套着传统的外套,穿着木屐,用手来接球等运动③。另一方面,运动的概念在这多年间被消化和理解,学生之间出现了运动小组,棒球、船技、田径等各种比赛逐渐兴起。当时,运动会在小学和专业学校流行,种类以田径为中心,娱乐相对少的农村也开始举办运动会,这对体育的普及和启蒙做出了一定的贡献。

但最初以增进青少年健康和增强体力为目的的体育教育,却增添了军国主义色彩。1886 年日本政府又制定颁布了《学校令》,包含了《小学校令》、《中

---

① 万峰.近代日本史料[M].北京:中国社科院出版社,1981.

② 岸野雄三.体育史学[M].白澄声,译.北京:人民体育出版社,1982.

③ 丸山真男.日本政治思想史研究[M].王中江,译.北京:三联书店,2000.

学校令》等。其中《小学校令》规定小学设4年制寻常小学(初小)和4年制高小,让儿童接受普通教育;《中学校令》规定中学分为5年制寻常中学和3年制高级中学。《学校令》的颁布不仅顺应了时代的发展趋势,而且奠定了日本近代学校制度体系的基础。

《小学校令》规定在基础小学及高等小学中均设立"体操"科,在1890年《小学校令》进行了修正,在《修正版小学校令》中,明确规定了小学教育的目的:"重点是关心儿童身体发育,并教授道德教育、国民教育基础以及必需的普通知识技能。"值得关注的是,其明确指出"教育的基本是关心儿童身体的发育"。同时,道德教育、国民教育的要求也反映了时代的特征。1890年是日本政府发布《教育敕语》的年份,这一年确立了所谓战前教育的基础。

由表6-1可知,尽管《改正小学校令》缩短了小学体操的练习时间,但因地制宜,男女区别对待,为摆脱完全模仿外国、制定适合本国国情的学校体育制度迈出了新的一步。然而,在当时的情况下,并没有设立专门的体操学校,相当一部分地区没有体操设施。1891年,日本政府为此制定了设备准则,在校舍附近设置了体操场。

表6-1　《小学校令》与《改正小学校令》体操授课时数的比较

	基础小学	高等小学
《小学校令》	每周6小时(包括唱歌)	每周5小时
《改正小学校令》	每周3小时	男生3小时、女生2小时

小学体操的目标是培养学生身体成长均衡且健康,身心愉悦并养成刚毅的品质,要求学生遵守纪律,养成良好的生活习惯。基础小学阶段最初是玩游戏,后逐渐加入普通体操,一部分男生加入军队体操。而高等小学则规定男生练习军队体操,女生练习普通体操或玩游戏。此外根据各地情况,政府还积极鼓励利用部分上课时间或课外时间指导户外运动,如游泳、田径等。体操训练的重要目的在于使学生身心的均衡发展及培养集体生活意识,是从生理、心理及社会性方面制定了体育的目标。之后,虽然法令中的要旨词句出现了些许不同,但体育的目的依然得到了传承。

然而,当时小学教育的进展其实并未与最初的设想一致。1894年,日本文部省向各道府县发布了训令,要求不可太偏重知识教育而轻视了体育的发展。1902年,《小学校令》再次得到修正,施行细则提及室外体操场、室内体操场,并明确指出室外体操场的标准面积,在基础运动设施方面取得了明显的进步。1907年,《小学校令》进一步得到修正,基础小学变为6年,高等小学变为

2—3年。体操中关于游戏、普通体操、军队体操(男生)的内容与前述保持一致,并未改变。

在《中学校令》规定:"体操的要旨是促进身体各部位的均衡强健发育,使四肢动作机敏,使身心愉悦并培养刚毅品质,并要求遵守纪律,崇尚协作,养成良好习惯",可见培养目标与小学完全相同。《中学校令》在1899年进行修正,体操变为每周3小时,设普通体操和军队体操。1902年,日本政府制定了中学教育细则,将体操分成普通体操与军队体操,普通体操包括矫正术、徒手体操、哑铃体操、球杆体操、棍棒体操等;军队体操包括徒手柔软体操、徒手单独操练、徒手小队操练、徒手中队操练、器械体操、号令学习。其中还规定了体操的时间分配和授课内容,同时规定体操练习的时长,在基础中学为1—3年每周3小时,4—5年每周5小时;1—3年的内容主要为普通体操,4—5年在普通体操的基础上加入了军队体操。高等中学为2年制,体操练习的时间为每周3小时,内容为军队体操(见表6-2)。

表6-2 中学体操的练习内容与时间

	基础中学	高等中学
内容	1—3年,普通体操 4—5年,军队体操	军队体操
练习时间	1—3年,每周3小时 4—5年,每周5小时	每周3小时

与此同时,受当时的甲午中日战争的影响,剑术和柔道也被关心重视起来。1882年的剑道馆创设、1895的大日本武德会的设立,传统武术在当时的日本似乎又复活了。当时的课外体育运动也同时兴盛,有组织的小组活动和校友运动、竞技项目开始频繁举行。如赛艇、棒球、柔道、剑道也都是当时的热门比赛项目。

学校体育受中日和俄日战争的影响,体育课的教学指导问题已经成了次要,国民体育的振兴发展被重视,学校成为振兴国民体育的出发点、从国家的振兴角度出发被重视和发展。1897年,关于《学生身体检查规定》中提到,学校卫生法改善、体育问题开始从保健卫生上提出。1900年开始实施的身体检查统计。另一方面,瑞典体操从国外传入,成了游戏和研究的对象,学校的体育制度开始呈现复杂多样化[1]。

---

① 永井道雄.近代化与教育[M].王振宇,张葆春.译.长春:吉林人民出版社,1984.

前面所提到的以普通的体操为中心,"利兰德"所教授的体操传习所和学校的体育教学,由于理论指导的欠缺与教学方式的死板,对教材发展没有起到太大的变化,因此在教学中有重复教学的倾向,学生对此种教学方式没有了太大的兴趣。此时,以解剖为基础的瑞典体操被介绍传入日本,体育教学在生动游戏中进行,在当时很受学生的欢迎。此时的日本学校体育制度处于相对混乱的局面。1904年文部省颁布了《体育游戏调查会》,以及1907年文部省与陆军省共同颁布的《文部陆军的共同调查会》,试图提出其统一方向,将瑞典体操替代兵式体操和普通体操,但没有根本解决其混乱问题。直至大正时期,《学校体操教授项目》颁布,原来的混乱局面才一时得到了安定①。

当时学校体育的特征,主要是游戏占了体育教学内容的三分之一,同时柔道和剑道也成了体育教学关注的对象,而且开始由单纯的体育教学逐渐引导专业选手的转变,体育教学准备为专业选手的培养打基础。当初完全以男子为中心的体育运动,开始有女子项目的出现。

日本明治维新时期学校体育政策的变革主要经历三个阶段:初期的照搬照抄,中期的适当调整,后期的完全模仿。明治初期,日本学校体育大规模、全方位吸收西方体育思想和学校体育制度。只要是西方的体育项目,日本就通通接受,并视为"法宝",让国民"努力修炼"。不可否认,西方大量体育项目的传入使日本学校体育内容得到丰富和充实,极大地促进了学校体育的发展,起到了不可磨灭的作用。明治中期,由于前期对西方政策的照搬照抄,学校体育的改革不同程度地暴露出许多问题,也就从这时起,日本警惕欧化,逐步出现摆脱模仿外国、符合国情的体育教育方针,政府不断地加以修正完善。但在建立近代天皇制以后,传统的封建思想不仅没有削弱,反而得到加强。受"教育束令"和军国主义影响,日本本土的儒学思想和武士道精神又死而复活。日本学校体育正是在这种斗争和"求变"的过程中得到发展,既学习了西方先进知识又融合了本国特色思想。从1872年《学制》中的体术到1879年《教育令》中的普通体操和军队体操,都可以很明显地说明这一点。明治后期,由政府派出留学欧美的留学人员陆续回国,将国外学校体育先进经验带回日本,使瑞典体操成为学校体育的主线,加上当时日本的一些传统项目如剑术、柔道等运动也甚为流行,学校体育制度呈现复杂且多元化的局面。

---

① [日]尾形裕康.日本教育通史[M].东京:早稻田大学出版部.1981:178.

（二）大正时期

正如前文所提,明治末期学校体育指导思想出现了混乱的局面。这一局面在大正时期有所改善,主要表现为文部省颁布的各种文件纲要,从《体操游戏取调委员会》到《文部陆军共同调查会》,再到 1913 年日本最初公布的《学校体操教授要目》。《学校体操授课纲要》的颁布正式确立了以瑞典体操为主轴的学校体育,教学时的对象以体操科的基准,在限定的时间内为更好地提供学生的学习的机会,瑞典体操(瑞典体操可分成 4 大类,即教育体操(以身体各部位自然、协调发展为目的)、兵士体操(以熟练使用武器、对付敌人为目的)、医疗体操(以矫正身体偏缺,促使身体均衡发展为目的)、健美体操(以表现人的思想感情为目的),主要特点是强调身体各部位及身心的协调发展,其形式分为徒手和器械两大部分。)被作为主体体操进行教学,这对日本学校体育产生了很大的影响。学校体育的内容包括,小学校的《体操》《教练》《游戏》,中学的《击剑、柔术》4 部分。体操科的教学教案和教学目标示例如表 6-3 和表 6-4 所示①。

表 6-3　小学 5 年级体操教案

教授阶段	教材	顺序	项目
开始部分	教练	教练	整队・斜前进
	体操	头	头左右转
		上肢	臂左右・上・前及下伸
中间部分	体操	胸	臂上伸(开脚)上体后屈
		悬垂	前方斜悬垂
		平衡	脚前伸
		背	手颈(直立)上体前屈
		腹	腰挂上〔手腰)体后倒
		躯干	片臂上伸(开脚)上体左右屈
		跳跃	斜跳跃
	游戏	游戏	纲引

---

① 屈松武一.日本近代教育史[M].东京:理想社.1963.

续　表

教授阶段	教材	顺序	项目
结束部分	教练	教练呼吸	横队前进
	体操		臂前上举侧下

表 6-4　体操科的教学目标

目标培养的内容	目标要素
1. 身体各部分的均衡发展(形态)	身体方面
2. 身体各机能的完全正确发展(机能)	
3. 身体运动的灵敏发展(技能)	
4. 坚定的意志	精神方面
5. 良好的团队协作精神	社会方面

然而,正当日本学校体育制度要向正规化发展时爆发了第一次世界大战。随着第一次世界大战的爆发,学校体育又被呼吁以军事化体育为主导,比如东京大学校长山川健次郎于 1916 年在杂志《教育实验界》发表《无价值学校兵式体操》的论文。朝日也在《学校兵式体操的改善》提到,学校体育与战时体制的转变。其最简单的方法是,陆军派遣现役士官去学校进行军事教学。1925 年 1 月文教审议会提到启用学校教学法案。1926 年 4 月 13 日,《陆军现役将校学校配属会》被法令为《教练教授要目》。另一方面,以儿童为中心的体育也开始对国家主义体育有了抵抗,提倡民主政治。提出全民平等的运动口号,对学校体育面对的问题放大化作出了批判。民间曾一度出现了建立新型教育理念和目标的趋势,很多中小学都进行了教学改革的实践活动,倡导体育教育的自由主义改革在全国广泛地开展起来。中村春二的成蹊小学、柳政太郎的成城学园、羽仁毛卜子的自由学园等都进行教学改革实践活动,学校体育呈多样化局面。大正后期日本文部省对学校教育进行了一系列改革,1919 年(大正 8 年)修改了《小学校令》《中学校令》和《小学校令施行规则》《中学校令施行规则》,发布了《高等学校规程》《高等学校教员规程》、"学校传染病预防规程"和"青少年近视及其预防的训令",规定了高等学校体操课每周必修 3 课时、体操科教员免许证的相关事项,临时教育会做出了废止《临时教员委员会官制》,设置《临时教育委员会》的决定。1921 年设立学校卫生课,1922 年又公布了《学校健康法》《未成年者饮酒禁止法》,东京高等师范学校设立体操科临时教员

养成所,文部省设立学校卫生调查会等。在这一系列的规则与指令中,打破了原来单一的"国民皆兵"的军事体育思想,出现了自学主义、自动主义、学习主义、儿童主义等体育思想,其主流呈现出自由主义体育趋向。自由主义体育提倡学生自学、自习和自由创造,对游戏以外的教材要求游戏化。如1926年颁布的《学习体操教授要目》提出以国民体育的合理振兴为重点,应对教学的目的做改正,修正以国家主义为背景的学校体育。要求学校体育教学的内容应以体操、教练、游戏为竞技、剑道及柔道等项目进行教学。与此同时,这一过程强调了体育合理化,对学校体育的军事化做出了检讨。而且从国民体育振兴的基础出发,来扩大体育行政组织,设立了国立体育研究所。竞技体育的发展随着选手制度出现而被打破(表6-5)[①]。女子体育运动也开始列为考虑对象。

表6-5 大正到昭和年代的最初行政机构变迁

时间	机构名
大正5年6月15日	学校卫生官的设立隶属普通学务局第二课
8年6月11日	学校卫生由普通学务局第五课专管北丰吉担任课长
10年6月23日	文部省大臣官增设学校卫生由日常事务、医务、教授卫生、体育运动四部分
11年5月4日	学校卫生调查会官制公布
13年6月10日	地方学校卫生职官制公布
13年10月25日	体育研究所管制公布
昭和3年5月4日	学校卫生课改名为体育课
4年1月27日	体育运动评议会
5年8月8日	地方体育运动职员制度公布

（三）昭和时代

1926年(昭和元年),日本进入了昭和年代,从昭和元年开始直到1937年日华"七七卢沟桥事变"(昭和12年),在昭和初期日本由于受美国教育思想的影响,继续推行自由主义教育。其中最值得关注的是修改了《学校体操教授要目》,其中将西洋外来语的运动项目名称都改成了日文,如"ウァレーボール"改成排球,"ホップ·ステップ·エンド·ジャンプ"改成三段跳,"ハンドボー

---

① 钟启泉.日本教育改革[M].北京:人民教育出版社、1991.

ル"改成手球等。并对一些运动项目进行了日式化改造,体操、教练、游戏与竞技为小学和女校共同教材,剑道、柔道为中学和师范学校男子必修教材,弓道教材各学校酌情增加,女子学校和师范女校增加了薙刀(なぎなた)项目。改正后的"要目"在上课时要求游戏和竞技教材灵活运用,合理安排教材,充分考虑学生的身心特点。日本近代学校体育史将这一时期称为昭和第一期体育。在 1931 年(昭和 6 年)发生了"满洲事变",日本政府修改了《中学校施行规则》《师范学校规程》《高等学校规程》,重视武道,首次将柔道列为中学必修内容,并且体操达到了有史以来的最高学习课时每周 5 课时。同时为了加强对学生的思想控制,文部省设立了"学生思想问题调查委员会",昭和 9 年又升格为"思想局",从而加强了用皇道思想统一日本教育思想的方向,这时的体操课带有明显的军国主义色彩,把"国民精神振兴"、"国体明徵思想"作为体育发展方向的思想对策。这一时期,昭和初期自由主义体育思想与实践虽然继续向前推进,但由于政府的指令调控,增加了武道教材,军国主义开始抬头,自由主义体育思想朝着军事与政治目的的方向转变。

二、第二次世界大战中的青少年和学校体育政策

1937 年(昭和 12 年)满洲事变的扩大以及 7 月 7 日"卢沟桥事变"爆发,日本加紧了对外扩张的步伐,想避免长期战争的形势影响着日本体育,这与昭和初期相比其性质出现了一定的变化。1937 年 5 月发布的"学校教练教授要目"和 8 月份颁布的《国民精神总动员实施要纲》在排斥美英思想的同时,自由主义运动遭到批判,将武道作为教育国策的第一主体。在行政方面,1938 年,由于军队的强烈禁言厚生省被设立,原来的文部省分为文部和厚生两省。文部主要负责学生的体育运动,厚生则主要负责国民的体育及运动。当时最大的特征主要表现,1939 年"体力章检定"、1940 年"国民体力法"的制定,标志着国民体力的国家管理开始[①]。

在《国民精神总动员实事要纲》中,制定了《中学校体操教授要目》《师范学校体操教授要目》《高等女学校实科高等女学校学校教授要目》《高等学校、高等科教授要目》,批判了英美体育思想、自由主义体育思想,建议将剑道列为小学校、青年学校的正式课程,并且把武道内容列为体操课的第一国策。1938 年教育审议会发出了《青年学校教育义务制的实施文件》,保健体育是其中的一

---

①　日本国立教育研究所.日本教育现代化[M].张渭城,徐禾夫.等译.北京:教育科学出版社.1980.

项；文部省制定了《青年学校教练科要目》，在教育审议会总会上提出了"国民学校师范学校体练科纲要"。1939 年文部省发布《青年学校令》称：满 12 岁至 19 岁未满的男子上学是义务，制定了《小学校武道指导要目》，要求小学将武道列入正式课程，并且武道内容被列为体操课的第一国策①。

1941 年文部省的体育科升级为体育局，将"体练科"替换明治时期以来的"体操科所"，小学更名为国民学校，教育目的侧重强调"皇国民的练成"。除此以外，神宫以外的全国体育大会被停止，将传统的大日本体育学会改名为大日本体育会所，武道团体则被大日本武德会所兼并，受战争的影响所有的竞技团体都成为政府的外围团队。随着战争的进一步扩大，在此之后直至 1945 年 2 月，日本政府制定了《战时学生体育训练实施要纲》《军事教育强化要纲》《紧急国民劳动动员方策要纲》《决战非常措施要纲》《战时教育令》等一系列政策、指令，从"12—19 岁青少年必须上学校学习，小学校和女子学校都要开设武道教材，12—60 岁的国民必须登记并做好参战准备"的指令中可以看出当时的军国主义思想和体育课程的价值取向。《军事教育强化要纲》除训练军事项目要求外，还倡导武士道精神，效忠天皇成了教育理念，学校体育逐渐沦为一项军事体育训练科目，成为日本宣扬、发展军国主义的工具，为日本的侵略战争提供了充足的适合战争需求的人力资源，但却严重扭曲了学校体育原本的价值和意义，严重阻碍了青少年正常的身体发展。

三、第二次世界大战后至 21 世纪前的青少年和学校体育政策

1945 年 8 月 15 日，日本裕仁天皇宣布投降，第二次世界大战结束。二战以后，日本按照美国占领军的旨意进行了全面的改革，1945 年 9 月 15 日发表了《新日本教育方针》，废止了《战时教育令》等战时教育体制，日本的教育也终于摆脱了天皇的禁锢。1946 年日本政府颁布了《日本国宪法》，提出了国民主权、基本人权和放弃战争三大原则。1947 年 3 月发布了《教育基本法》和《学校教育法》。《学校教育法》是《教育基本法》的精神制度化、具体化的法律，倡导体育生活化，意图将体育运动内化为青少年日常生活的一部分。这一时期日本的学校体育架构以学生为中心，以解决问题为主要方式，辅以俱乐部活动和自由体育活动，旨在使学生在日常中自然而然地参与体育活动，从而达到增强学生体质的目标。但由于运动技巧掌握、问题解决方法探索大量挤占了学生

---

① 阎智力.中日两国百年基础教育体育课程目标比较[J].上海体育学院学报,2009－01－15.

的练习时间，较弱的政策可操作性影响了政策预期目标的实现。如：1952 年赫尔辛基奥运会 1 金 6 银 2 铜的成绩远不及 1936 年柏林奥运会 6 金 4 银 8 铜的水平。

文部省先后又出版发行了《中学校保健体育指导书》和《小学校体育指导书》，恢复了一些武道项目，如发出了"关于在学校体育课程中实施"蒲刀"项目的通知，注重体育课程的学科性、系统性与连贯性。同时，还注重健康教育，公布了《学校保健法》及《学校保健法的实施基准》。保健体育审议会制定了《学校给食实施的改善对策》，文部省还下达了"关于儿童学生就学时实施健康诊断以及诊断的基本技术方法的补充事项"以及"尽快在学校设置药剂师"的通知。1953 年日本文部省对《小学校学习指导要领体育科编》进行了修订，体育科的一般目标中的"通过身体运动，培养民主的生活态度"的目标在具体目标的实施中多达 14 项，显示出了向民主主义教育转变的新方向，这成为战后学校体育课程价值导向的起点。至此，教育在日本又恢复了它的本来面目，军国主义体育课程被废止，从美国引进的现代体育项目如篮球、排球及棒球运动非常盛行，学校体育向民主主义方向发展。

为了快速增强青少年体力和运动能力，以适应经济复苏对社会劳动力的大量需求，展示战后日本的强大，提振国民的民族自信心，20 世纪 50 年代后期，日本政府先后颁布了《体育运动振兴法》《关于增进国民健康和体力对策》《关于普及振兴体育的基本策略》等一系列政策法律文件，开始实施以培养学生基础体力和运动能力为目标的"体力教育"政策，增加了青少年在校参加体育运动的必需运动项目要求、必要运动时长要求，与上一阶段相比，学校体育运动强度增大，运动项目设置更有针对性。从日本青少年体质增强结果来看，体力教育政策指导下的学校体育满足了日本在工业社会发展初期的社会需要，但随着时间的推移，大量重复式机械化的体育活动使学生慢慢感到厌烦和抵触，学校体育的实际效果有所下滑。

20 世纪 60 年代末至 70 年代末，日本内阁做出"增进国民健康和体力对策"的决定，同时还设置"增进国民健康和体力恳谈会"和"增进国民健康和体力对策协议会"两个机构。教育课程审议会在"中学校教育课程的改革对策"中对体力问题进行了探讨，保健体育审议会对普及竞技体育、增进儿童健康和体力的相关问题进行了研究。1969 年 5 月出版的《小学校指导书——体育编》和 1970 年 5 月出版的《中学校指导书——保健体育编》中，提高学生体力是这一时期体育课程的主要目标。这一时期在保健体育课程中提出了"在理解身心发展和运动特点的同时，适当地从事各种运动，促进健康增强体力，培养身心健康的生活态度"的总括目标①。体育教学目标则提出了四条:第一,提高体力;第二,掌握技能以实现体育生活化;第三,培养公正、协力、责任等态度;第四,掌握有关的体育与运动实践的相关知识,并培养合理的运动能力与态度。任务的第一条就是提高体力,上一个指导要领规定"活动能力"的地方,一般都改为了"提高体力","提高体力"是这次体育指导要领的要点,是这一时期的学校体育的工作重点。这在《小学校指导书——体育编》和《高等学校学习指导要领解说——保健体育编》中也是如此,充分反映了这次课程改革将学校体育课程目标放在提高体力方面的价值取向。

但体力主义的指导要领实施后,受到了来自各方面的批评,主要是指学习指导要领过于僵化,学校缺少执行指导要领的自主性,教师与学生则缺少选择教材的灵活性,这既不利于调动教师的积极性,又不利于发展学生的个性和能力。文部省汇总各方面意见,于 1978 年 5 月公布了《小学校指导书——体育编》和《中学校指导书——保健体育编》,1978 年 8 月公布了修改"高等学校学习指导要领"、"学校保健法施行规则"的告示。在《小学校指导书——体育编》②和《中学校指导书——保健体育编》③教科目标中要求学生在德、智、体协调发展的基础上,尽量满足学生的运动欲求,提倡快乐体育,将培养学生喜欢体育运动、快乐地从事体育运动、终身进行体育运动的习惯。"快乐体育"政策的实施对学校体育的发展起到了积极的促进作用,在一段时间内,学生重新开始喜欢参加体育活动。但是,由于过于强调体育运动的趣味性和兴趣导向,影响了青少年身体素质的均衡发展,出现长者愈长,短者愈短,甚至两极分化的尴尬局面。1992 年开始实施小学学习指导要领,1993 年开始实施初中学习指导要领,1994 年开始实施高中学习指导要领。新的学习指导要领是教育课程审议会根据现代社会的发展变化,从"充实心灵教育、培养自我教育能力、重视基础教育与个性教育、尊重文化传统与加强国际理解"四个方面制定的,其目标是面向 21 世纪的日本人的教育④。1999 年,日本文部省根据对"教育审议会报告"的研究与论证,公布了《小学校学习指导要领解说——体育编》《中学校学习指导要领解说——保健体育编》、《高等学校学习指导要领解说——保健体育编.体育编》。在新的学习指导要领中注视对学生学习方法的培养,重

①　文部省.中学校指导书保健体育编[M].东京:东山书房,昭和 45 年:15-21.
②　文部省.小学校指导书体育编[M].东京:东山书房,昭和 53 年:7.
③　文部省.中学校指导书保健体育编[M].东京:东山书房,昭和 53 年:17.
④　浦井孝夫,石川哲也,中学校新教育课程解说.保健体育[M].东京:第一法规出版株式会社,平成元年:1-2.

视宽松的学习氛围,提倡"创新生命活力"的实践性,并将其作为面向 21 世纪基础教育课程改革的基本方针。

四、21 世纪以来的青少年和学校体育政策

(一)政策背景

21 世纪以来,日本经济遭受重创,大众就业困难,收入两极化严重。并伴随着老龄化社会的到来,社会劳动力供给不足。据权威研究机构预测,根据日本目前国情发展,到了 2055 年,日本总人口将在减少 3 780 万的同时,增加 130 万的老年人[①]。这将严重影响日本未来社会经济的发展趋势。

随着科技的高速发展以及互联网络的普及,青少年对网络产生了依赖感,据日本文部科学省"体力·运动能力调查"显示,日本青少年将大量的时间精力消耗在网络世界里,中小学生参加运动的时间在减少。以 10 岁儿童为例,2006 年除了学校的体育课外,每周有 3 天以上参加体育运动的男生为 57%、女生为 36%。相比 1985 年的男生 70%、女生 58%,参与体育活动的学生人数大大减少。相反,一周中完全不参加体育运动的男生人数比 2006 年为 4.7%、女生为 9.2%,相比 1985 年的 2.4%和 5.1%,人数几乎增加了一倍。调查还表明:全国中小学生的运动能力呈下降趋势;放学后及休息日在室外玩耍或参加体育运动的儿童明显减少;运动不足带来了诸如肥胖、不良生活习惯等各种消极影响[②]。可见,如何提升学生体力和增加其参与体育活动次数已经成为日本学校体育中需要解决的重要的问题之一。

(二)相关政策

2002 年日本中央教育审议会审议了"关于提高儿童体力的综合对策",并给出了答复。"体力是活动的源泉,除了维持健康以外,与积极性和充实的精力也有很大关系,这是支撑人类发展、成长的基本要素"。其阐述了体力的意义,分析了体力的现状和体力低下的原因。2000 年日本政府颁布了《体育振兴基本计划》,明确了从 2001 年到 2010 年日本体育发展的总体目标和方针政策。并且在 2006 年修订的《体育振兴基本计划》中,日本政府将抑制儿童体力

---

① 唐建军.日本商业性运动健康俱乐部发展状况:运营方式及主要问题[J].广州体育学院学报,2001,(9):14-18.

② 顾薪.日本中小学:积极营造富有新意的体育氛围[J].上海教育,2007,7(10):1.

下降趋势,提高其体力的政策确立为体育振兴的首要目标,即"通过学校、家庭和社区整个过程促进学生在日常生活中进行体育活动,提高学生的体力和运动能力使之能精力旺盛地生活和学习。培养学生终身爱好体育,保持增进健康并自主地进行体育活动的能力和态度,促进学生身心健康发展"①。《体育振兴基本计划》规定,"到2010年全国各市区町村至少建立一个综合型区域体育俱乐部,全国各都道府县至少建立一个泛区域体育中心"。在这样的综合型体育俱乐部,年龄从老到少,水平从低到高,区域内的任何人都可以根据自身的年龄、兴趣、技术和技能水平,任何时候都能进行体育活动②。体育基础设施的完善推动了学校—区域俱乐部—社区体育模式的协调发展,更丰富了儿童、青少年的体育活动。

2012年颁行的《体育基本计划》将《体育基本法》中的原则进一步细化,使《体育基本法》中的各项框架性规定更具有实际操作性。例如"小学体育活动协调人"制度鼓励退役运动员、地方专业俱乐部的职业教练员通过外聘等途径到学校为学生做专业性的指导;提供专设经费支持初中舞蹈课程的开设;要求学校运动场提高草坪化比例,增加运动器材缓冲设施,以保障学生运动安全等。

2016年6月,日本文部科学省发布了《体育未来开拓会议中间报告》。报告中指出,在学校体育和社团活动中,最能体现出体育的乐趣和价值,充分利用好地域和学校的体育设施,培养青少年对体育锻炼的兴趣,对提高体育运动的能力是非常重要的。

2017年3月,日本颁布了第2项为期5年的名为《体育基本计划》的体育政策。该项政策在第三章规定了关于如何提高全国人民体力活动的4项措施。基本措施包括:① 通过修改学习指导方针等方式,改善体育和健康体育课;② 通过培训专业教师和改善设施来加强武道指导;③ 制定关于体育活动的综合指导方针;④ 重视学校体育活动中的重大事故的危险性,采取防止事故发生的措施③。

为了学生在青少年阶段能有更好的身体状态参与体育运动。日本于2000年颁布《幼稚园教育要领》,文件强调体育游戏的目标是:形成具生活所必须健康和安全的习惯及态度,充分活动自己的身体;主动在户外游戏;熟悉各种活

① 陆作生.日本《体育振兴基本计划》研究[J].体育文化导刊,2008,(10):106-109.
② 周爱光.日本体育政策的新动向:《体育振兴基本计划》解析[J].体育学刊,2007(2):16-19.
③ 青年局.体育基本计划[EB/OL].(2006-09-06)[2021-02-01].日本体育局网址:https://www.mext.go.jp/a_menu/sports/plan/06031014.htm.

动,快乐地开展游戏①。

进入 21 世纪后,日本政府更加重视青少年体质的提高,颁布相应法规,规范具体措施;呈现学校—家庭—社区共同协作以此促进青少年体质健康,提高体力活动能力;以及日本较早发展幼儿体育,有相对完善的幼儿体育教学模式,为其拥有健康体质和使其能在青少年阶段更加顺利地参与体育活动奠定基础。

第二节　日本青少年和学校体育政策的主要特征

一、政策制定的合理性与适用性,有效解决社会问题

在现实的政治生活中,之所以有些政策得不到切实的推行,一个很常见的原因就是这些政策本身缺乏合理性。所谓政策的合理性,简单地说就是指政策本身所具有的因果联系,具体说来,包括两个方面的含义:首先,政策是否针对了客观的政策问题,政策规定的各项内容是否反映了客观存在着的现实情况,政策所规定的各项行为是否符合客观事物的发展规律。我们不能凭主观臆想设计一个政策问题,再凭主观想象制定一项政策。如果政策产生于这样的前提,那么肯定无法实施,或者实施以后后患无穷。任何政策的出台,都是为了解决相关社会问题而制定的,如果一个政策不能解决问题所需,那么它的出台毫无意义。

政策的合理性和适用性总是针对某一特定时期、特定时段而言的,随着经济、社会的不断变化和发展,政策的正向激励作用会不断减弱,这是政策受制于制定时现实社会发展状况的必然,也是一项政策正常的生命周期,日本青少年和学校体育体育政策也不例外。根据总务省统计局公布的相关统计数据,总体而言,在相关体育政策的指导下,自二战结束至今,日本青少年的体质状况总体不断提高,呈现出与日本经济和社会发展速度相类似的发展曲线:日本经济发展速度达到巅峰的时候,青少年体质增长速度也随之达到巅峰;随着日本经济发展进入瓶颈期,青少年体质增长速度也开始逐渐放缓,甚至连续几年出现下滑。这也体现出青少年和学校体育政策制定和实施过程的社会性。

---

① 　王欣.日本幼儿园的户外活动[J].广文博澜,2003(12):13.

为了遏制甚至扭转青少年体质下滑状态,解决社会劳动力供给问题迫在眉睫。为了达到这一目的,日本政府以 2000 年为起点,开始十年一周期的"生涯体育"政策实践。然而周期的前五年,即 2000—2004 年,"生涯体育"政策的实际效果并不理想。与 2000 年相比,2004 年 17 岁男生的平均身高没有任何变化,女生的平均身高则从 158.1 cm 下降至 157.9 cm,青少年气喘的发病率从 1.32% 提高至 1.45%,心电图异常的概率从 2.84% 上升至 3.28%;2005 年下半年,日本高中生开始出现肥胖问题,17 岁高中生的平均肥胖率为 8.54%,男生的肥胖率更高达 9.73%。直到 2006 年政策调整之后,青少年身体素质的下降趋势才开始得到控制,青少年各项体质指标渐渐恢复到了 2000 年的水平,但并没有呈现出继续增长的态势。

二、不断完善政策内容,加强相关法律体系建设

日本是一个成文法大国,法律体系较为完善。日本政府及相关部门,根据不同时代发展变化及社会需要不断丰富完善青少年学校体育政策的内容。如 1949 年《学校指导要领(试案)》是对《学校指导要领》的修订,因为只是"试案",所以基本上是作为体育教师的指导手册。试案认为与体育运动、健康生活相关联的各种能达到一般教育目的的活动均应该作为体育教学的内容。所以 1953 年日本文部省对《小学校学习指导要领体育科编》进行了修订,体育科的一般目标中的"通过身体运动,培养民主的生活态度"的目标在具体目标的实施中多达 14 项。

1958 年,鉴于 1952 年与 1956 年两届奥运会的失利,日本政府意识到提高运动水平的重要性。同时,日本经济在美国的大力扶持下得到了振兴,劳动密集型产业所需的劳动力与相对"自由"的体育教学所培养的人才质量相差愈来愈大。这促使日本对《学习指导要领》进行了第三次修订。修订后的《学习指导要领》发布在官方刊物《官报》上,此后的《学习指导要领》正式作为日本教科书编撰和审定的基本标准,开始具有法令性质。此次修订把增强体力、提高运动能力作为学校体育的目标,对此之前教学大纲过于灵活做出调整,加强了体育教学的系统性和科学性。

1964 年日本青少年的体力测试数据显示,相比战前 1935 年,青少年的体力下降了。鉴于此,东京奥运会之后,日本从增强青少年体力和适应产业社会发展的需要出发,逐渐放慢了竞技体育的前进步伐,将国民体质的增强作为此后体育发展的重点。在上述背景下,日本政府率先搞起了"体力塑造国民运动",并于 1968 年对《学习指导要领》进行了第四次修订。本次修订对学校体

育教学的任务做了如下陈述：（1）依据所进行的适当运动，养成强健的身体，以求体力的提高；（2）掌握运动的方法和技能，养成亲近运动的习惯，养成健康的生活态度；（3）通过运动和游戏，养成稳定的情绪和公正的态度，进而养成遵守规定、互相协作、负责任等社会生活中必要的能力和态度；（4）养成能注意健康安全地进行运动的能力和态度，掌握保持和增进健康的初步知识，养成为经营健康安全的生活所必需的能力和态度。从以上可以看出，体力的增强被视为学校体育教学的首要任务，也成为学校体育工作的重中之重。

20 世纪 70 年代末期，日本成为世界第二大经济体、人们的生活水平得到大幅度提高，与欧美等发达国家的交往日益密切。社会结构的变革以及欧美发达国家的影响使国民的价值观念和生活方式较以往发生了很大的变化。学校体育领域中，体育教学大纲的绝对统治，致使体育教师缺乏选择教材的自主性，也使得学生对体育课的兴趣越来越淡薄，相当一部分学生毕业之后既没有参加体育运动的意识，又不具备参加体育运动的能力。此时期，终身教育的理念在日本开始得到更多人的认可，学校体育也开始重视生涯体育（即终身体育）的价值。在上述背景下，日本于 1977 年对《学习指导要领》进行了第五次修订并对体育课的目标做了如下陈述："通过适当的运动体验，在亲近运动的同时，理解关于切身生活的健康和安全，以求健康的促进及体力的提高，养成经营快乐、明白生活的态度。"

20 世纪 80 年代末，为了应对国际化、信息化和老龄化的日本社会，日本进一步推行生涯体育政策，并于 1989 年对《学习指导要领》进行了第六次修订。其总方针是实现"终身体育"和"尊重学生个性"。

1996 年，日本教育审议会在咨询报告中提出了新的方针，即"在宽松的气氛中，培养学生包含自主学习、独立思考等素质的创新生命活力，并以此为基础实现教学内容的选择，使教育基本目标得以实现，推进每一个学生均能获得个性发展。"1998 年，日本进行了《学习指导要领》的第七次修订，本次修订提出以在宽松的学习氛围中培养学生的创新生命活力作为基本目标，在养成终身有丰富的运动生命和保持增进健康的基础能力等方面进行体育教学内容的改革，重视基础体力的提高，提出身体放松性运动的理念。

在宽松教育理念下，日本学校的教学内容需要精选，上课时数必须进行适当的删减，最后到了过度删减的程度，加上升学热潮越来越高，这就遭到了学术界与社会各界的批评和质疑。于是日本文部科学省将过去至高无上且作为唯一标准的《学习指导要领》改为学校体育课程活动实施的最低标准。2007 年，文部科学省实施的体质测试显示，日本学生的身高和体重比起前二十年都有明显增加的趋势,但在运动能力方面则下降较多。针对以上情况,日本于 2008 年对《学习指导要领》进行了第八次修订,也就是日本现行的《学习指导要领》,本次修订将生存能力、体育基本知识与技能、表现力、体育学习的兴趣、增强体质、促进身心均衡发展作为重点。相对于 1998 年,体育教学内容在中、低年级有了较大的变动,旨在激发中、低年级学生的体育兴趣,改善不良生活习惯,从而增强体质健康。在本质上讲,这次修订是对生涯体育思想的进一步强化。

从上述例子中可以看出日本已经形成了政策与法律互为依据、互为细则、互相配合的调控体系:根据现实变化需求,在现有法律框架内,及时做出政策调整,经过一段时间的实践,根据实践数据和效果,将政策中有效的、有一定前瞻性的部分通过新订或修改的方式以法律的形式固定下来,用以规范以后政策和细则的制定和实施。

三、政策之间注重衔接,加强政策措施的可操作性

日本《体育振兴法》与《体育基本法》两者都从较为细致的层面关注体育发展与社会的问题,对特定时期内的青少年学校体育的问题进行了明确,二者可视为两部体育法律的理念贯彻方案。但是社会环境的变化已经让二者的关注点有所不同。《体育振兴法》中日本政府将抑制儿童体力下降趋势、提高其体力的政策确立为体育振兴的首要目标,即"通过学校、家庭和社区整个过程促进学生在日常生活中进行体育活动,提高学生的体力和运动能力使之能精力旺盛地生活和学习。培养学生终身爱好体育,保持增进健康并自主地进行体育活动的能力和态度,促进学生身心健康发展"。而在《体育基本法》中则是以让青少年从小养成运动习惯,以提高青少年身体素质为目标,通过教育委员会与学校共同实施"全国体力、运动能力、运动习惯"等活动推进青少年体质的改善。

政策内容不断拓展和丰富已经成为日本青少年和学校体育政策变化中的显著特征之一。加强政策的可操作性是不断拓展和丰富政策内容,也是为了加强政策的可操作性,使其不变成一句空话。例如与《体育振兴法》阶段相比,《体育基本法》阶段对于青少年体育发展的主要机构的权责划分、体育仲裁制度、体育产业与竞技体育、国际体育交流等举措作了新的界定,填补了原有法规中的空白。此外,新的法规中对于不同团体责任义务、体育场地建设措施、体育人才培训措施等都进行了进一步的细化和明确,使政策的可操作性更强。这些变化对及时获得政策反馈、提高体育决策科学性具有重要意义。

四、重视青少年的评估制度，不断优化配套制度设计

政策的有效性需要实践检验，实践的检验有赖于完善的评估制度。日本现行的青少年体质评估制度是 1998 年制定 1999 年推广实施的"新儿童体质测定与评价方法"。该制度主要由两部分组成："体力测定"和"学生的发育及健康状态调查"。

为保证青少年体育政策的科学性和针对性，每年 4 月到 7 月 1 日之前，是"学生的发育及健康状态调查"时间，"体力测定"则在每年的 5 月或 6 月进行。"体力测定"包括"体力诊断测验"和"运动能力测验"。各年龄段的学生按照划定的年龄组参加该年龄组必测项目的测定，测定结果作为衡量学校体育教育工作成果的评判依据，并为日本的体育教育研究提供第一手研究素材，由日本政府进行公布，学生拿到测定结果后，可将其与自己年龄组的全国平均数进行比较，更有针对性地选择接下来的体育课程和运动方式。"学生的发育及健康状态调查"则需要学生填写一系列身体健康数据，为之后的政策制定、课题研究、自身发展提供数据支撑。

这三项评估内容各有侧重，全面覆盖青少年体质状况检测的各个方面，以低成本、易操作的量化方式，每年定期获取青少年身体健康状况的第一手数据，以用于学生自我检测、学校体育考核和相关政策研究。除以上主要三个方面的政策外，日本文部科学省还提出了包括全国性的宣传活动、号召关注青少年体质发展的志愿者活动和提倡家庭共同参与的"亲子活动"等在内的各类配套性政策，以全方位提高青少年的体育运动参与度，保障体育政策最大限度地发挥效果。总体而言，日本的体育政策在责任划分、内容安排、协同发展的设计上，细致、全面地涵盖了青少年体育运动的方方面面，完整科学又不失人文关怀，具有很好的可操作性和研究价值。

第三节　启示与反思

一、加强完善我国青少年和学校体育法律法规体系建设

我国虽然也是一个成文法大国，在体育法体系建设上也取得了一定的成

就。但我国在青少年和学校体育的法律法规建设明显滞后,目前只有《体育法》与《学校体育工作条例》两个法规性文件。由于这两个文件呈现出了"刚性不足与弹性有余"的特性,我国学校体育领域仅有的法规性文件的约束力较差,这也严重影响了我国学校体育治理的刚性约束力①。为提高我国青少年体质健康及促进青少年体育发展,我国需颁布相应的政策法规,为青少年和学校体育的发展保驾护航。如,可在《学校体育工作条例》中对学校体育教学、课余体育锻炼竞赛方面的内容有所增加,并完善体育老师的基本权益,对学生体质和运动技术水平有详细的标准制定。而且我国地域辽阔,可根据不同地域的特点结合当地特色制定相对应的政策法规,做到百花齐放。

二、重视幼儿体育的发展,为青少年体质健康发展奠定基础

据调查显示,日本在亚洲各国中是最早开展幼儿体育发展,并且在幼儿体育发展的相关领域中产生了较大的社会及经济效益。2012 年日本颁布了《幼儿期运动指南》(以下简称《指南》)②。《指南》中主要包含 7 条幼儿期的运动建议:(1) 多样化游戏是核心;(2) 兴趣、好奇心是引导;(3) 安全、合理是前提;(4) 家园协作是保障;(5) 树立健康的运动教育观念;(6) 培养积极运动家庭;(7) 使用可开发的运动资源③。

我国现阶段的体育发展的主体依旧是青少年,但幼儿阶段的体育发展也十分重要。在幼儿阶段培养孩子的积极参与体育活动,可为其在青少年阶段参与体育活动时打下良好的身体基础和培养坚毅的品格。我国可以参考日本《指南》中的内容,从而科学设计幼儿体育的活动内容,满足幼儿体育活动的需要的同时丰富其体育活动的内容。为其在青少年阶段参与体育锻炼时奠定坚实的身体基础。

三、完善科学的青少年饮食和政策

日本自 20 世纪开始就在义务教育中对学生进行午餐补助,特别是二战以

---

① 张文鹏.中国学校体育政策的发展与改革研究[D].武汉:华中师范大学,2015:111.
② 青年局.运动促进儿童增强体力措施[EB/OL].(2018 - 04 - 27)[2021 - 02 - 01].http://www.mext.go.jp/a_menu/sports/undousisin/1319772.htm.
③ 李哲,杨光,张守伟,等.日本《幼儿期运动指南》对我国幼儿体育发展的启示[J].体育学刊,2019,26(1):114 - 119.

后,日本政府深感增强青少年体质的重要性,加大了对学校保健制度的建设和投入。1954年,日本政府颁布了《学校营养午餐法》,该法第一条明确规定:"本法律目的在于:鉴于学校供餐有助于儿童及学生身心的健康发展,并有利于国民饮食生活的改善,对学校供餐的实施指定必要的事项,以推广和充实学校供餐"。午餐开始作为学校教育的一部分,以法律的形式固定下来。2005年,日本政府制定了《"饮食教育"基本法》,并在这部法律中提出"食育"的概念:食育是生存之本,是智育、德育和体育的基础。为贯彻该法律文件的实施,《"饮食教育"基本法》的第四章还规定了食育推进会议制度,其主要任务就是开展全国性"饮食教育"。2006年,根据《"饮食教育"基本法》第二十六条制定的《"饮食教育"推进基本计划》得以实施。在这份五年食育计划中,日本政府志在消除青少年食品安全"文盲"现象,彻底解决青少年不吃早饭的问题,倡导全民关注饮食生活,要求学校提供健康安全饮食。

与日本相比之下,我国学校的饮食制度和法规相对薄弱,学生食堂的饮食事故频频发生,并受到了社会的高度关注。在近年的"两会"上,有些代表已经提出"学生午餐"的提案,并出台和完善了一些有关学生饮食安全法案,这为提高学生体质健康做出保障。学校体育不仅需要在身体锻炼方面增强学生的体质,还需要在学生饮食健康方面提供专业的指导。首先,建立相关的饮食法律法规,为青少年的体质健康提供保障。其次,帮助学生树立健康饮食的观念,学校可以增加一些营养学相关的课程,帮助学生认识到健康饮食的重要性。同时学校可向家长宣传健康饮食的知识,从而培养学生校内校外健康饮食观念。最后,政府和学校可以结合当地的饮食特色及不同年龄段青少年身体成长所需的营养提供有针对性的、合理的膳食标准。合理的膳食标准,不仅可以培养学生养成健康的饮食习惯,而且可以增强学生的体质健康。

四、优化青少年和学校体育监测评估制度

为保证青少年体育政策的科学性和针对性,日本形成了以"体力诊断测验"、"运动能力测验"和"学生的发育及健康状态调查"为主的评估制度,三项评估内容各有侧重,全面覆盖青少年体质状况的各个方面,以低成本、易操作的方式,可以定期获取青少年身体健康状况的第一手数据,可用于学生自我检测、学校体育考核和相关青少年政策研究。对比我国,我国现行的评估方式包括"全国学生体质健康监测"、"学生体质健康标准测试"等种类繁多的评估体系,每个体系在检测重点上多有重叠,导致一些指标过度检测,而其他一些指

标未被涉及。此外,各个评估办法都有各自的规定,致使实际操作较为复杂,也大大增加成本。

　　针对目前评估制度的各项弊端,我国需制定全国统一的青少年体质检测评估制度,优化评估体系,摒弃重复性检测项目,淘汰过旧的检测方式,扩大检测指标范围,降低评估成本,建设更为科学有效更具有针对性的青少年体质评估制度。

第七章　韩国的青少年和学校体育政策

　　韩国的青少年和学校体育政策以其融合文化性、民族性和乡土性的特质，将青少年体育生活图景与民族特色呈现在青少年眼前，有效满足了城市居民和青少年体育锻炼和强身健体的需求。体育政策学理念下，探讨韩国青少年体育政策演变与特征，能帮助我国青少年学校体育更好更快发展，具有显著社会效应和经济效应。基于此，本章从体育政策学理论与实践角度出发，探讨韩国青少年和学校体育政策的演进、特征，并探索当下我国青少年和学校体育的应对对策。

第一节　韩国青少年和学校体育政策的演进脉络

　　为确保学校和青少年体育工作的顺利开展，保障青少年群体享有平等接受体育教育、参与体育锻炼的机会，韩国国家教育、体育及卫生等相关行政部门联合制定并发布了一系列相关条例、规章、制度、细则，搭建起相对完备的青少年和学校体育政策法规体系。这直接决定了学校体育应然与必然所做之事项，继而间接影响了学校青少年体育教育及全民健康竞争能力。

一、基础搭建时期(1870—1961 年)

　　十九世纪七十年代后期，从东莱的武艺制度(1978 年)和元山的元山学士(1883 年)开始的学校体育，在甲午战争(1894 年)之后设立的各种近代学校开始全面发展。近代体育教育大部分是在基督教系学校进行的，培材学堂作为特别活动及课外活动进行各种体育活动，安德伍德学堂作为课程设置了体操，女子学校梨花学堂也教授体操。从这时开始,韩国近代学校体育正式开始[①]。

　　1910年8月29日,寺内正毅统监和内阁总理李完镕制定并公布了《关于韩国合并条约》,由此大韩帝国灭亡,韩民族被置于日本帝国主义的殖民统治之下。在日本帝国主义殖民统治下,学校体育正式走上轨道是从1914年制定《学校体操教授要目》开始的[②]。1919年"3·1运动"爆发,日本帝国主义的殖民统治政策从无端政治转变为文化政治。随着第2次朝鲜教育令(1922年2月)的颁布,教育政策也发生了变化,从表面上看,该政策增加了韩国人的教育受惠层。1931年发动满洲事变的日本帝国主义以加强战时体制为目的,制定了《第三次朝鲜教育令》,实施了彻底的皇国臣民化教育[③]。这一时期,战时动员体制下的学校体育脱离了体育本来的功能,沦为提高日本帝国主义发动战争能力的工具。以往实施的学校教改受制于形式上的瑞典体操,尽管当时以各学校运动部为中心的体育普及取得了进展,但在教学大纲中并没有反映这一点,因此在1927年修订了《学校体操教学要目》,提出了体操、训练、游戏及竞技教学内容。1931年满洲事变后,随着第三次朝鲜教育令的施行,《学校体育教学要目》也被改编。在第三轮学校体育教学需求目录中,还对女学生采用了剑道、柔道、弓道等教材,这可以说是把自己的军国主义目标原原本本地反映在学校体育中。1942年颁布《学校体育革新指导方针》,决定了战时体制体育的基本方向。也就是说,体育教育是配合国家的政治要求。

　　1955年文教部文化局由社会教育科、文化保存科、艺术科、体育科等组成,学校体育相关政策由体育科负责[④]。这一时期学校教育政策开始关注与体育教师培养、体育与课程重新修订、体育设施、学生健康相关的政策问题,政策开始制定执行。这一时期虽然出台了学校体育政策,但由于文教政策的军事教育性体育政策的支配,带来了非民主的教学方法的运作,变成了过度以体育为中心的体育。文教部于1951年3月10日制定并公布《学校身体检查规定》[⑤],对当时学生的体质和基础体能进行体检。但是,由于战乱一直未能正常实施,1955年开始全面实施。学校体检的实施明确了学生身体发育及发展的特质,使健康保健指导具有合理性,为体育科学化提供了契机。文教部于1955年10月将对象扩大到了小学生。

---

　　① 이학래(2003). 한국 체육사 연구. 국학자료원.

　　② 이학래(2003). 한국 체육사 연구. 국학자료원.

　　③ 이학래(2003). 한국 체육사 연구. 국학자료원.

　　④ 김달우(1992). 해방이후 학교체육의 재편 및 정착과정에 관한 연구: 1945년-1955년을 중심으로. 미간행 박사학위논문, 서울대학교 대학원, 서울.

　　⑤ 이학래(2003). 한국 체육사 연구. 국학자료원.

二、政策展开时期(1962—1979 年)

1961 年 5 月,朴正熙通过军事政变掌握政权,开启了第三共和国时代①。朴正熙政权最重要的是需要确立政治正统性的政策,并为此表现出民族主义理念。在此背景下,朴正熙政权表现出对体育活动的积极关注,并表达出体育民族主义,形成了后来政府体育政策的基调。第三共和国将体育视为国家发展的基本的健民体育和弘扬国威的精英体育,开展了集中支援扩大体育设施和提高运动员竞技能力的政策。这一时期,随着《国民体育振兴法》的制定和国民体育振兴财团的成立,制定了法律、制度性政策等,实现了体育政策的展开和发展。学校体育成为国民体育振兴政策的基本内容,朴正熙政权制定了"学校体育方针"并落实到学校。这一时期学校体育方针强调的是培养学生通过健康的身体活动对民主社会做出贡献的人格,这种方针的制定和执行包括:加强体育奖学;从完善体育课程及严格遵守课程设置、配备体育专业教师、鼓励课外体育活动、培养体育特长生、落实体能制度等方向展开。

三、政策低迷时期(1980—2002 年)

1979 年 10 月 26 日,朴正熙总统逝世,维新政权宣告崩溃。维新政权垮台后,崔圭夏过渡政府上台,8 个月后的 1980 年 9 月 1 日将第 11 任总统之位让给了全斗焕。1981 年 3 月 3 日全斗焕就任第 12 任总统,第五共和国正式成立。第五共和国被誉为"体育共和国",对体育立国给予了极大的关注,制定和推进了积极的体育政策。1981 年通过国际奥林匹克委员会获得 1988 年首尔奥运会主办权,同年 11 月获得 1986 年亚运会主办权,是第五共和国的成果。这一时期,政府有组织的支持和集中培养专业选手的精英体育政策带来了整个体育领域的竞技能力提高,并推出了职业棒球、职业足球等职业体育项目,为体育的大众化做出了贡献。1987 年"6·29 宣言"接受了总统直选制,卢泰愚候选人通过 12 月的总统选举当选,第六共和国诞生。第六共和国以前政权的精英体育培养政策为母体,带动了首尔奥运会的成功,并以此为跳板制定了"国民生活体育振兴三年综合计划",组成了生活体育专门机构——国民生活体育协议会。然而,这种精英体育在数量和质量上的膨胀,却在学校体育层面

① 이학래(2003). 한국 체육사 연구. 국학자료원.

带来了适得其反的效果,从而导致这一时期学校体育政策反而倒退。此后,1993 年上台的文民政权给体育政策带来了巨大变化。废除体育青少年部,成立了文化体育部,将文化部和体育青少年部合并。文化体育部中与体育相关的部门有体育政策局和体育支援局。从第五共和国(1980)到国民之政府(2002),学校体育政策因行政组织的变化而被分解,可以说是停滞阶段。

四、政策稳固拓展时期(2003 至今)

卢武铉政府也像以前政府一样,坚持以宣传国家和弘扬国威为目标的精英体育作为中心结构。这一时期仍然维持了学校体育在教育人力资源部、精英体育在文化旅游部的双轨制政策结构。更具体地说,学校体育由教育人力资源部作为主管部门,制定学校体育基本方向等其他学校体育相关政策,各市、道教育厅以此为基础负责各领域的工作。2003 年"天安小学足球队火灾"事故导致了《2003 学校体育振兴方案》的出台。曾被视为精英体育中心的学校体育政策以该事件为契机,成了学校体育向生活体育、终生体育转变的起点。2005 年 12 月文化和旅游部与教育人力资源部签署了《体育领域业务合作协议书》,致力于学校体育—生活体育—精英体育的对接与整合,建立和实施了草坪运动场等体育设施的扩充和先进化、增进青少年体能、引入体育俱乐部制度、扩大学校内体育活动机会等多种学校体育政策①。这些政策在学校体育生根发芽,为目前学校体育政策的发展奠定了很大的基础。20 世纪 70 年代以后,随着韩国经济持续复苏和反弹,全国性学校体育政策制定也被提上议程。尤其是,自 1988 年汉城奥运会以来,韩国体育事业发展成绩有目共睹,这既与韩国完备的体育政策紧密相关,也在一定程度上刺激了学校体育政策完备的需求。在学校体育政策领域,在体育法与体育展望计划的共同加持下,构筑起相对完善的体育政策体系。表现在,既配置了专门的中央体育行政组织体育部,以便更好地实施各项体育政策,同时也围绕扬我国威和竞技提升两个路向开展了精英体育政策。同时,针对国内青少年整体身体素质下降的现实,开展了基于提升身体素质的大众体育政策,并在相关法律和基本计划的引导下有条不紊地实施。2008 年李明博政府上台后,提出"文化展望 2008—2012"政策,推动"快乐体育 15 分钟项目",将体育运动拓展至中小学校。2013—2017 年朴槿惠政府时期,韩国政府

---

① 서재하, 박창범(2011). 노무현 정부의 체육행정·정책에 관한 연구. 한국체육과학회지, 20(3), 819-833.

提出了"参加体育活动，创造国民幸福、希望的新时代"体育政策制定方向。

从共织层面来看，韩国在学校和青少年体育领域制定的政策，是其在竞技体育、生活体育、学校体育等领域共同发力、协调整合的产物。在内容上看，主要包括以下几个方面：一是《学生体能检查制度》（以下简称《制度》）。《制度》以国际体力检查标准委员会制定的内容为基本标准，侧重对于全国范围内中小学生进行考量，在结果基础上修订发布《学生身体检查规定》。此外，韩国政府还依据"大学入学预备考试令"专门实施了针对韩国高考的《制度》，目的在于培养学生体育运动习惯，增加从事体育活动热情，为体育生活化起到推动作用。对于中小学生而言，该项制度旨在引导学生认识到身体机能和运动能力的重要性，自发进行体育运动和专项锻炼，有效提升全民的身体健康水平。该项制度在满足整体国民健康体质增强目标的同时，对解决长期以来忽略学生体能训练一贯性以及存在的过分强化应试教育功利性具有重要价值。二是《韩国体育大学设置令》。1976 年 12 月 14 日，韩国文教部制定了设立体育大学的计划，拟定了设立四年制正规体育大学的具体实施方案。随着该项法令的公布，1977 年 3 月 7 日韩国体育大学正式成立。这是韩国本土意义上设立的第一个专门体育大学。该法令同时规定，凡是进入该大学学习的学生均免缴相关费用，都接受相应的体育训练，都需要在学校期间完成指定的相关领域任务，从而更好地培养优秀选手，更好地从事体育锻炼。三是《关于学院设立运营和课外教育法》。此项法令最初为《有关私设教育所的法律》，后更名为《有关学院的设立运营的法律》。2001 年再次进行了变更，更新为《关于学院设立运营和课外教育法》。其基本管辖由文教部、教育部转变为教育人力资源部。该法案规定了学院设立及其运营的相关事项，规定了有关课外教学的相关事项。四是健康法。1967 年，韩国政府制定了《学校保健法》，截止到今天已经修改了 10 余个版本。在历史上，《学校保健法》还曾经被废止过。2002 年，《学校保健法》规定有关学校体检必要事项的《学校体检规则》，进行专门修改和部分修改，规定了相关体力检查和体质检查项目与标准。

第二节　韩国青少年和学校体育的重要政策

一、学校体育振兴法

《韩国学校体育振兴法》于 2011 年 3 月发起，12 月 30 日在国会全体会议上通过,2013 年 1 月开始实施。《学校体育振兴法》从立法层面对学校体育进行单独立法,使学校体育法制建设由依附走向独立,由宏观调控走向微观操作①。其次,为保证《学校体育振兴法》各项政策的落实和稳定推进,《学校体育振兴施行令》和《学校体育振兴法施行规则》等配套法规也同时出台,使法律条文的落实更具针对性。通过成立体育振兴委员会、设立学校体育振兴院、加强社会与学校合作,合力促进学校体育活动的开展,促进学生体质健康水平提升。制定和实施学生健康体力评价计划,通过体测来评估和提升学生身体素质,同时为体力过低或肥胖学生开设正规或非正规课程,充分保障这类学生的体育活动权益。将兴奋剂教育以法律条文的形式列入学校教育,强调通过教育来预防和阻止校园兴奋剂的使用。

二、学生体能检查制度

1971 年正式实施,《学生体能检查制度》以国际体力检查标准委员会制定的内容为基准,侧重对于全国范围内中小学生进行考量,在考察结果基础上根据"文教部令",修订发布了《学生身体检查规定》。此外,韩国政府还依据"大学入学预备考试令"专门实施了针对韩国高考的《学生体能检查制度》,目的在于培养学生体育运动习惯,增加从事体育活动热情,为体育生活化起到推动作用。对于中小学生而言,该项制度旨在引导学生认识到身体机能和运动能力的重要性,自发进行体育运动和专项锻炼,有效提升全民的身体健康水平。该项制度在满足整体国民健康体质增强目标的同时,对解决长期以来忽略学生体能训练一贯性以及存在的过分强化应试教育功利性具有重要价值。《学生体能检查制度》的目的是使学生养成体育活动的习惯,谋求扩大体育人口,为体育生活化做贡献,希望通过对学生的体力检查使学生认识到自身的身体功能或运动能力,自发地进行体育活动,提高国民健康水平。《学生体能检查制度》的实施虽然在以考试为主的教育中产生了副作用,但是在提高学生的体能、提升基础体力的基本运动项目的普及度、改善提高学生体力方面起了决定性的作用。

三、学校保健法

1967 年韩国制定,至今修改了 10 余次。36 个班级以上学校将配备 2 名

①　韩改玲;朱春山;韩彩零;孙有平.韩国《学校体育振兴法》的解读与启示[C].第十二届全国体育科学大会论文摘要汇编 2022:1161 - 1171.

以上保健教师①。之前的规定是,韩国所有中等学校和有 18 个班级以上的小学都要配备保健教师。此次修改过后,除大学以外的所有韩国学校都要配备保健教师。其中规则规定了体力检查和体质检查,尤其在体力检查方面提出了初、高中生和大学生的体力检查的种类和细节标准。

四、国家体育促进计划

第一个国家体育促进计划(1993—1997 年)的具体内容,旨在全国普及体育。主要特点包括鼓励参与体育活动(鼓励学校青少年参与体育活动,增加人们参与体育活动的机会,提高公众对体育的兴趣);提供更多的体育活动场地(增加公共体育设施,鼓励学校和工作场所保障体育设施,培育私营体育设施企业,提高体育设施利用率,鼓励生产体育锻炼器材);培养所有教员的体育素质(培养和增加教员的体育素质分配,改进所有教员的体育素质培养和管理制度,使用志愿教员和支持他们的活动,支持提高学校体育教员的专业水平);系统地促进和支持公众体育活动(科学培育学校青少年健身、发展和传播学校青少年体育项目、培养和支持会员体育活动);增加公众进行有益身心的休闲活动的机会(促进娱乐活动,培养精英运动,普及赛马,推行自行车和汽艇比赛,以及向公众开放奥林匹克设施)。

第二次国家体育促进计划(1998—2002 年)提出了以下政策任务,以创造学校青少年参与体育的良好环境。为以地方社区为中心的体育活动创造适当的条件;扩大体育设施作为居民体育活动的空间(创造面向区域的学校青少年体育环境和有效利用学校青少年体育空间);增加非参与性人群对学校青少年体育项目的参与(让人们有更多机会参与学校青少年体育,以及对会员俱乐部和活动的促进和支持,有系统地促进工作场所的体育活动,更多地参与所有运动的体育,以及提高学校青少年体育项目的质量);培养和利用所有教员的体育活动(体育教员的培养、有效管理和人力开发);学校青少年健身管理的科学支撑(促进体育科学服务大众,学校青少年健身系统管理);引入更多由私营部门主导的学校青少年体育活动(有效管理学校青少年体育的公共关系,加强学校青少年体育的公共关系能力,加强学校青少年体育的推广体系,并深入培育专门从事学校青少年体育的组织)。

---

① 韩国:重视学校保健和终身教育[J/OL].2022 - 03 - 30.http://www.chinateacher.com.cn/zgjsb/html/2022 - 03/30/content_607322.htm.

第三次国家体育促进计划(2003—2007年)提出了以下政策任务,作为激活学校青少年体育的手段:按地区单位不断扩大学校青少年体育的居民友好空间;体育俱乐部的系统推广(支持在俱乐部成员之间举办体育比赛,促进会员在工作场所的活动);运营多样化的项目以促进体育活动的参与(向所有年龄和性别开放机会,增加社会弱势群体如老年人和残疾人的所有人参与体育活动,发展和传播所有项目的体育);建立学校青少年健身科学管理体系(为公众提供体育科学服务,学校青少年健身系统管理);拟订新的休闲运动发展计划(培育休闲运动);培养和使用学校青少年体育领域的教员(改进所有教员的体育培养,有效管理和使用所有教员的体育);二是学校青少年体育方面的公共关系(通过多样化的公共关系活动和加强针对学校青少年体育的宣传体系,提高人们对学校青少年体育的认知)。

第四次国家体育促进计划(2008—2012年)提出了以下政策任务,以改善参加体育活动的条件:建立和使用区域性体育俱乐部;更好利用体育劳动力,提高学校青少年健身水平;实施终身定制的体育福利;指定传统武术,在所有设施中加强培养、传播、扩大和改进体育运动的使用;扩大休闲运动设施和空间。

第五次国家体育振兴计划(2018年)提出,为体育参与平台的建立(促进多种体育俱乐部、扩大体育广场、日常体育课程等所有任务),提出了6种体育项目;扩大体育设施(公共体育均衡分配设施,建立小型体育场馆,引进各代人可以交流的体育设施,老年人体育设施,动体育场馆的运营等);增加体育相关信息的提供(建立学校青少年体育呼叫中心服务,在体育设施中建立教练系统,体育活动历史管理系统);鼓励参与体育运动(引入学校青少年健身认证制度,即健身认证、体育活动认证、体育项目认证);创造教员职位和提高有关的精英证书(增加所有教员的体育项目分配,加强教员的专业精神);扩大针对儿童、学生和青少年、老年人、妇女、工人和低收入家庭的个性化支持。

五、2022年学校体育振兴计划

2022年3月,韩国教育部公布了"2022年韩国学校体育振兴计划"。该计划的重点是加强学校体育教育,通过体力活动生活以改善新冠肺炎疫情下学生的身体素质,并建立面向未来的体育人才支持系统。为此,该项计划共设置了5个主要任务,分别为完善校内体育课程、提高校内体育俱乐部的运作水平、培养具有自主性和前瞻性的学生运动员、提高体育教师和专职教练的专业知识、完善学校体育管理制度和运作水平。在各个主任务下又设置了若干个子任务,全方位发力,增强学生体育健康,全面提高韩国的学生体育水平①。

该计划概述如下:首先,为了在任何时间、任何地点开展体育活动,推进面向未来的体育课程和量身定制的体育活动课程,促使学校体育俱乐部多样化,开展体育节等与本地区有关的各种活动。第一,通过创建在线操作系统(在线平台)和人工智能驱动的手机 app,实现线上线下的体育课程,支持个人参与学校和身体层面的体育活动。第二,通过建立区域体育协商机构,鼓励学校体育俱乐部在其区域内相互密切合作,它们的活动与公共体育俱乐部联系起来,使活动多样化。第三,组织现场(2022 年 11 月)和在线学校体育俱乐部节(2022年 9 月),以激励广泛的学生参与。

其次,为了支持学生运动员成为专业运动员,帮助他们铺设职业道路,从小学阶段开始解决学生的学习缺失问题,并进行针对性的辅导。第一,为小学阶段的学生运动员开发和提供电子学校计划(e-School programs),以配合他们的学习水平。第二,线上线下的职业咨询或职业指导将逐步增加,随着以职业为中心的高中课程的运营,为学生运动员提供丰富的发展机会。

最后,为了使学校体育促进活动产生可持续的效果,建立并运行了学校体育管理系统。第一,中央政府及有关部门成立并运营体育合作组织和体育促进论坛。第二,中央和省建立了一个支持小组,以便迅速应对与学校体育相关的各种问题。②

第三节　韩国青少年和学校体育政策的主要趋势

一、韩国学校体育的发展趋势

过去,韩国的体育政策以培养精英运动员为主。随着亚运会、奥运会、世界大学生运动会等大型综合赛事的成功举办,以及与多种体育项目相关的小型赛事的成功举办,公众对体育的认知发生了巨大变化。得益于实行每周五

---

①　陈思佳.韩国公布 2022 年学校体育振兴计划[J].上海教育,2022,(24):52-53.
②　韩国深入开展学校体育教育.[EB//OL]. http://untec. shnu. edu. cn/9a/5e/c26039a760414/page.htm.

天工作制后休闲时间的增加,以及经济增长和政府的积极支持,学校青少年体育的兴趣正在上升。事实上,青少年和学校体育目前在教员、项目和设施方面,无论是数量上还是质量上都在快速发展,多边努力也在为青少年和学校体育的未来持续发展奠定基础。

从本质上讲,青少年体育可以定义为青少年进行的体育或身体活动,青少年和学校体育最初是由政府倡议的,其目标是享受提高的生活质量与身体素质。近年来,人口老龄化导致医疗费用的急剧增加和劳动力的减少。因此,保持和促进公众健康的必要性比以往任何时候都更加重要。在这样的背景下,学校青少年体育正在国家层面上积极推进,青少年和学校体育将对解决韩国社会的上述问题起到至关重要的作用。学校体育项目最早出现在 19 世纪后期的西方工业化国家。在美国,学校体育也被称为娱乐运动,始于 1885 年波士顿的沙花园。在德国,国民健身训练委员会秘书长 d. Diem 于 1920 年提出了《国家体育场地法》,规定为每个居民建造 3 平方米的体育场地,这被视为鼓励人们从事体育运动的必要条件。1956 年,德国奥委会宣布了黄金计划,其重点是促进学校青少年体育。在丹麦,1864 年该国在战争中失败后,一场全国性的运动开始使体育活动成为日常活动,目的是通过更强大的国家公共精神来帮助国家力量的恢复。在英国,体育作为道德教育的一部分被纳入公立学校,从 20 世纪 40 年代起,学校青少年体育开始站稳脚跟。

发达国家的青少年和学校体育政策不是短期解决方案,而是长期实施的。此外,很明显,在这些国家学校体育是解决国家一级问题的办法,而不仅仅局限于体育本身的功能作用。事实上,学校体育的发展是在经过反复试验和一系列修正和补充后最终确定的系统性政策基础上逐步展开的。

与发达国家相比,韩国学校体育的发展时间很短,主要是数量增长。与过去相比,这一领域的质量增长显著。考虑到短期的发展和韩国青少年和学校体育持续发展的必要性,有必要强调相关政策在未来实施时的实用性。

目前,韩国体育发展政策的实际推进将对国家的未来产生影响。在短期内迅速发展起来的韩国民族体育政策的演变过程,可以为政策制定者提供规划未来的重要背景。这些历史数据将有助于以切实可行的方式修正和补充未来的青少年和学校体育政策。《国家体育振兴计划》的制定,为韩国青少年和学校体育制度的成功实施提供了一个将历史分析与社会规划相结合的机会。

二、韩国青少年体育的发展趋势

在韩国,1962 年颁布的《国家体育促进法》为青少年和学校体育政策的发展提供了基础。然而，由于当时的社会和经济条件，青少年和学校体育随后的发展有些停滞，直到 20 世纪 80 年代之后才有明显的进展。1982 年体育部成立后，在体育局内新设了社区体育司。从那时起，政府对青少年体育的推广获得了动力。《国家体育长期促进计划》于 1986 年开始实施，是青少年体育领域的一项全面的国家促进战略。在成功举办 1988 年汉城奥运会后，韩国的经济状况和居民的生活质量在 20 世纪 90 年代得到了全面改善。奥运会帮助提高了韩国的国际地位和声望，并庆祝韩国进入了最先进的工业社会的行列。

金泳三总统提出的第一个国家体育促进计划(1993—1997 年)最终推动了韩国青少年体育的戏剧性发展。金大中政府推进了体育事业的分权和民间的主导作用，推出了第二次国家体育振兴计划(1998—2002 年)，卢武铉政府推出了第三次国家体育振兴计划(2003—2007 年)，李明博政府将"文化展望(2008年—2012 年)"作为第 4 次国家体育振兴计划，提出了"青少年热爱体育"和"15分钟运动计划"。2013 年 11 月，文化体育观光部发表了"微笑 100 青少年体育促进计划"，其目的是加强青少年的健康和健身。

近年来，韩国政府非常重视青少年和学校体育政策的推进，青少年和学校体育以参与率和会员组织为中心，以设施、项目、教员为基础，在量和质上都出现了增长。

政府官员提出了学校青少年体育、精英体育、国际体育、世界杯足球、体育产业、体育科学管理等 6 个领域的政策课题。具体而言，建议以下政策要素：推动小、初、高学校的青少年参与体育运动；建立以区域社区为中心的体育活动条件；持续维持运动能力；加强青少年体育和精英体育之间的合作；加强国际合作能力；促进南北韩之间的体育交流；为国家发展腾飞做好准备；支持在私营部门培育体育产业，实施体育消费者保护制度；竞技体育科学发展的追求是提高体育管理效率。《第二次全国体育推广计划》在维护和加强第一次全国体育推广计划的基础上，提出了以下政策任务：营造以学校为中心的体育活动环境；学校青少年体育和精英体育之间的合作；南北体育领域的交流计划。另外，2002 年韩日世界杯的筹备工作和成功举办世界杯也被列入了政策课题。

卢武铉政府实施了第三次国家体育振兴计划(2003—2007 年)，其目标是"大幅提高学校青少年体育参与率"、"保持体育实力在全球排名第 10 位或更低的水平，提高国家声望"、"培育体育产业，实现国家发展和地区均衡增长"、"通过国际体育交流提升国家形象"、"通过体育交流活动促进南北和解氛围"。政府官员介绍了包括学校青少年体育、精英体育、体育产业、国际体育、体育和科学相关领域、体育行政等 6 个领域的多样化政策任务以实现学校青少年体育;系统推广体育配音;开展多种多样的体育活动项目,促进体育活动的参与;建立学校青少年健身科学管理制度;拟订新型休闲体育发展规划;培养和利用全体教员的体育素质;利用公共关系促进学校青少年体育;寻找优秀运动员及其培养;扩大精英体育设施;推广国内体育运动会;支持精英体育组织自主成长;支持加强体育产业的竞争力;为培育体育产业奠定基础;加强体育外交和加强合作;通过体育实现民族和解;促进体育领域的反兴奋剂举措;宣传体育科学,强化体育科学工作者的作用,建立全面的体育相关信息系统;体育政策推广系统化;建立稳定的国家体育促进基金,并对其进行有效管理。《第三次全国体育推广计划》与《第二次全国体育推广计划》在政策领域没有太大区别,只是在体育管理方面增加了财政方面的内容。在政策任务方面,该规划加强和补充了第二次全国体育促进规划确定的政策任务。实际上,第三个计划可以理解为第二个计划的扩展版本,增加了一些新的政策任务。

李明博政府实施了与第四次国家体育推广计划(2008—2012)相对应的"文化愿景",旨在创建"文化展现的国家"、"内容丰富的国家"、"有品牌价值的旅游国家"和"为体育而兴奋的国家"。与之前的国家体育发展规划不同,第四个国家体育发展规划是一个综合规划,包括文化、旅游、体育等不同领域,以及各种类型的政策任务。这些任务包括作为未来资源的文化人才;吸引人的韩国文化的传播;文化创意艺术的发展;有系统地推广流行文化和艺术;特色文化空间的创造;实现共享的文化生活;一个没有残疾的文化世界;科学的文化政策;环保文化政策;在文化领域创造就业机会;加强内容创作能力;扩大全球市场准入;核心内容强化培育;建立研发数字内容中心;内容分发,加强版权保护;改进用户环境内容;有效建立资助系统;文化环境方面的旅游;旅游业的增长和经济;旅游在全球交流和沟通方面;区域旅游人才等;旅游在人才方面加强;旅游在科学体系方面先进;生活、休闲、福利方面的旅游;改善参加体育活动的条件;sports-friendly 教育;有利于教育的体育环境;学校青少年共享的体育活动;登上世界舞台的韩国体育;增强体育产业竞争力;加强精英体育的全球竞争力;体育管理体制的发展。第四次全国体育推广计划与现有的第一、第二、第三次全国体育推广计划提出了完全不同的方向。新计划将体育与文化、旅游等综合描述,并以加强文化、体育、旅游领域的经济竞争力为基础,强调了这些方面的实用性。

第四节　启示与反思

一、启示

既要确保青少年和学校体育"做大蛋糕",同时也要"分好蛋糕"。为此,首要的是厘清青少年体育政策协同相关主体功能及利益诉求,研究其行为、决策过程与关系,通过模拟反馈,探索发展模式和内部结构,考察基本发展战略。韩国政府通过制定国民体育振兴,引导体育正朝着竞技、生活、学校协调方向发展。在此过程中,学校体育政策法规是不可或缺的环节。

一是政府相关部门。韩国青少年和学校体育是其国家体育政府组织的重要组成部分。概括地说,学校体育政策制定部门主要由政府体育组织和社会体育组织共同管理,形成了具有韩国特色的结合型体育管理体制。最初,韩国体育事务由文教部管理,其中,体育局隶属于文化体育观光部,负责管理全国体育事务。韩国体育会、体育科学研究院、国民大众体育会、纪念首尔奥运会国民振兴公团等民间组织为非政府体育组织,主要受到体育局的委托从事具体的体育事务和其他专门事务的管理。自 1982 年 3 月 20 日开始,即韩国修改政府组织法之后,新设体育部,体育相关事务均转交给韩国中央行政机关负责。2001 年 2 月 1 日,韩国政府组织重整,各组织部门职能发生变化,其中由学校政策科负责学校体育相关的政策制定;韩国学校体育业务是由教育人力资源部作为主管部门,学校政策室的学校政策科负责学校体育相关教育研究所,文化观光部作为辅助部门负责体育局的体育振兴科,大韩体育会管理学校体育队相关事务。教育人力资源部由学校政策室提出学校体育发展的基本方向,即确保体育教学课程顺利实施、改善学校体育设施、加强自律体育活动、积极参与主要国际体育大会等方面,并在基本方向之下,针对教学课程、运动项目、设施、体质检查等不同领域,分别设定特定目标,促进学校体育更好地发展。

二是服务设施企业。服务设施企业是青少年体育政策协同配套企业,其中既包括满足政府购买服务的诸多内容,也包括对于政策协同起到重要服务功能的企业。在此过程中,有的企业进入门槛较低,服务难度不大,运营成本也不高。当整体人流量产生激增态势时,此类企业的服务能力能够有效提升,从而满足整体市场和消费者的需求①。此外,也包含了正规企业外缺乏运营资质和正规培训的非法服务人员以及偶发不规行为主体。这一部分从业者既是拉动经济发展的活力源泉,也是亟待规范管理的重要群体之一。

三是青少年。青少年是体育政策协同的核心,也是一个相对笼统的概念。其中,库存量概念,是对于那些具有锻炼动机的青少年的概述。从理论上说,库存量增加,意味着体育政策协同降低。从实践上说,青少年体育锻炼动机影响因素是多样化的,其中高质量体验、安全感、便捷度、可靠性、设施质量都是重要考量要素②。学校体育政策更多体现在青少年的体验感,以及以此为基础的青少年体育运动的口碑。通过口碑、质量评价,真正反映了整体政策的相对竞争力,体现出了青少年体育整体发展的水平。他们所依托的生产、生活方式等都是极具优势的互补资源③。当地居民的参与、管理、自我发展,是推动青少年体育政策协同的潜在动力。

首先,政府相关部门对于一体化利益诉求是通过几个正反馈结构实现的。一,基础设施建设。政府部门充分发挥其公共服务的职能,不断加大基础设施建设,在规划、建设、维护等过程中,充分兼顾青少年体育发展的内在需求,为政策协同注入坚实基础。也要看到,基础设施的建设受到经济条件制约,也可能会带来一些负面效益。当基础设施改善后,从市场经济体制完善角度来说,管理体制也会存在需要进一步深化的空间。目前,青少年体育政策协同的利益分享机制较为成熟,但是也存在提升空间。各职能部门的协调机制需要进一步完善,尤其是青少年体育职能部门的权力和能力需要进一步加强,从而有效化解政出多门、多头管理的问题。各级政府职能部门要提升青少年体育项目开发积极性,对于可能发生的负效益预见能力、预防能力、提升能力进行检测和评估,对于一体化项目发展进行协调和保障。尤其是,要注重社区参与青少年体育政策协同能力提升,形成一个既自我发展又抱团取暖的良性循环机制④。二,服务管理能力建设。对于青少年体育政策协同而言,服务管理能力是关键,及时高效的服务管理是发展的重要保障。在实际工作中,服务管理能力与现实需求之间的矛盾也会使得发展潜力得不到有效释放。一方面,无形

　　① 周慧玲.空间网络视角下省域旅游经济一体化区域的优选研究——以湖南省为例[J].求索.2016(02):123-127.

　　② 唐睿,冯学钢.中国旅游经济与新型城镇化的动态关系研究[J].农林经济管理学报.2016(01):106-114.

　　③ 黄静波,李纯.湘粤赣边界区域红色旅游协同发展模式[J].经济地理.2015(12):203-208.

　　④ 王慧娟,张辉.中国旅游政策评估模型构建与政策变量分析[J].旅游科学.2015(05):1-13.

指标管理的压力过大。政府部门之间、社会企业之间交流中,通过直接的、可见的、易得的人数、投资数、人均消费数、财政收入等测量指标,能够较为明晰地展示出整体效果。然而,在一些无法直接测量的深层次指标上,也存在着亟待完善的空间①。另一方面,机构协调建设效度问题。在青少年体育政策协同的增量刺激下,各种基础设施建设增长较快,各类项目评估、建设、服务、管理整体能力不断提升,不少项目的服务管理配套不足、检测体系不强、市场搜集能力不够、机构协调水平不完善等问题仍然存在。

其次,青少年本身就是一种正反馈机制,受到口碑影响较大。然而,口碑宣传也具有一定的滞后性,若相关线路在固定时间中宣传效果持续下降,促销相对成本就会越来越高,不利于政策更新与扩散进程。青少年数量的激增在一定程度上造成全新的服务设施建设,在增长机制作用发挥上不能成为长期的增长点②。实践证明,在一体化进程中,饭店、交通服务业和本地旅行社的供给大于需求。在目前管理现状下,供大过于求导致了两个限制作用的反馈机制。

再者,学校体育实施者。一方面,学校体育设施政策相对滞后。学校体育设施政策上相对滞后,韩国很多学校运动场很难开展项目的竞赛,有的学校甚至没有运动场,学生活动空间严重受限。调查发现,韩国小学运动场使用的篮球和篮球架、足球和球门,有部分设施只适合成人使用。为解决这些问题,卢武铉政府旨在提升学校体育设施,兴建草地运动场、体育馆,但实际上很难使每个学生受益。韩国以先进国家模式(比如,美国的季节性竞赛大会、新加坡的调整相称项目)为标杆,提高学校课程的实际学习时间、推进多种授课方式、提高校外体育设施使用度、丰富授课形式等,引进轮挡时间制度。青少年每周进行三次以上体育活动,导致青少年课余缺乏必要体育活动。在配置体育辅助讲师时,文化体育观光部为配置主体,在配置体育辅助员时,教育科学技术部为配置主体,然后通过教育厅转交给学校,最为妥当。③

(一)加强政策协同立法,统筹青少年体育体制

一方面,要加强相关法律法规制定。韩国极为重视政策协同法制建设,始终将法律概念置于一体化推进过程中,出台相关法律法规有效地规范制度。国内有的地区也走在了前列。显然,体育政策学理念指引下,我国青少年体育

① 杜德斌,盛垒.跨国公司在华R&D机构的空间集聚研究[J].世界地理研究.2010(03):1-13.
② 黄璜.全球化视角下的世界城市网络理论[J].人文地理.2010(04):18-24.
③ 叶林.新区域主义的兴起与发展:一个综述[J].公共行政评论.2010(03):175-189+206.

相关研究和实践论题将更为集中。表现在,青少年体育政策协同的问题意识更为明显,青少年体育政策协同的权利保障和法定性支撑更为坚实,权力法定向法治建设研究转型更为明晰,更多借助专业知识和职业发展来反哺发展路径,拓展法学研究事业的学理基础。也要看到,我国在法律法规的建设依据和保障等领域还不健全。为此,要突出考虑社会、政府与产业特色需求,确保文件、法律内容一致性、连贯性和延续性。在相关法律制定时,既要符合体育政策学要求做出相应调整,也要注重产业基础和发展特色,明确不同法律之间权力责任关系,避免法律交叉造成的推诿扯皮和法制精神目标缺失。另一方面,要完善政策协同各自职能和责任。从政府相关部门运作角度来说,政府部门应当强化自主、自动和自发锻炼意识,突出青少年体育政策协同自我培养、完善、净化、提升基本要求。完善政策协同目标,明确政策协同内容,促进政策协同方式转变。明确青少年体育政策协同存在的短板弱项,注重实用化、生活化水平,将政策协同内容与身体健康、技能提升、知识完备、休闲娱乐有机结合起来。明确沟通途径,完善沟通机制,促进协同发展,注重设施和资金等方面的投入。认知青少年体育政策协同重要价值,引导认识到参加青少年体育政策协同需要具有强大的理性支撑,能在自由、自主、自律的前提下从事相关活动。

(二)加快重点项目建设,拓展青少年体育空间

一是加强顶层设计,出台规范标准。按照科学合理有效的标准,规划政策协同,统筹经济发展水平、人口因素配置项目资源,促进区域结合,明确发展方向。尤其是,在规划阶段,要结合实际考量,承载能力,合理配置相关业态,形成专业化规划方案。二是明确定位、主题和功能。借鉴韩国在青少年和学校体育政策方面的经验,明确现有综合体建设的基本导向主题,设置核心功能,有效解决主题不明确,核心功能缺失定位不准等问题。结合地域特点和消费者相关群体特征,聚焦主题主业,引入相关核心项目,实现人流、物流、信息流、资金流有机融合,促进效应发挥,有效带动功能提升[1]。三是科学布局业态,实现功能整合。借鉴韩国在青少年体育政策协同布局方面经验,强调不同业态良性互动,整合功能分区,构建完整产业链条。构建教育培训、休闲零售等品牌特色,实现相互带动协同作用。拓展项目之间有机整合,引入新颖娱乐项目,实现整体配套设施完善,不断吸引年轻消费群体尤其是青少年参与高附加值小众项目,最终获得盈利。

---

① 张峥.基于区域政策协同体育规律的教学措施初探[D]体育学刊,2019,20(2):20.

（三）以建设为基础，完善多样化学校体育机制

一是健全和完善青少年服务管理的制度机制，系统打造学校体育闭环工作。坚持以服务青少年为宗旨，以融合联合聚合为手段，分层分类推进服务优质化、个性化、精细化。一个精确台账，厘清青少年"订单"。全面摸清青少年在学校体育教学等方面的共性需求和个性需求，实施"一类一案""一人一策"，确保日常服务到位、重点服务到家、特殊服务到人。挖掘青少年潜在优势、独特资源，搭建青少年发挥大舞台。编制《青少年学校体育服务规范》，整合零星事项、厘清责任边界、规范服务流程、完善监督评议，分级分类建立体育教师联系青少年制度，拓展联系方式，明确职责分工，提高服务时效，对青少年要做到"一对一"对接，为青少年提供全周期服务方案。二是健全和完善发挥青少年优势的制度机制，促进青少年作用有效发挥。搭建家校共育平台。后疫情时代背景下，我们按照家校共育的基本理念，依托互联网＋的思维逻辑，开展形式多样的线上家校共育活动，积极引导组织学生收看网络教育课堂、线上问题解答等活动。通过问卷星、线上调研等工具，及时了解学生的所思所困所想所念，有效化解不同情况的家庭之间在学生教育等方面存在的问题，开展家校共育活动。结合大学生的家庭教育，陆续开展体育相关主题活动，让家长能够及时分享家教方面的经验，同时也增强了体育活动范围，养成了自觉活动的意识，增强了学生的使命感。

（四）以改革创新为动力，健全规范学校体育治理机制

深入推动青少年学校体育融入学校教育。一是在教学工作推进层面，构建起制度体系、运行机制2个工作框架。在学校原有工作力量基础上，引进体育教育人才，补充到学校中。承办志愿公益活动，创建示范引领样本，引导激活学校力量。发挥青少年团队、项目优势，加强对青少年正能量发挥示范引领。二是强化引领，推动活动融入。活动引领是体育教学融入学校教育的动力和抓手。对具有不同专长的青少年"因材施用"，参与学校建设、议事协调工作，担任学校体育指导员等职务。实施青少年志愿服务培育活动，注重发挥较年轻青少年作用。及时将青少年文体兴趣爱好者组织起来，分类建立文体兴趣团队。开发更多符合实际、适应青少年特点的互助志愿"微服务"项目和特色"微服务"岗位。探索建立青少年志愿服务星级评定、积分兑换等制度措施。三是夯实平台，推动保障融入。阵地建设是体育教学融入学校教育的根本和保障。深入推进"青少年之家"建设，争创全省、全市示范社区"青少年之家"，

提升学校体育阵地功能。落实学校体育主体责任,细化目标任务,推动各项工作落地见效。

(五)强化平台建设,构建特色品牌作用发挥机制

一是打造青少年体育工作室。紧紧围绕中心工作,结合青少年优势特长,依托学校活动场地和服务驿站,从"夯基础、强队伍、建机制"入手,有针对性地搭建不同层次、各有侧重的青少年体育工作室,有计划地扶持培育一批青少年先锋典型,为青少年发挥作用创造条件、提供支持。二是学校体育融合,激活社团协会组织。突出组织优势,出台青少年社会团体机制建设的意见,按照"有利于教育管理、有利于发挥作用、有利于参加活动"的原则,探索将所属社团协会统一管理,确保始终发挥引领作用。突出特色优势,明确青少年专业特长、兴趣爱好、文化水平、作用发挥意向,依托社区资源优势、整合社团活动项目、挖掘志愿服务需求,放大示范效应,新建改建一批社团协会,搭建青少年作用发挥大舞台。突出制度优势,为社团提供固定活动场所,以社团学校体育带动社团建设,在社团管理和活动组织中增强凝聚力、战斗力,引领体育社团中青少年更好地完善体育学习相关内容。

二、反思

第一个国家体育发展计划不仅强调现有的精英体育项目及其如何提高国家声望,而且强调学校青少年体育的平衡发展。这一计划为整个体育领域运营体系的建设奠定了基础。第二次国家体育振兴计划在维持和加强第一次国家体育振兴计划的基础上,提出了以下政策任务:建立以地方社区为中心的体育活动环境、学校青少年体育和精英体育的合作、南北在体育领域的合作。由于体育产业是作为国家体育促进计划的一个新领域引入的,因此建议的政策任务包括支持培育私营体育产业和建立保护体育顾客的制度。在新计划中,学校体育与青少年体育被列入文化、内容、旅游等综合计划的领域,因为这些领域在经济和文化方面具有更强的竞争力。与之前的规划相比,第五个国家体育发展规划涉及的方面更少,总体上涵盖了学校青少年体育、精英体育、体育产业等领域,旨在通过科学化、专业化、大众化和先进性实现增强学校体育运动和青少年体育水平。

国家体育促进计划开启了韩国学校青少年体育作为体育领域的系统建立。该计划从根本上改变了人们对学校青少年体育的观念,增加了体育场地,

培养了体育指导员,开发和传播了项目,提高学校青少年体育的参与率,建立学校青少年体育、精英体育和学校体育的密切关系。还包括建立体育俱乐部、学校青少年健身认证中心,引入学校青少年健身认证制度,制定了针对运动员、家长和教练员的青少年体育相关教育政策和实践,以提高参与率。然而,目前有关学校青少年体育的政策有其局限性,例如,大多数项目都局限于提高参与率、补充和扩大设施、培养和分配教员以及制定和传播项目。

　　《韩国国家体育促进计划》中的"学校青少年体育"政策以提高参与率为重点,侧重于在各个不同领域的努力,包括补充和扩大设施、培养和分配教员、开发和传播项目。但是,到目前为止,有关学校青少年体育的政策任务仅限于几个具体的任务。为了适应时代的需要,也为了反映发达国家在学校青少年体育政策方面取得积极成果的案例,未来在体育领域需要在国家体育促进计划中加入新的政策任务,这些任务必须与现有的政策任务有所区别,同时保持和补充现有的政策任务。

第八章　新中国的青少年和学校体育政策

　　2022 年 6 月 24 日,《中华人民共和国体育法》由中华人民共和国第十三届全国人民代表大会常务委员会第三十五次会议修订通过,有力推动了我国体育事业完成由依法而治向良法善治的发展转变①,标志着"依法治体"进入了全新的阶段。青少年和学校体育独立成章说明了进一步完善我国青少年和学校体育工作既是国家的战略选择也是社会发展的现实需求,需要特别指出的是,原《体育法》中的"社会体育"一章现已更名为"全民健身",这更加凸显"以人为本"的特性,"青少年"对应"全民"能够形成逻辑自洽②,同时为了适应实践需要,兼顾教育部门和体育部门的职权划分,保留了"学校体育"这一关键用语;教育包括家庭教育、学校教育、社会教育,学校体育作为学校教育的延伸,合理规避了"学校体育"思想在教育工作中的淡化,同时在教育场景的界定上强调了体育是教育的一部分,为更好地发挥"以体育人"的功能提供了法律支撑。

　　众所周知,政策对指导我国各项事业发展有着不可替代的引领作用,纵观我国青少年和学校体育政策的演进历程,将二者合并重提有其历史必然性,首先青少年体育政策和学校体育政策本质上都是为了更好地培养社会主义建设者和接班人;其次对于青少年的重点群体——学生而言,如何在"跳出"学校这一教育场景后更好地"享受乐趣、增强体质、健全人格、锤炼意志"一直是我国教育体制改革的重点问题。在所有相关政策中,有针对性较强的直接作用于青少年和学校体育领域的专门政策,如《关于进一步减轻义务教育阶段学生作业负担和校外培训负担的意见》(即"双减政策")《关于加强体育后备人才培养、推进体教融合发展实施方案》等,也有间接涉及青少年和学校体育领域问

---

　　① 于善旭.良法善治:新征程体育强国建设法治提升的审思——以新修《体育法》的颁布实施为标志[J].体育与科学,2022,43(04):1-10.

　　② 田思源.《中华人民共和国体育法》的修改过程、主要争议与立法选择[J].天津体育学院学报,2022,37(04):373-379+410.

题的宏观政策如《"健康中国 2030"规划纲要》《"十四五"体育发展规划》等。现有关于青少年和学校体育政策研究,比较有代表性的是:张文鹏,王健从政策文本视角出发将学校体育政策主要聚类为指导方略、法律法规、发展规划、政策支持、动员指示、实施方案、课堂教学、课外活动、教学调控、组织管理、保障措施 11 种主题①;吴颖冰,戴羽以中国共产党成立以来的重要指示为素材,梳理了我党关于学校体育政策的百年历史演进和阶段特点②;李强以青少年体质健康问题为参考,梳理了新中国成立以来青少年体育健康促进政策的演进历程和发展规律;李强和杨雅晰,刘昕聚焦改革开放后的青少年和学校体育政策演变历程,提出中国青少年政策的逻辑主线是青少年体育的健康发展③,并对学校体育政策的顶层设计和执行体系的完善提出了自己的建议④。系统梳理新中国成立以来青少年和学校体育政策演进情况能够更好地为青少年和学校体育工作提供理论支撑和经验积累。

改革开放后, 1979年国家体委联合教育部相继印发《全国学生体育运动竞赛制度》《少年儿童业余体育学校章程》《中小学体育暂行规定》标志着青少年和学校体育事业开始重新焕发活力。

2013年, 《中共中央关于全面深化改革若干重大问题的决定》正式发布, 做出了"强化体育课和课外锻炼, 促进青少年身心健康"的重要部署, 正式开启了规范校外体育活动的工作。

探索与初创时期	曲折发展时期	恢复与重建时期	完善与升级时期	新时代全面发展时期
1949	1958	1979	1990	2013　2022

1958年《劳动卫国体育制度条例》颁布实施,是新中国成立以来的第一个体育制度,为今后的各种体育锻炼标准制度奠定了基础。

1990年《学校体育工作条例》《学校卫生工作条例》相继出台,是新中国成立以来关于学校体育卫生工作内容最为全面的行政法规, 成为检查和评估学校体育卫生工作的重要依据, 标志着我国学校体育工作步入正轨。

2022年, 最新一次修订的《中华人民共和国体育法》将"青少年和学校体育"合并为单独一章,从法律层面将青少年和学校体育工作放在优先发展的战略地位。

① 张文鹏,王健.新中国成立以来学校体育政策的演进:基于政策文本的研究[J].体育科学,2015,35(02):14-23.

② 吴颖冰,戴羽.中国共产党百年学校体育政策的历史演进与启示[C]//.2021 年"一带一路"体育文化学术大会论文摘要集.[出版者不详],2021:270-271.

③ 李强.改革开放四十年中国青少年体育政策演进述析[J].成都体育学院学报,2021,47(01):56-62.

④ 杨雅晰,刘昕.改革开放 40 年学校体育政策嬗变的回溯与展望[J].北京体育大学学报,2019,42(05):44-54.

第一节　新中国青少年和学校体育政策的演进脉络

一、探索与初创时期(1949—1957)

1949 年新中国成立后,面临着万象更新、百业待举的局面,社会主义改造也逐渐步入正轨,党和政府为了推动各项社会事业的发展,各类社会政策相继出台,其中加强国防建设和促进工业发展成为当时社会的主旋律。

1949 年,中国人民政治协商会议通过的《共同纲领》涉及了"提倡国民体育"的相关内容,指出了体育工作的重要性。旧中国连年动乱,社会动荡不安且生产力水平较低,我国学生缺乏安定的成长环境,进而导致身体素质无法满足社会主义建设的需要,因此,通过体育增强学生体质成为学校体育工作的重点任务。毛泽东于 1951 年首先提出"健康第一"的重要观点;从此之后"健康第一"既是政策制定的核心导向,也是贯穿我国学校体育政策各个发展阶段的基础目标①。1951 年 11 月 24 日,由教育部、国家体委、卫生部等 8 大部门联合印发的《关于推行第一套广播体操(成人、少年、儿童各一套)的通知》应运而生,这套广播体操具有难度较低、便于推广的特点,得到了各级各类学校的积极响应。为进一步加强体育工作的管理效率、确保政策的贯彻落实,我国的体育组织及管理机构开始得到逐步完善。1952 年,中央人民政府体育运动委员会、体育指导处(隶属教育部)依次成立。1953 年,高教部、中央体委、教育部联合颁布《关于正确发展学校体育运动、防止伤害事故的联合指示》,对学校体育活动的安全性问题提出了具体要求。1954 年,《准备劳动与卫国体育制度暂行条例和项目标准》正式出台,政策强调了其教育对象为全体劳动人民,其教育目的是通过进行全面的教育将广大人民群众培养成健康、勇敢、乐观的祖国保卫者和社会主义建设者。1955 年,国家体委、青年团中央联合印发《关于在青年中开展国防体育活动的联合指示》,强调"开展国防体育活动是对青年进行国防教育的重要方法之一","使我国年青一代在任何时候都能担当去抵抗帝国主义的侵略,保卫我们伟大祖国的神圣责任";同年,国家体委参照苏联模式

---

① 吴颖冰,戴羽.中国共产党百年学校体育政策的演进历程与经验启示[C]//.第十二届全国体育科学大会论文摘要汇编——墙报交流(体育史分会).[出版者不详],2022:146-147.

和经验基础上,在北京、天津、上海试办 3 所青少年业余体校。同年 7 月 30 日,第一届全国人大第二次会议通过的《中华人民共和国发展国民经济的第一个五年计划》中提出:"在全国人民中,首先在厂矿、学校、部队和机关青年中,广泛地开展体育运动,以增强人民体质。"1956 年我国第一个《中、小学体育教育大纲》《中、小学体育课程标准》和《中、小学体育教学计划》相继出台,标志着关于体育课的具体政策也实现了从无到有的历史性跨越。1956 年 3 月,国务院发布《体育运动委员会组织简则》,明确了"在国务院领导下负责统一领导和监督全国体育事业"是国家体委的职责所在,各地相继成立地方体委。组织领导机构的完善,对推动和指导青少年体育工作起到了重要作用。除此之外,国家体委制定了《少年业余体育学校章程》和《青年业余体育学校章程》,各省区市开始普遍建立青少年业余体校。这一时期青少年和学校体育政策侧重青少年体质健康意识的认知与深化,通过学校体育制度化和制定锻炼标准①达到增强学生体质、投身国防建设的目的,值得一提的是,青少年竞技体育工作也开始进行了初步的探索与实践。

二、曲折发展时期(1958—1978)

自 1958 年开始,"大跃进运动"席卷全国,加之三年自然灾害,我国各项事业的发展近乎停滞,为了缓解饥饿问题,保证学习精力,对体育活动不做要求,这直接导致了体育课的减少甚至取消,与此同时因为营养不良和缺乏锻炼导致的学生体质严重下降成为社会难题之一。伴随着社会主义探索的跌宕起伏,我国青少年和学校体育政策也在不断调整中曲折发展。

1958 年,团中央宣传部专门设立文体处,专门负责青年体育工作。1958 年 6 月,国家体委印发《中华人民共和国体育运动竞赛制度(草案)》,为青少年参与体育竞赛和相关部门承办青少年体育竞赛提供了制度支持。同年 10 月,新中国成立以来第一个体育制度——《劳动卫国体育制度条例》由国家体委正式颁布,该政策强调要通过鼓励人民积极参加体育锻炼,促进体育运动的广泛开展,提高运动技术水平,使人民更好地投身社会主义建设和保卫祖国。1961 年,为贯彻"八字方针"精神,《全日制中学暂行工作条例(草案)》《全日制小学暂行工作条例(草案)》正式发布,又于同年 9 月发布《中学五十条》《小学四十

---

① 张卓,张繁.新中国成立以来青少年体育健康促进政策回顾与展望[J].西安体育学院学报,2022,39(03):355-365.

条》以及《关于试行条例的指示》,政策指出要通过有步骤地改善校舍、教学、体育、卫生、生活方面的设备培养学生良好的生活习惯和劳动习惯,促进其身心得到正常发展;还针对卫生常识教育、安全教育、伤害事故处理做了完整的规定。1964 年我国将 1958 年颁布的《劳动卫国体育制度条例》改为《青少年体育锻炼标准》,成为青少年科学参加体育锻炼的重要参考。同年,国家体委印发《青少年业余体育学校试行工作条例(草案)》,提出要推进业余体校建设制度化,为刚成立不久的国家及各级体委、文体处以及各体校指明了工作方向和重点。需要特别注意的是,1964 年 2 月,国家体委印发《关于大力开展足球运动,迅速提高技术水平的决定》,将沈阳、大连等 10 个城市命名为"开展足球运动重点城市"。这是一次创新的尝试,奠定了我国足球青训版图的基础部分。1964 年 6 月,共青团中央、教育部、国家体委发出《关于在男少年中开展小足球活动的联合通知》作为推广足球运动的补充。1965 年,国家体委颁发《青少年体育锻炼标准条例(草案)》和《项目标准(草案)》,为我国学生的体质测试提供了具体的指标依据,对引导学生有序参与体育锻炼、改善身体发育状况,恢复学校体育课正常教学起促进作用。1965 年底,全国青少年业余体校已初具规模,我国已基本形成了一般业余体校、重点业余体校、省中心业余体校和专业队三级青少年训练网。业余体育训练开始作为竞技体育后备人才培养的重要形式。1972 年,国家体委、国务院科教组联合印发《全国青少年业余体育学校工作座谈会纪要》,对体校工作做了进一步要求:尽快恢复原有教学秩序,同时兴建一批新的业余体校。1975 年,《国家体育锻炼标准条例》由国务院正式批准试行,该政策总则部分明确提出,为了鼓励和推动人民群众,特别是青少年、儿童积极参加体育锻炼,以增强体质,提高运动技术水平,培养共产主义道德品质,更好地为社会主义现代化建设和保卫祖国服务。

这一时期的青少年和学校体育政策具有一定的政治色彩,政策目标的设置较为模糊,文本的表达存留空间较大,这就容易造成政策执行偏差或执行受阻等问题[1],但其注重青少年国防教育、竞技体育业余训练的发展,取得了一定的进展,提振了广大青少年投身社会主义建设的热情。

三、恢复与重建时期(1979—1989)

十年动乱后,社会各项事业的重建成为党和国家的工作重点,1975 年开

---

① 李百成,郭敏.我国学校体育政策演进特征与发展策略[J].体育文化导刊,2019,(10):81-85.

始,我国的教育部门、体育部门的职能开始逐渐恢复,为提升青少年和学校体育领域的工作效率,我国相继设立了"中体协"、"大体协"、"教育部体育司"等专门性机构,1978 年 12 月,随着十一届三中全会的胜利召开,确立了改革开放的发展方针,从 1975 年到 1978 年,经历了三年的恢复和重建,青少年和学校体育工作重新焕发活力。完成青少年和学校体育领域的拨乱反正成为这一时期的重点目标。

　　1979 年 3 月,国家体委联合教育部相继印发《全国学生体育运动竞赛制度》《少年儿童业余体育学校章程》和《关于在学校中进一步广泛施行〈国家体育锻炼标准〉意见的通知》,为业余体校教学秩序的恢复明确了发展方向。与此同时,国家体委开始组织编写田径、体操、游泳、足球、篮球、排球等项目的少年儿童业余训练教学大纲和教材,为不同项目的差异化、专业化训练提供了理论依据。1979 年 10 月,教育部、国家体委联合印发《中小学体育工作暂行规定》,对学校体育的任务和评定标准进行了明确,补充说明了关于体育课堂教学、课外体育活动、体育基础设施和体育师资管理等方面的内容,这一规定使学校体育工作朝着更加规范化、制度化的方向更进一步。1980 年 2 月,国家体委印发《关于认真贯彻落实全国学校体育卫生工作经验交流会议精神抓好学校体育卫生工作的意见》,要求各级体委把抓好学校体育工作当成自己的一项重点任务扎实推进,并由共青团、教育、卫生部门开展联合检查。1981 年,国家体委提出要"整顿业余体校,办好体育中小学和体育运动学校,兴建专项运动学校"的工作方针。1983 年,国家体委印发《关于进一步发展业余训练的意见》和《关于改进业余体校竞赛的若干办法》,进一步加强了业余训练和青少年竞赛工作;同年,由教育部、卫生部、国家体委及国家民委联合颁布的《关于进一步建立健全体质健康卡片,进行全国学生体质健康调查研究的实施方案》开始正式生效,我国各级各类学校的体质健康数据库相继建立,对青少年体质健康状况的数据统计和科学监测逐渐步入正轨。1986 年 4 月,国家体委印发《关于加速培养高水平运动后备人才的指示》,提出:加强青少年儿童的训练,加速培养高水平运动后备人才是当前的重点工作任务。1987 年,全国业余训练工作会议顺利召开,会议要求各级体委要本着"服从和服务奥运战略"的工作原则,处理好业余训练等与优秀运动队的衔接,抓好高层次体育运动学校建设,搞好青训工作,通过科学选材和训练,提升业余训练质量;要加强与教育部门的通力合作,共同培养体育后备人才;保证业余训练的财政投入。这次会议对深化业余训练改革、提高青少年体育工作尤其是业余训练工作的重视程度有着重大意义。此外,针对改革开放初期中国社会的发展状况及人才需求,使学校体育的发展紧跟时代步伐,一系列具体政策相继颁布:《关于加强中小学体育师资队伍建设的意见(1986)》对学校体育的师资建设起到规范化引领作用,《全日制中学体育教学大纲(1987修订)》《中学生体育合格标准(1988)》和《中、小学体育教学计划(1988)》成为体育课堂教学和中、长周期体育课程设置的重要参照;《中小学体育器材设施配备目录(1989)》为学校体育基础设施的增补与完善提供了重要参考。

这一时期的青少年和学校体育工作完成了拨乱反正的历史任务,职能部门的分工也进一步精准和细化,为适应改革开放初期社会对学校体育的要求,国家开始注重学校体育的内外部工作,如体育与卫生、学校体育课程建设、基础设施、师资建设等,对学生体质健康的监测和落实也取得重大进步。竞技体育领域,后备人才的培养模式、选材标准和科学训练政策得到了进一步完善。

四、完善与升级时期(1990—2011)

世纪之交,中国社会结构的分化与重新整合使中国教育、体育的格局发生了巨大的变化,中国的教育事业、体育事业面临着社会化、产业化浪潮的强烈冲击①。针对高速发展的社会生产力以及暴露出的许多社会问题,我国的法治环境需要得到进一步优化,教育体制改革也逐渐深入,《中华人民共和国教师法(1993)》《中华人民共和国教育法(1995)》《中华人民共和国体育法(1995)》相继颁布,教育、体育系统的法治化建设逐渐提档升级。《学校体育工作条例(1990)》的贯彻落实,使得体育在全面发展教育中的地位得到进一步强调,学校体育作为新中国成立以来正式独立的教育形态进入了新的发展阶段,这一时期的青少年和学校体育政策的主要任务是进行完善与升级,以适应新的社会发展状况。

1990年,《学校体育工作条例》《学校卫生工作条例》接续出台,是新中国成立以来关于学校体育卫生工作内容最为全面的行政法规,成为检查和评估学校体育卫生工作的重要依据,标志着我国学校体育工作步入正轨。1991年,国家体委、国家教委联合下发《体育运动学校办校暂行规定》《三年制中等体育学校教学计划》《体育运动学校学生学籍管理办法》,推进"读训并重"与"体教结合",体育部门和教育部门的协同共治成为加强青少年体育工作和促进后备人才培养极为重要的举措。1992年,由国家教委颁布的《九年义务教育全日制小

---

① 卢元镇.世纪之交体育运动发展的回顾与展望[J].体育科学,2000,(03):1-6+9.

学教学大纲》(试用)和《九年义务教育初级中学体育教学大纲》(试用)正式出台,是义务教育阶段体育教学的纲领性文件,对我国中小学体育课程标准的设立、体育教材的编写、体育课堂教学实践具有引领意义。随后国家教委决定将体育列入升学考试制度。1993 年,为切实激发青少年体育发展活力,提升运动人才的流动性,国家体委印发《关于深化体育改革的意见》,意见指出应该以高水平运动队和体育俱乐部为重要抓手,联合多种社会力量,为开拓训练渠道,扩大训练面提供新的路径。1995 年,国务院发布《全民健身计划纲要》,正式开启了中国体育史上的"全民健身计划"时代①。纲要的实施对青少年、儿童做了具体规定,将其视为推广全民健身的重点工作,《中华人民共和国体育法》也于1995 年正式颁布,极大推动了我国青少年和学校体育领域的法制化进程。1996 年,国家体委印发《关于开展高水平体育后备人才基地评估工作的通知》,为各级各类体校办学效果评价建立了相应的指标体系,即"高水平后备人才基地的评估标准"。同年 12 月,教育部体卫艺司颁布《全日制普通高级中学体育教学大纲(试验)》,首次在学校体育领域引入了"终身教育"的概念,标志着可持续发展教育观在体育教育领域的最新导向,终身体育思想开始登上历史舞台。1998 年,教育部制定了《面向 21 世纪教育振兴行动计划》,计划重点推行了"跨世纪园丁工程",其目的是为新世纪素质教育提供人才支撑,作为贯彻这一政策的补充,又于 1999 年制定了《园丁工程全国体育教师培训方案》,为我国学校体育事业的发展培养了一批师德高尚、专业知识能力较强的骨干教师。1999 年 6 月,《中共中央国务院关于深化教育改革全面推进素质教育的决定》正式公布,决定明确指出,要以"健康第一"为整体性要求,同时要求学生养成锻炼习惯、习得运动技能。进入 21 世纪,基础教育体育课程改革提上日程,教育部分别于 2001、2003 年印发《体育健康课程标准(实验稿)》《普通高中体育于健康课程标准(实验稿)》,至此,新中国成立以来沿用半个世纪之久的"教学大纲"变成了"课程标准",体现了国家课程纲领性文件由指令性向指导性的方向转变。2002 年,中共中央、国务院印发《关于进一步加强和改进新时期体育工作的意见》,对全面深化体育改革和筹办好 2008 年奥运会作出部署,强调要重视青少年体育工作。2005 年《关于进一步加强普通高等学校体育工作的若干意见》《教育部关于开展普通高等学校高水平运动队建设评估工作的通知》出台,再次对体教结合中"教"的地位进行了强调。为提升竞技体育后备人才

---

① 刘红建,高奎亭,徐百超.中国全民健身政策体系演进历程、优势特征及效能转化研究[J].体育学研究,2022,36(01):91-102.

的培养效率。2007年,为贯彻落实"科学发展观",强调素质教育的"重要性",以便于将党的教育方针更好地融入青少年体育工作,中共中央、国务院印发《关于加强青少年体育增强青少年体质的意见》,这一政策突出了青少年体育在国家发展全局中的重要作用。2009年,国务院印发《全民健身条例》,条例指出应保证学生每天参加一小时体育活动。2010年,国家体育总局成立青少年体育司,专门负责青少年体育工作,各省市体育局也成立了青少年体育处、青少年体育科,从组织架构上又加强了青少年体育工作的统筹和指导,青少年体育工作得到了加强。2011年,国家体育总局颁布《青少年体育"十二五"规划》,青少年体育第一次有了独立的、规格完整的规划方案,这在青少年体育政策发展史上具有里程碑式意义。

这一时期的青少年和学校体育政策主要围绕"改革"这一主题进行,为配合我国教育体制改革、体育体制改革,国家颁布了一系列完善学校体育的政策文件,各级各类学校对体育的重视程度也在逐渐提升。同时期关于体教结合的尝试和探索也在积极进行。

五、新时代全面发展时期(2013—2022)

十八大以来,我国的现代化建设已取得了一定的成就,中国特色社会主义进入新时代;与此同时,我国青少年的身体健康状况并不理想,由于过重的学业压力和多样化电子信息产品的介入,出现了一系列健康问题,以习近平同志为核心的党中央领导集体格外重视青少年和学校体育工作,多次强调其高质量发展的重要性。2012年10月,党的十八大将"立德树人"确立为我国教育的根本任务。2013年,《中共中央关于全面深化改革若干重大问题的决定》正式发布,做出了"强化体育课和课外锻炼,促进青少年身心健康"的重要部署。2015年,教育部发布《学校体育运动风险防控暂行办法》,为教师、学生的合法权益保障提供了政策支持。2016年,《青少年体育"十三五"规划》发布,提出要健全相关政策引入市场机制,调动全社会的积极性和创造性;同年,国务院办公厅发布《关于强化学校体育促进学生身心健康全面发展的意见》,该意见拓展了青少年体育活动的内容,遴选出重点发展的青少年集体项目、基础项目、冰雪项目等。2017年11月,国家体育总局、教育部、国家发展改革委、民政部、财政部、共青团中央、中央文明办等单位联合印发《青少年体育活动促进计划》,该计划旨在服务于全民健身国家战略,引导广大青少年积极参与体育锻炼,着眼于青少年的身心健康,计划指出了执行的关键是坚持政府主导、部门协作和社会参与,探索建立有益于体育活动开展的体制机制,在全社会营造关注青少年身体健康的良好氛围。这一时期,针对学校体育领域的重难点环节,还出台了一系列配套措施,如《学校体育运动风险防控暂行办法(2015)》《关于推进学校体育场馆向社会开放的实施意见(2017)》《学校体育美育兼职教师管理办法(2017)》,以上政策的着眼点细致入微,其目的是为长期存在的师资力量分配不均、事故权责界定不明等问题提供纾缓路径。2018 年,习近平总书记提出新时代青少年体育发展理念的核心是"享受乐趣、增强体质、健全人格、锤炼意志"。2020 年 8 月 31 日,国家体育总局和教育部联合发布了《关于深化体教融合 促进青少年健康发展的意见》,"体教融合"模式首次正式提出,标志着我国体教结合工作画上圆满句号。同年,中共中央办公厅、国务院办公厅共同印发《关于全面加强和改进新时代学校体育工作的意见》,意见指出新时代的学校体育工作要紧紧围绕深化教学改革、改善办学条件与完善评价机制等方面,力图推动青少年文化学习和体育锻炼协调发展,合理构建具有创新性的育人体系。2021 年,国家陆续发布《关于进一步加强中小学生体质健康管理工作的通知》《儿童青少年近视防控光明行动工作方案(2021—2025 年)》等文件,提出要通过运动干预的方式逐步缓解青少年近视、肥胖等问题,进一步为青少年健康成长保驾护航;同年,为全面压减作业总量和时长、减轻学生过重的作业负担,提高学生课内外参与体育活动的时间,国务院印发《关于进一步减轻义务教育阶段学生作业负担和校外培训负担的意见》,这一政策的颁布,对于思想观念和教学理念的革新有一定的引导作用,有助于学校体育工作更好地满足学生需求,提高教育教学质量。2022 年 6 月 24 日,十三届全国人大常委会第三十五次会议表决通过了新修订的《中华人民共和国体育法》,做出了从法律层面促进青少年的全面发展的重大决定,并将第三章《学校体育》章名正式修改为《青少年和学校体育》,这一举措为体育和教育等多部门协同共促青少年体育发展提供了法律依据。

　　进入新时代,我国青少年和学校体育工作被摆在了更加突出的位置,各项政策的着眼点越发细致,在课程改革、训练竞赛、实践创新及人才培养等方面取得了较大进展①。青少年和学校体育的社会地位达到了前所未有的高度。

---

　　① 丁省伟,储志东.中国共产党领导学校体育发展的百年演进与历史经验[J].沈阳体育学院学报,2021,40(06):18-24.

第二节　新中国青少年和学校体育政策的主要特征

一、政策源起上体现党对青少年和学校体育工作的高度重视

政策是在一定的历史时期党和国家为了实现特定的目的而制定的行为规范,在我国,政策的颁布执行具有一定的权威性和强制性。学校体育政策作为一种话语体系,陈述与彰显了一定时期内党和政府对学校体育发展的公共政策信息①,关心和爱护下一代成长,是我国优秀的文化传统。历届党和国家领导人的重要指示都为政策的起源提供了重要参考。

新中国成立初期,加强体育锻炼、参与体育运动的生活方式还未得到推广,广大人民群众对体育的认识尚不健全,对于增强体质缺乏科学的认知;以毛泽东同志为核心的第一代党中央立足于"社会主义建设"和"保卫祖国"的出发点呼吁全社会重视青少年体质健康,毛泽东同志提出了"要使青年身体好、工作好、学习好"的三好方针;随着1956年三大改造的完成,我国社会主义探索取得阶段性胜利,为给社会主义建设提供人才支撑,毛泽东同志又把"德育、智育、体育"作为三好方针的补充。各级各类学校为积极响应毛主席号召,将学校体育活动的普及和开展提上日程,催生了新中国第一批以《关于在中等以上学校中开展群众性体育运动的联合指示》《中、小学体育教育大纲》《中、小学体育课程标准》等为代表的青少年和学校体育政策。

十一届三中全会以后,党的工作重心转移逐步转移到经济建设上来,社会对人才培养提出了更高的要求,邓小平指出"希望全国的小朋友,立志做有理想、有道德、有知识、有体力的人,立志为人民做贡献,为人类做贡献。"其中,四有精神的基础是"有体力"。江泽民同志指出"发展学校体育运动,促进社会主义精神文明建设",这是对学校和社会体育文化的重要补充,胡锦涛同志指出"促进青少年健康成长是关系国家和民族未来的大事,需要全社会的大力支持"。这充分说明党和国家领导人已经充分认识到学校体育的社会价值,《学校体育工作条例》《体育健康课程标准》等政策也开始发挥作用。除此之外,党

① 张文鹏,王健.新中国成立以来学校体育政策的演进:基于政策文本的研究[J].体育科学,2015,35(02):14-23.

和国家领导人对竞技体育工作也高度重视,为对接我国申奥办奥参奥工作,《关于加速培养高水平运动后备人才的指示》等一系列竞技体育政策得以颁布。

十八大之后,中国特色社会主义进入新时代,建成体育强国成为中华民族伟大复兴的重要标志,青少年和学校体育工作也被摆在更加重要的战略位置。针对学生体质健康,习近平总书记指出"文明其精神,野蛮其体魄,'野蛮其体魄'就是强身健体";针对学校体育教学,习近平主席指出"要树立健康第一的教育理念,开齐开足体育课,帮助学生在体育锻炼中享受乐趣、增强体质、健全人格、锤炼意志;针对青少年竞技体育,习近平指出要"引导广大青少年继续弘扬奥林匹克精神,积极参与体育健身运动"。在习近平中国特色社会主义的引领下,《青少年体育"十二五"规划》《关于深化体教融合 促进青少年健康发展的意见》《奥运项竞技体育后备人才培养人才中长期规划(2014—2024)》等政策相继出台,青少年和学校体育政策的定位也更加精准,保障也更加健全。

二、政策主题上凸显时代特性,与社会发展密切相关

政策的主题反映了不同历史时期的主要任务,带有一定的时代印记,经济基础决定上层建筑,新中国成立以来的青少年和学校体育政策是直接反映社会生产力、体现一定的政治色彩、解决人才需求问题的有力佐证。

首先是社会生产力的反映,新中国刚成立时期的政策主题尤为显著,1949年党和人民刚刚完成"站起来"的历史任务,社会生产力有限,青少年和学校体育工作的定位尚不明确,我国学生整体身体素质较差,无法满足社会主义建设的人才需要,因此,通过体育增强学生体质成为学校体育工作的重点任务;政策的颁布也紧紧围绕着"强身健体、保卫祖国"这一主题,这一时期的代表政策有《劳动卫国体育制度条例》、《关于在青年中开展国防体育活动的联合指示》等。其次是一定的政治色彩体现,比如1958年受到大跃进的影响,发展过于冒进,青少年和学校体育工作接近停摆,1958年三月初,全国体育工作会议正式召开,会议制定了《体育发展十年规划》,"规划"中含有大量不切实际的夸张内容,但其鼓励广大青壮年参与劳卫制锻炼的初衷是好的,其提倡设立的体育活动周、竞赛月也对青少年体育活动的推广起到了一定的促进作用;十年内乱期间,青少年军事体育课得到了前所未有的强化,1965年共青团中央正式公布《关于军事体育工作要点》,提出在青少年中开展射击、游泳、防空、投掷等10项活动,这是十年动乱时期唯一的短暂恢复体育课的历史,但是未能对体育课

的教学秩序恢复和教学内容补充起到实质性作用。最后是人才需求问题的解决,改革开放后尤其是新时代以来,我国的各项社会事业发展态势稳中向好,对人才的需求也越发旺盛,发挥好体育的育人功能才是青少年和学校体育工作的应有之义,政策主题开始逐步精准,校内针对体育课堂教学、体育课程设置、师资力量管理、基础设施完善等要素推出了《体育健康课程标准》《学校体育工作条例》《学校卫生工作条例》等政策;校外针对青少年竞技体育、青少年俱乐部管理、校外体育培训规范化推出了《关于加速培养高水平运动后备人才的指示》《青少年体育俱乐部管理办法》《课外体育培训行为规范》等政策。

三、政策内容上集中体现以人为本和全面发展

"以人为本"指的是,现代体育教育观应着眼于塑造受教育者和谐发展的理想人格[①],从人民群众的需求出发,服务于广大人民群众的生存发展和美好生活,身体健康是人民群众的最基本需求。在我国,健康理念不仅仅是通过参与体育活动拥有一个强健的体魄,还涉及健康素养、生理卫生、心理健康、防病能力等多个角度,相关的配套措施也作为政策的补充逐渐完善。1978年,教育部依次发布《体育教学大纲》和《生理卫生教学大纲》,同年《关于加强学校体育、卫生工作的通知》中明确指出各级各类学校要严格按照大纲要求,贯彻落实相关政策。1999年6月,《中共中央国务院关于深化教育改革全面推进素质教育的决定》正式公布,决定明确指出,要以"健康第一"为整体性要求,同时要求学生养成锻炼习惯、习得运动技能。进入新时代,全民健身上升为国家战略以来,大健康理念的已被纳入公共政策制定和实施的全过程,2021年9月《关于全面加强和改进新时代学校卫生与健康教育工作的意见》正式发布,学校卫生与健康教育工作的开展情况成为政府政绩考核指标的重要来源,已被纳入学校督导评价体系。

"全面发展"是一种着眼于多种素质培养的教育活动统称,其目的是使受教育者的各项素质得到均衡发展。1956年随着社会主义改造的基本完成,"是要全面发展还是要平均发展"的教育方针之争引发了全国上下的广泛讨论,"是三育还是四育或五育"、"德、智、体如何排序"等问题成为争论的焦点。1957年,毛泽东作了题为《关于正确处理人民内部矛盾的问题》的报告,他明确指出:"我们的教育方针,应该使受教育者在德育、智育、体育几方面都得到发

---

① 曹卫.构建"以人为本"的现代体育教育观[J].体育科学,2004,(03):67-69.

展,成为有社会主义觉悟的有文化的劳动者。"这一回答为一系列争论画上了句号,也标志着"全面发展"首次被纳入我国教育方针中;新中国成立后,我国的后备人才培养形成了"地方体校—省队—国家队"的三级训练网模式,随着社会转型和经济发展,此模式的较为封闭、运动员综合素质差、安置难的弊端开始逐渐显露,为贯彻全面发展的人才培养方针,"体教结合"登上历史舞台,1986 年《关于发展学校业余体育训练,努力提高学校体育运动技术水平的规划(1986—2000)》提出要从教育系统中培育体育人才的方针,1999 年《中共中央国务院关于深化教育改革,全面推进素质教育的决定》,将素质教育正式写入国家政策,体教结合开始向教体结合转变,2020 年《关于深化体教融合,促进青少年健康发展的意见》,"体教融合"模式被正式提出,它不仅仅包含了"健康"意蕴,更是包含了"全面发展"的内涵①。

四、政策执行上高效整合社会资源,多元主体参与政策过程

纵观我国七十年的青少年和学校体育政策,政策的颁布和执行主体正在由单一化向多元化演变,严格按照工作职责划分的政策数量越来越少,政策的延续性和综合性均得到了加强。

学校体育政策制定主体的多元协同化是由学校体育自身工作的复杂性决定的。政策的顶层设计将青少年和学校体育领域出现的问题上升到了国家层面,诞生了诸如《青少年体育"十二五"规划》等专门化政策,政策推行的着眼点已经渗透到青少年成长的方方面面,不仅仅着眼于增强体质的健康需求,对青少年的价值观念取向、生活习惯养成、运动技能习得等教育功能均有覆盖,而且要实现政策执行的目的,要以体育课堂教学、体育比赛、课外活动、家庭作业等多种形式的载体为依托。政策的执行要妥善处理好相关体育部门与教育部门的协调问题。新中国成立以来,负责青少年和学校体育工作的部门(以当前行政机构名称为主)主要有国务院、教育部、国家体育总局、共青团中央、科技部、卫生部、统战部等,参与部门越多,社会资源的整合效率越高。对于此,我国政策实践早有先例,比如 2013 年,国家体育总局青少年体育司顺利召开了全国青少年体育工作会议,参会人员主要由各项目中心、协会、各省区市体育局分管领导等组成,还邀请了相关专家学者。会议回顾了过去一年的青少年

---

① 杨国庆,刘宇佳.论新时代体教融合的内涵理念与实施路径[J].天津体育学院学报,2020,35(06):621-625.

体育工作进度,在总结先进经验的基础上部署了下一阶段的工作任务,为青少年体育发展起到了深刻凝聚共识、精准上下联动的作用,此会议自 2013 年开始每年召开一次;2014 年,"全国业余训练座谈会"由国家体育总局青少年体育司牵头在山东省济南市召开,会议通过梳理我国"业训"的演进脉络和当前的发展局势,为进一步提升运动训练水平和人才培养质量探讨了举措、会议还创造性地提出将"业余训练"这一旧提法改为"青少年训练"新提法的意见。当月国家体育总局印发了《奥运项竞技体育后备人才培养人才中长期规划(2014—2024)》,是我国竞技体育后备人才培养的又一创新性实践,规划涉及了许多后备人才缺乏的项目,填补了部分冷门项目的空白,为未来 10 年的竞技体育后备人才培养工作绘制了清晰的蓝图。

五、政策体系上层次性、法制化的趋势特点日益显现

政策作为理论支撑并非一成不变,是随着我国青少年和学校体育工作实践不断丰富和完善的,政策体系的构建分为宏观和微观两个方面,宏观上体现在《中国教育改革发展纲要》《全民健身计划纲要》等政策中,均涉及青少年和学校体育的内容,青少年体育主要着眼于青少年体质健康、青少年竞技体育后备人才培养等方面,此外,青少年体育政策承担起了规范"学校"这一场景之外的青少年体育活动的重任,出台了诸如《青少年体育俱乐部管理办法》《课外体育培训行为规范》等一系列政策。学校体育主要从体育教育目的、体育教育功能的角度出发,发挥体育的育人功能,主要是服务于我国教育机制改革、"大健康"战略等大政方针。微观上体现在《国家高水平体育后备人才基地认定办法》《关于推进学校体育场馆向社会开放的实施意见(2017)》《学校体育美育兼职教师管理办法(2017)》等专业领域的重难点问题,是单独针对青少年和学校体育领域的配套政策,具有主题鲜明、因时制宜的特点。

法律具有强制性,是国家意志的重要体现。法治在国家治理和社会管理中发挥根本性的作用①。政策的拟定和颁布可以使我国青少年和学校体育工作"有章可循",但相关法律的修订和出台可以使其"有法可依",目前相关法律政策主要有《中华人民共和国未成年人保护法》《中华人民共和国教育法》《中华人民共和国体育法》等法律,《中华人民共和国未成年人保护法》明确规定

---

① 肖谋文.21 世纪我国学校体育政策的情景、问题及优化——基于政策过程的视角[J].武汉体育学院学报,2018,52(02):82 - 87.

"保障未成年人休息、娱乐和体育锻炼的时间""体育场馆等场所，应当按照有关规定对未成年人免费或者优惠开放"；《中华人民共和国教育法》中提到"教育、体育、卫生行政部门和学校及其他教育机构应当完善体育、卫生保健设施，保护学生的身心健康。"等保障青少年体育活动正常开展的法律条文；青少年和学校体育在《中华人民共和国体育法》中独立成章作为青少年全面发展的法治保障，这也是对《中华人民共和国宪法》中提出"国家培养青少年德智体等全面发展"条款的具体落实，以上法律文件与其他领域法律相互支持又相互补充，共同为我国青少年和学校体育的政策落实保驾护航。

第三节　新阶段我国青少年和学校体育政策优化建议

一、政策理念更加强化"育人"价值导向

青少年是国家和民族的未来，关心和爱护青少年健康成长不仅是中华民族薪火相传的动力源泉，还是我国青少年和学校体育政策发挥其政策导向性的价值所在，正是由于中国共产党的高度重视，政策才能不断推陈出新成为解决社会问题的依据和参考，究其原因有二，首先因为青少年和学校体育政策同时涉及体育人才培养和教育工作推进两大重要任务，体现了一定的战略选择，也是回答怎样培养人、为谁培养人、培养什么样的人的理论载体之一，因此，学校教育必须体现"立德树人"的理念与思想，学校体育也不例外，这是新形势对中国学校体育提出的必然要求[①]；其次政策是一种理论支撑，是相关领域工作的必要参考，某种意义上对青少年和学校体育工作中遇到的重难点问题提供了多种解决方案。

新中国成立以来，青少年和学校体育政策的价值导向发生了一定的变化。政策的价值导向由引导青少年和青年学生群体通过积极锻炼增强体质，服务于社会主义现代化建设的工具性导向逐步转向促进青少年和学生群体的个体全面发展的人本导向，但是政策的导向与现实情况仍然存在一定的差异，表现在对体育的育人功能未形成一定的社会共识，也与根深蒂固的应试教育观念

---

① 邵天逸.“立德树人”背景下学校体育的育人价值[J].体育学刊，2017，24（04）：63－67.

有着不可分割的关系,应试教育对智育的过度推崇其实是对体育的倾轧与束缚[1],高考的"指挥棒"作用依然有广泛而深刻的影响,探寻体育进高考的声音也一直未曾间断。未来,将更进一步强化政策的价值导向,瞄准体育工作实践中的现实诉求和具体实践,依托青少年和学校体育政策转变社会对体育育人功能认知不深刻的惯性思维,发挥政策社会效益的最大化优势。

二、政策目标解决问题更加体现"双轨"回应模式

"自上而下"是我国青少年和学校体育政策的思维惯性,先有"政策指导"再有"依规办事",伟大的成就来自正确的制度和道路,而问题则是发展中的必然存在[2]。进入"新时代全面发展时期",政策的问题意识得到加强,不仅仅局限于"自上而下"的惯性思维,政策目标呈现出先有"现实问题"再有"政策完善"的倾向,充分根植于工作实践,以实际问题为导向"自下而上"地倒逼国家从顶层设计上做出调整,形成了"双轨"政策回应模式。如近几年围绕青少年近视防控、体态纠正、科学减肥减脂等社会问题,政策的科学性、可操作性均得到了不同程度的加强,同时,科学规范青少年校内外体育活动、搭建公平竞赛体系、对接健康中国战略也逐步提上日程。

20世纪80年代提出"体教结合"这一政策,逐步成为体育后备人才培养的核心举措,但是在我国基层教育实践当中,体育课无法开齐开足,应试教育使得学生远离体育,青少年体育后备人才培养成了"无米之炊"[3],运动员的退役安置等问题依然是客观存在的,尽管我国教育部门和体育部门做了许多类似于在普通高校试点高水平运动队建设、建立独立的体育中专体系、将地方体工队进行"院校化"改革等措施,但都没能彻底解决学生和青少年运动员的全面发展问题,教育的可持续化也并未得到加强;2020年《关于深化体教融合 促进青少年健康发展的意见》正式出台,充分说明党和国家已经认识到从顶层设计的角度进行理念革新的重要性,推动文化学习和体育锻炼的协调发展。这并非单一强调两大行政主体资源的简单整合;跳出学校这一培养场景,针对已经有所固化的"三级训练网"培养体系,体育部门和教育部门需要同时发力采取

① 潘凌云,王健,樊莲香.我国学校体育政策执行的制约因素与路径选择——基于史密斯政策执行过程模型的分析[J].体育科学,2015,35(07):27-34+73.

② 毛振明.新中国70年的学校体育成就与新时代的发展方向[J].天津体育学院学报,2019,34(06):461-465.

③ 钟秉枢.问题与展望:体教融合促进青少年健康发展[J].上海体育学院学报,2020,44(10):5-12.

探索建立青少年体育训练中心等举措；回归学校这一培养场景，要让体育真正成为教育的一部分，帮助学生在参加体育活动中"享受乐趣、增强体质、健全人格、锤炼意志"。

三、政策内容更加明确"终身"体育思想

体育归根结底是教育的一部分，虽然广大青少年接受教育的主要场所是学校，但教育实践活动不局限于学校，不仅仅着眼于课堂教学、课程设置问题，还在青少年俱乐部建设、竞技人才选拔、健康政策完善方面有所明确，终身体育思想暗含在我国青少年和学校体育政策内容之中。

终身体育是"终身教育"的延伸和拓展，终身教育指的是人一生中接受所有教育的总和，纵向上主要包含了从"摇篮"到"坟墓"不同年龄阶段的教育；横向上包含了家庭、学校、社会等不同场景的教育。类比终身教育思想，终身体育是使体育成为一种生活方式，立足于将学校体育的近期效应和长远效应相结合①，除了通过参与体育锻炼满足其最基本的健康要求和生长发育需要，还蕴含了教育的"可持续发展"理念，新时代的体育教育更加明确了其重要意义——拥有一个好的体魄是使我国青少年受益终生的大事。终身体育观的观念渗透是与我国教育、体育改革相伴而生的，1995 年《全民健身计划纲要》最先提出将青少年和儿童作为进行终身体育教育的重点对象，旨在增强体育锻炼意识；2012 年《关于进一步加强学校体育若干意见的通知》指出要使学生学会至少两项终身受益的体育项目；此外，历经数次完善的《体育与健康课程标准》《义务教育体育与健康课程标准》等文件中，"终身体育锻炼"作为关键词出现的频率大大增加；2022 年 6 月最新修订的《中华人民共和国体育法》中更是将"保证每天锻炼一小时"写入青少年和学校体育一章。但是，仅仅通过政策内容强调终身体育思想的重要性远远不够，如何引导青少年在课余时间、学校之外主动提高体育锻炼的意识，如何探索在国民教育体系中培育和选取青少年竞技体育人才等成为新出现的问题。未来，终身体育思想将不仅仅局限于学校，在呼吁全社会在关注青少年体质健康状况的基础上，对接多种体育资源，围绕场地场馆建设、体育培训开展、运动处方推广等角度将体育真正化作我国青少年生活方式的一部分。

---

① 陈琦.从终身体育思想审视我国学校体育的改革与发展[J].体育科学,2004,(01):40-43.

四、政策实施更加注重"协同"创新

进入新时代以来,政策的内容更加丰富多样,政策的延续性也得到了增强,诸如《青少年体育"十三五"规划》《关于全面加强和改进新时代学校体育工作的意见》等需要一以贯之的综合类政策开始占据主导地位。需要在不同主体的通力合作下开展,未来政策将着眼于"协同"的主体的创新,主要有不同地域之间"协同"、多种社会力量之间"协同"和相关部门之间"协同"三种。

首先是不同地域之间的"协同"。青少年和学校体育政策执行的不均衡性与我国的国情息息相关,我国的基本国情是地大物博、人口众多、部分地区城乡差距较大,如许多偏远乡村公共服务体系并不健全,存在乡村体育组织严重缺失、乡村体育指导无所依托等弊端①,政策在执行过程中受制于地方经济的情况并不少见,直接作用于体育师资、基础设施、社会认同等方面,进而导致不同地域的青少年或学生群体参与体育活动的程度存在较大差异,这是一种政策执行的"公平缺位"。未来的政策要着眼于打破地域壁垒,因地制宜促进区域"协同",探索帮扶渠道,减少一刀切,为偏远落后地区青少年和学校体育活动的开展减少阻力。

其次是不同社会力量之间的"协同"。针对青少年和学校体育工作仍然缺乏与之匹配程度较高的财政保障措施;公共体育服务支出在全国财政支出中所占比重与教育、卫生等领域公共服务支出在全国财政支出中所占比重比较而言是相对较小②,而单独依赖地方财政容易造成过大压力。未来政策需要探索开辟新的财政渠道,引导社会力量积极参与,学习国外先进经验,尝试设立青少年体育信托基金、形成发展青少年和学校体育的合力。

最后是相关部门之间的"协同"。随着政策的变革,分管青少年和学校体育的职责部门几经辗转,目前以教育部体卫艺司和国家体育总局青少年体育司两大行政主体为主,二者需要把握"协同"的度,过度化协同容易出现权责不明、双管双败的局面,但协同不足也会造成信息沟通不畅、政策执行力下降等后果。针对政策着眼的社会问题,未来,二者应该找准目标定位,联合科技部门、医疗卫生部门、经济部门等共同开展跨部门合作,以此推进政策执行。

---

① 郭修金,代向伟,杨向军,刘红建,张樱,尤传豹.乡村体育文化振兴的价值追求、现实困境与路径选择[J].沈阳体育学院学报,2021,40(06):1-7+33.

② 邵伟钰,王家宏.中国公共体育服务财政投入研究[J].成都体育学院学报,2015,41(03):36-40.

五、政策督导更加细化"责任"落实机制

新中国成立以来的青少年和学校体育政策,具有实施周期长、推广泛围大、落实环节多的特点,教育督导制度是其主要的评估、监督依据,为对接《教育法》《教育督导条例》等法律法规,国务院办公厅于 2020 年出台了《关于深化新时代教育督导体制机制改革的意见》,对政责任落实机制不健全等问题提出要求,最大限度规避了政策实施效果的弱化;2022 年 6 月新修订的《体育法》中也对其做了补充,学校体育归为教育督导范畴有了法律依据。

新的提法诞生后,需要兼顾"青少年"这一人群的群体特性和学校体育这一教育场景特性,我国青少年和学校体育政策的普适性较强,会间接导致政策推行过程中难以进行有效监管,责任落实情况也无从区分。举个例子,《关于进一步减轻义务教育阶段学生作业负担和校外培训负担的意见》于 2021 年正式发布,该政策明确界定了"持续规范校外培训,有效减轻义务教育阶段学生过重作业负担和校外培训负担,提升学校课后服务水平,满足学生多样化需求"等内容,政策推行的目的是通过课后体育服务来引导广大青少年在"减负"后的课内外时间积极进行体育锻炼,各地为了保证政策落实不惜采取强制措施关闭了大量辅导机构。但是课后体育开展的现实情况仍饱受争议,由于师资力量短缺,大多数学校是由学校购买第三方体育服务以此来保证课后体育服务活动的开展,但是其开展效果究竟如何却无从知晓,究其原因是缺乏效果评价体系,无法形成有效的监督机制来衡量"双减政策"的落实情况,归根结底是其责任细分程度不够。未来政策的走向需要在政策推行的每个环节都进行责任落实机制的完善,校内细化考核标准、校外探索体育活动的督导方式,从奖惩制度的设立上确保责任落实机制的长效运行,完善评估细则,建立常态化监督检查制度①。

建成体育强国是中华民族伟大复兴的重要标志,要完成由"体育大国"向"体育强国"转变的时代任务,青少年和学校体育工作的高质量发展是其重要保证,政策作为党和国家主动适应社会发展、积极深化改革的有力工具,有着不可替代的作用。纵观我国青少年和学校体育政策演进历程,依次经历了探

---

① 刘波,邱峰,韩勇,季浏.新时代修订《学校体育工作条例》的背景、依据和路径研究[J].体育科学,2022,42(06):11-18.

索、曲折、重建、升级、全面发展五大阶段,政策的起源、主题、内涵、执行、完善呈现出了极具中国特色的显著特征,在政策不断推陈出新的过程中也暴露出了许多实践问题,未来政策的走向和趋势将会朝着更加适应新时代体育、教育机制改革的方向前进。

参考文献

[1] 张康平.英国青少年体育政策的演进及启示[J].体育文化导刊,2015,(5)：36-39.

[2] 洪建军.布莱尔与"第三条道路"盘点[EB/IL].http://news.xinhuanet.com.

[3] 王磊,司虎克,张业安.以奥运战略引领大众体育发展的实践与启示—基于伦敦奥运会英国体育政策的思考[J].中国体育科技,2013,33(6):23-30.

[4] 童建红.英国青少年体育信托基金会战略及启示[J].山东体育科技,2015,37(1):6-11.

[5] 钱再见.基于公共权力的政策过程研究[M].南京:南京师范大学出版社,2013:11.

[6] 张汝立.外国政府购买公共服务研究[M].北京:社会科学文献出版社,2014:12.

[7] 王志威.英国体育政策的发展及启示[J].上海体育学院学报,2012,36(1)：5-10.

[8] 王志威.二战后英国体育政策进展[J].体育文化导刊,2012,(8):17-2.

[9] 何松博.应对体育休闲:新西兰休闲体育政策及其启示[J].中国体育科技,2016,52(2):44-48.

[10] 中国残疾人.残疾人的大学时代[EB/OL].[2011-02-23].http;www.chinadp.net.cn.

[11] 赖竞超.从被忽视到顶层设计:三十年两代人留守史[EB/IL].南方周末,2016-03-24,http:/www.in fzm.com/content/116089.

[12] 杨运涛,刘红建.让运动成为生活习惯—英国新青少年体育战略:内容、特征及启示[J].南京体育学院学报(社会科学版),2016,30(6):79-83.

[13] 颜绍泸,周西宽.体育运动史[M].北京:人民体育出版社 1990:122-125.

[14] 吕俊莉.美、德体育政策嬗变的经验与启示[J].体育与科学,2014,

35(02):19-23.

[15] 姚毓武.各国体育测验制度与健身计划简介[J].天津体育学院学报，1994,9(2):14-21.

[16] 潘华.德国体育史[M].北京:人民体育出版社,2019.

[17] 孟钟婕.纳粹德国的体育政策[EB/OL].(2011-05-23)[2022-07-09] https://www.douban.com/note/152248569/?_i=7242124fSZdMiV.

[18] 张时.民主德国的竞技体育运动[J].上海体育学院学报,1989(1):38-40.

[19] 刘波.德国统一前后竞技体育发展特点研究[J].北京体育大学学报，2010,33(10):25-28.

[20] 李振彪.二战以来德国体育的发展[J].天津体育学院学报,1995(01):15-20.

[21] 刘波.德国体育俱乐部建制探析[J].体育与科学,2007,28(5):57-60.

[22] 吴小兵.社区体育经验——德国黄金计划[EB/OL].(2020-10-23)[2022-7-10].https://mp.weixin.qq.com/s/zPE6weyny7srk6lc4qA7lw

[23] 潘华.中德全民健身的比较研究——兼论《全民健身计划纲要》与《黄金计划》[J].成都体育学院学报,2008(01):18-21.

[24] 许佳力.德国公共体育服务政策的演进历程及建设研究[J].湖北体育科技,2021,40(08):704-708.

[25] 侯海波.德政府将为东部黄金计划投入500万欧元[EB/OL].[2013-08-06].http://www.Sportinfo.net.cn/show/title.aspTID=19644

[26] 彭国强,杨国庆.世界竞技体育强国备战奥运政策及对我国备战东京奥运会的启示[J].体育科学,2018,38(10):19-28+37.

[27] 王苏雅.德国制定《2017~2022年学校体育发展行动规划》[J].上海教育,2018(02):54-55.

[28] 马衍明.《自主性:一个概念的哲学考察》长沙理工大学学报(社会科学版)第24卷第2期

[29] 刘远花,吴希林.德国青少年体育发展及竞技后备人才培养经验与启示[J].首都体育学院学报,2014,26(04):338-342+375.

[30] 张文鹏.德国学校体育改革的政策研究[J].体育成人教育学刊,2016,32(06):32-34.

[31] 李晓鹏,汪如锋,李忠伟.德国体育俱乐部体制与高校体育运动协会对"体教融合"背景下我国高校体育发展的当代启示[J].山东体育科技,2022,44(01):59-66.

[32] 夏征农,陈至立.辞海[M].上海:人民体育出版社,2009.

[33] 刘波.德国体育体制研究对进一步完善我国体育体制的启示[J].北京体育大学学报,2011,34(11):5-9+14.

[34] 侯海波,李桂华,宋守训,王跃新,常利华.国外竞技体育强国后备人才培养体制及启示[J].上海体育学院学报,2005(04):1-5+15

[35] 张庆义,杨刚,万荣荣.当代中国体育政策的变迁与思考[J].上海体育学院学报,2013,37(6):20-23.

[36] 赵家庆.我国青少年体育俱乐部发展面临的困境与应对策略[J].中国学校体育(高等教育),2018,5(09):22-26.

[37] 卢元镇,马廉祯.难以自拔的体制陷阱——东德体育教训之四[J].体育文化导刊,2005(09):57-59.

[38] 吴驷.论中国体育的"自信力"[J].体育学研究,2018,1(02):1-13.

[39] 龚正伟,肖焕禹,盖洋.美国体育政策的演进[J].上海体育学院学报,2014,38(01):18-24.

[40] 李红娟,王正珍,罗曦娟.美国青少年体质测定系统的演进[J].北京体育大学学报,2013,36(10):51-58+70.

[41] 王占坤,黄可可,王永华,彭艳芳,高继祥.美国《青少年体育国家标准》的演进、特征及启示[J].体育学研究,2019,2(05):46-55.

[42] 胡小清,唐炎,刘阳,王建.近30年美国中小学体育教育发展现状及启示——基于《美国学校体育教育发展现状报告》的文本分析[J].上海体育学院学报,2018,42(06):82-97.

[43] 张大超,杨娟.美国3版《K-12国家体育教育标准》演变对学校体育影响的比较研究及启示[J].体育科学,2017,37(10):21-31.

[44] 严文刚,王涛,刘志民.美国《综合性学校体育活动计划》解读及对我国青少年体育的启示[J].成都体育学院学报,2018,44(05):100-105.

[45] 鲁长芬,曾紫荣,王健.美国《青少年身体活动提高战略》研究[J].体育学刊,2017,24(03):81-86.

[46] 孔琳,汪晓赞,杨燕国,郭强.儿童青少年身体活动研究的热点透视及特征解析——基于美国《2018年身体活动指南咨询委员会研究报告》的证据审读[J].西安体育学院学报,2021,38(06):749-757.

[47] 周兰君.美国政府参与体育管理方式之研究[J].西安体育学院学报,2009,26(01):22-26.

[48] 艾振国,郇昌店.我国学校体育法律法规体系构建路径[J].冰雪运动,

2021,43(02):53-57.

[49] 张文鹏,王志斌,吴本连.健康中国视域下学校体育治理的政策表达[J].北京体育大学学报,2018,41(02):94-100.

[50] 陈悠,汪晓赞.学校体育政策系统特征、问题及对策[J].体育文化导刊,2022(04):96-102.

[51] 燕凌,李京诚,韩桂凤.美国中小学学校体育发展的政策困境分析[J].首都体育学院学报,2016,28(01):41-45.

[52] 张加林,唐炎,胡月英.加拿大儿童、青少年身体活动评价的经验与启示[J].体育科学,2015,35(09):90-96.

[53] 俞爱玲.加拿大学校"高质量的日常体育活动计划"的启示[J].体育科技文献通报,2006(08):64-65.

[54] 袁瑜.加拿大学校体育的过去、现在和将来[J].学校体育,1992(02):68-69.

[55] 黄俊.加拿大学校体育略述[J].外国教育研究,1991(02):60-61+45.

[56] 白银龙,舒盛芳.加拿大体育战略演进的历程、特征与启示[J].沈阳体育学院学报,2020,39(06):9-17.

[57] 张曙光,李桂华,王跃新,茹秀英.世界体育发达国家体育政策评估体系研究[J].体育科技文献通报,2020,28(02):1-2+58.

[58] 李卫东,王健,黄睿,熊国庆,李为.国外青少年体质健康促进政策的经验与启示[J].武汉体育学院学报,2017,51(10):13-17.

[59] 王晓波.加拿大大众体育政策的演进及其启示[J].体育文化导刊,2016(02):25-29.

[60] 陈玉忠.加拿大体育政策的特点及启示[J].上海体育学院学报,2014,38(01):36-40.

[61] 倪晓燕.加拿大体育局体育财政资助模式的研究[D].北京体育大学,2009.

[62] 浦义俊,吴贻刚.百年奥运视角下澳大利亚竞技体育的二次崛起历程分析及启示[J].南京体育学院学报(社会科学版),2014,28(06):99-106.

[63] 徐士韦.澳大利亚大众体育政策的演进述析[J].沈阳体育学院学报,2016,35(06):6-13.

[64] 汪霞.八十年代以来澳大利亚课程改革轨迹[J].比较教育研究,1998(02):37-40.

[65] 冯大鸣,赵中建.世纪初美、英、澳国家教育战略述评[J].教育发展研究,

2002(10):32 – 36.

[66] 李新翠.澳大利亚基础教育[M].上海:同济大学出版社,2015:62 – 65.

[67] 李晨.澳大利亚推出总理的奥林匹克挑战活动[EB/OL].(2012 – 07 – 23)
[2016 – 09 – 12].http://www.sportinfo.net.cn.

[68] 刁玉翠,李梦欣,党林秀,董翠香.澳大利亚健康与体育课程标准解读[J].
体育学刊,2018,25(02):85 – 90.

[69] 张晓林,廖文豪,袁锋,约翰·桑德斯.澳大利亚《身体活动与久坐行为指
南(青少年版)》的形成、特征及借鉴[J].西安体育学院学报,2020,37(04):
394 – 399

[70] 胡冰洋.澳大利亚竞技体育人才培养特点与启示[J].青少年体育,2016
(11):138 – 140.

[71] 柳鸣毅.国外青少年体育组织培育与政策监管研究[M].北京:科学出版
社,2018:118 – 141.

[72] 孟宪欣.澳大利亚促进体育参与政策的历程、特征与启示[J].吉林体育学
院学报,2016,32(2):40 – 45.

[73] 丁煌.西方行政学说[M].北京:中央广播电视大学出版社,2009:
324 –327.

[74] 潘凌云,王健,樊莲香.我国学校体育政策执行存在的问题与应对策
略[J].体育学刊,2017,24(02):80 – 84.

[75] 蒋波,JOHN QUAY,CUI XIA,等.中国基础教育体育课程改革新启
示——基于澳大利亚创意身体教育课程模式视角[J].北京体育大学学报,
2018,41(6):93 – 99.

[76] 季浏,马德浩.改革开放 40 年我国学校体育发展回顾与前瞻[J].体育学研
究,2018,1(5):1 – 11.

[77] 李强.改革开放四十年中国青少年体育政策演进述析[J].成都体育学院
学报,2021,47(1):56 – 62.

[78] 汪颖,李桂华,袁俊杰,陈琳,李晨,武婧雅,王跃新,侯海波,苏钰莹,常利
华.世界体育发达国家体育俱乐部发展经验及启示[J].体育文化导刊,
2020(01):48 – 53.

[79] 浦义俊,吴贻刚.澳大利亚体育政策设计的历史演进及特征[J].武汉体育
学院学报,2014,48(05):21 – 25.

[80] 万峰.近代日本史料[M].北京:中国社科院出版社,1981.

[81] 钟启泉.日本教育改革[M].北京:人民教育出版社,1991.

[82] 日本国立教育研究所.日本教育现代化[M].张渭城,徐禾夫.等译.北京：教育科学出版社.1980.

[83] 阎智力.中日两国百年基础教育体育课程目标比较[J].上海体育学院学报,2009-01-15.

[84] 唐建军.日本商业性运动健康俱乐部发展状况:运营方式及主要问题[J].广州体育学院学报,2001,(9):14-18.

[85] 顾薪.日本中小学:积极营造富有新意的体育氛围[J].上海教育,2007,7(10):1.

[86] 陆作生.日本《体育振兴基本计划》研究[J].体育文化导刊,2008,(10):106-109.

[87] 周爱光.日本体育政策的新动向:《体育振兴基本计划》解析[J].体育学刊,2007(2):16-19.

[88] 王欣.日本幼儿园的户外活动[J].广文博澜,2003(12):13.

[89] 张文鹏.中国学校体育政策的发展与改革研究[D].武汉:华中师范大学,2015:111.

[90] 李哲,杨光,张守伟,等.日本《幼儿期运动指南》对我国幼儿体育发展的启示[J].体育学刊,2019,26(1):114-119.

[91] 韩改玲;朱春山;韩彩零;孙有平.韩国《学校体育振兴法》的解读与启示[C].第十二届全国体育科学大会论文摘要汇编2022:1161-1171.

[92] 陈思佳.韩国公布2022年学校体育振兴计划[J].上海教育,2022,(24):52-53.

[93] 周慧玲.空间网络视角下省域旅游经济一体化区域的优选研究——以湖南省为例[J].求索.2016(02):123-127.

[94] 唐睿,冯学钢.中国旅游经济与新型城镇化的动态关系研究[J].农林经济管理学报.2016(01):106-114.

[95] 黄静波,李纯.湘粤赣边界区域红色旅游协同发展模式[J].经济地理.2015(12):203-208.

[96] 王慧娴,张辉.中国旅游政策评估模型构建与政策变量分析[J].旅游科学.2015(05):1-13.

[97] 杜德斌,盛垒.跨国公司在华R&D机构的空间集聚研究[J].世界地理研究.2010(03):1-13.

[98] 黄璜.全球化视角下的世界城市网络理论[J].人文地理.2010(04):18-24.

[99] 叶林.新区域主义的兴起与发展:一个综述[J].公共行政评论.2010(03):

175-189+206.

[100] 参见[美]乔尔·米格代尔.社会中的国家:国家与社会如何相互改变与相互构成[M].李杨等译,南京:江苏人民出版社,2013:10.

[101] [美]R·爱德华·弗里曼.战略管理——利益相关者方法[M].王彦华,梁豪译.上海:上海译文出版社,2016:30-45.

[102] 王佃利.城市治理中的利益主体行为机制[M].北京:中国人民大学出版社,2009:43.

[103] 吴晓林.结构依然有效:迈向政治社会研究的"结构-过程"分析范式[J].政治学研究.2017年第2期:96-128.

[104] 张峥.基于区域政策协同体育规律的教学措施初探[D].体育学刊,2019,20(2):20.

[105] 于善旭.良法善治:新征程体育强国建设法治提升的审思——以新修《体育法》的颁布实施为标志[J].体育与科学,2022,43(04):1-10.

[106] 田思源.《中华人民共和国体育法》的修改过程、主要争议与立法选择[J].天津体育学院学报,2022,37(04):373-379+410.

[107] 张文鹏,王健.新中国成立以来学校体育政策的演进:基于政策文本的研究[J].体育科学,2015,35(02):14-23.

[108] 吴颖冰,戴羽.中国共产党百年学校体育政策的历史演进与启示[C]//.2021年"一带一路"体育文化学术大会论文摘要集.[出版者不详],2021:270-271.

[109] 杨雅晰,刘昕.改革开放40年学校体育政策嬗变的回溯与展望[J].北京体育大学学报,2019,42(05):44-54.

[110] 张卓,张繁.新中国成立以来青少年体育健康促进政策回顾与展望[J].西安体育学院学报,2022,39(03):355-365.

[111] 李百成,郭敏.我国学校体育政策演进特征与发展策略[J].体育文化导刊,2019,(10):81-85.

[112] 卢元镇.世纪之交体育运动发展的回顾与展望[J].体育科学,2000,(03):1-6+9.

[113] 刘红建,高奎亭,徐百超.中国全民健身政策体系演进历程、优势特征及效能转化研究[J].体育学研究,2022,36(01):91-102.

[114] 丁省伟,储志东.中国共产党领导学校体育发展的百年演进与历史经验[J].沈阳体育学院学报,2021,40(06):18-24.

[115] 曹卫.构建"以人为本"的现代体育教育观[J].体育科学,2004,(03):

67-69.

[116] 杨国庆,刘宇佳.论新时代体教融合的内涵理念与实施路径[J].天津体育学院学报,2020,35(06):621-625.

[117] 肖谋文.21世纪我国学校体育政策的情景、问题及优化——基于政策过程的视角[J].武汉体育学院学报,2018,52(02):82-87.

[118] 邵天逸."立德树人"背景下学校体育的育人价值[J].体育学刊,2017,24(04):63-67.

[119] 潘凌云,王健,樊莲香.我国学校体育政策执行的制约因素与路径选择——基于史密斯政策执行过程模型的分析[J].体育科学,2015,35(07):27-34+73.

[120] 毛振明.新中国70年的学校体育成就与新时代的发展方向[J].天津体育学院学报,2019,34(06):461-465.

[121] 钟秉枢.问题与展望:体教融合促进青少年健康发展[J].上海体育学院学报,2020,44(10):5-12.

[122] 陈琦.从终身体育思想审视我国学校体育的改革与发展[J].体育科学,2004,(01):40-43.

[123] 郭修金,代向伟,杨向军,刘红建,张樱,尤传豹.乡村体育文化振兴的价值追求、现实困境与路径选择[J].沈阳体育学院学报,2021,40(06):1-7+33.

[124] 邵伟钰,王家宏.中国公共体育服务财政投入研究[J].成都体育学院学报,2015,41(03):36-40.

[125] 刘波,邰峰,韩勇,季浏.新时代修订《学校体育工作条例》的背景、依据和路径研究[J].体育科学,2022,42(06):11-18.

[126] 今村嘉雄.日本体育史[M].东京:不昧堂,1970:343.

[127] 岸野雄三.体育史学[M].白澄声,译.北京:人民体育出版社,1982.

[128] 丸山真男.日本政治思想史研究[M].王中江,译.北京:三联书店,2000.

[129] 永井道雄.近代化与教育[M].王振宇,张葆春,译.长春:吉林人民出版社,1984.

[130] [日]尾形裕康.日本教育通史[M].东京:早稻田大学出版部,1981:178.

[131] 屈松武一.日本近代教育史[M].东京:理想社,1963.

[132] 文部省.中学校指导书保健体育编[M].东京:东山书房,昭和45年:15-21.

[133] 文部省.小学校指导书体育编[M].东京:东山书房,昭和53年:7.

[134] 文部省.中学校指导书保健体育编[M].东京:东山书房,昭和53年:17.

[135] 浦井孝夫,石川哲也,中学校新教育课程解说.保健体育[M].东京:第一法规出版株式会社,平成元年:1-2.

[136] 青年局.体育基本计划[EB/OL].(2006-09-06)[2021-02-01].日本体育局网址:https://www.mext.go.jp/a_menu/sports/plan/06031014.htm.

[137] 青年局.运动促进儿童增强体力措施[EB/OL].(2018-04-27)[2021-02-01].http://www.mext.go.jp/a_menu/sports/undousisin/1319772.htm.

[138] 韩国:重视学校保健和终身教育[J/OL].2022-03-30.http://www.chinateacher.com.cn/zgjsb/html/2022-03/30/content_607322.htm

[139] 韩国深入开展学校体育教育.[EB//OL].http://untec.shnu.edu.cn/9a/5e/c26039a760414/page.htm.

[140] 이학래(2003). 한국 체육사 연구. 국학자료원.

[141] 김달우(1992). 해방이후 학교체육의 재편 및 정착과정에 관한 연구: 1945년 -1955년을 중심으로. 미간행 박사학위논문, 서울대학교 대학원, 서울.

[142] 서재하, 박창범(2011). 노무현 정부의 체육행정·정책에 관한 연구. 한국체육과학회지,20(3):819-833.

[143] DCMS. A sporting Future for All[M]. London:HMSI,2000.

[144] Lesley Ann Phillpots. An analysis of the policy process for selecte d elements of the physical education, school sport and club links stra tegy in England[D]. southborough University, 2007:7.

[145] Istvan Atila Kiraly, Andrea Gal. From grass roots to world class(As trategy for delivering physical activity)[J]. Studies and Research, 2011:25-39.

[146] Anne Flintof. Targeting Mr average:Participation, gender equity and school sport partnerships[J]. sport, Education and society, 2008, 13(4):393-411.

[147] DCMS. Sport Change Lives:Youth Sport Trust Strategic Plan[M]. London:HMSI,2015.

[148] Birmingham City Council. Improving Participation of Muslim Girls in Physical Education and school sport[EB//OL]. http://www.birmingham.gov.uk/children services.

[149] DCMS. Creating a sporting Habit for Life-A New Youth sport strategy[M]. London:HMSI,2012.

[150] The PE and sport strategy for Young People-A Guide Delivering the Five Hour Offer[M]. London: HMSI, 2009.

[151] Grupe O, Krüger M. Einführung in die Sportpädagogik [M]. Schorndorf: Verlag Hoffman, 1997: 128.

[152] Meinberg E. Hauptprobleme der Sportpädagogik[M]. Darmstadt: Wissenschaftliche Buchgesellschaft, 1996: 5.

[153] ProhlR. Grundriss der Sportpädagogik[M]. Wiebelsheim: Limpert Verlag, 2006: 39.

[154] Haag H, Hummel A. Handbuch Sportpädagogik[M]. Schorndorf: Verlag Hoffman, 2001: 54.

[155] Rthig P, ProhlR. Sportwissenschaftliches Lexikon[M]. Schorndorf: Verlag Hoffman, 2003: 503 – 504.

[156] Louis L. Snyder: Encyclopedia of the Third Reich[M]. England: Wordsworth Editions, 1998: 328.

[157] Riordan(Editor). European Cultures in Sport: Examining the nations and regions. BristolGBR: Intellect Books, 2000: 81.

[158] Grupe OKrüger M. Einführung in die Sportpädagogik [M]. Schorndorf: Verlag Hoffman, 1997: 124.

[159] Jugend trainiert für Paralympics[EB/OL]. [2013 – 08 – 06]. http:// www. dosb. de/de/leistungssport/das-gruene-band/verlaengerung/ueber-jugend-trainiert-fuer-paralympics/.

[160] Gerhard Waschler. Zusammenarbeit von Schule und Sportverein in sportpadagogischer Perspektive [M]. Aachen: Meyer& Meyer, 1996: 106 – 109.

[161] FEDERAL MINISTRY OF FOOD, AGRICULTURE AND CONSUMER PROTECTION, FEDERAL MINISTRY OF HEALTH. In Form: German National Initiative to Promote Healthy Diets and Physical Activity[R]. Berlin, 2013.

[162] WORLD HEALTH ORGANIZATION. Report of the Meeting on Community Initiatives to Improve Nutrition and Physical Activity[R]. Berlin, 2008.

[163] FEDERAL MINISTRY OF TRANSPORT, BUILDING AND URBAN DEVELOPMENT. National Cycling Plan 2020: Joining Forces

to Evolve Cycling[R]. Berlin，2012.

[164] Schools and Universities in the German-speaking Countries[EB/OL]. [2017 - 05 - 16]. http://www.german-way.com/histo-ry.

[165] Sports in Germany[EB/OL]. [2017 - 03 - 20]. http://www.inter-nations.org/germany-expats/guide/16030 - cultu-re-shopping-recreation-/sports-in-germany-15972

[166] Gesellschaft zur Forderung des olympischen Gedankens in der Deutschen Demokratischm Republik in Zusammenarbeit mit der Redaktion "DDR-Sport" ed.，Ein grosses Erlebnis：Kinder und Jugendspartakiaden in der DDR(Verlag Zeit im Bild1975)，30.

[167] Grundlinie der Entwicklung des Leistungssportes in der DDR bis 1980，19. 03. 1969. in Die Sportbeschlusse des Polit buros：Eine Studie zum Verhaltnis von SED und Sport mit einem Gesamtverzeichnis und einer Dokumentation ausgewahlter Beschlusse，ed，Hans Joachim Teichler (Koln：Sport und Buch Strauss，2002)：561 - 564.

[168] Office of Disease Prevention and Health. Goal：improve Health Fitness and Quality of Life Through Regular Physical Activity[EB/OL]. [2020 - 08 - 14]. https://health gov/healthy people/objectives-and data/browse-objectives/physical-activity .

[169] National Alliance for Youth Sports. National Standards for Youth Sports：Modifying the Sports Environment for a Healthier Youth[EB/OL]. (2017 - 12 - 23). https://www. nays. org/default/assets/File/download-forms/National ％ 20Standards％ 20for％ 20Youth94220Sports％ 202017％2or2). pdf

[170] SHAPEAMERICA . Grade-level outcomes for K-12 physical education [M]. US：Human Kinetics，2013：17.

[171] NASPE. comprehensive school physical activity programs [EB/OL] [2017 - 09 - 10]. http://www. aahperd. org/naspe/standards/upload/comprehensive-School-Physical-Activity Programs2 - 2008. pdf.

[172] Physical Activity Guidelines Advisory Committee. Physical Activity Guidelines Advisory committee Scientific Report （2018）［R］. Washington，D C：U. S. Department of Health and Human Services，2018.

［173］Marshall J D, Bouffard M . The Effects of Quality Daily Physical Education on Movement Competency in Obese Versus Nonobese Children［J］. Adapted Physical Activity Quarterly, 1997.

［174］Cameron C, Wolfe R, Craig C. Physical Activity and Sport : Encouraging Children to be Active.

［175］Langlois M C, M Ménard. Current Publications: Arts, culture and entertainment: Sport Canada and the Public Policy Framework for Participation and Excellence in Sport, 2013.

［176］Canada C. The Canadian Sport Policy［J］. 2012.

［177］Canada C. Canadian Sport Policy［J］. 2002.

［178］Joseph J, Darnell S, Nakamura Y. Race and Sport in Canada［J］. 2016.

［179］Corbeil J P. Canadian Social Trends-Sport participation in Canada, 1995.

［180］Langlois M C, M Ménard. Sport Canada and the Public Policy Framework for Participation and Excellence in Sport.

［181］Cm C X. Sport Canada Strategic Plan, 1998 - 2001. 1998.

［182］CH. Towards a Canadian sport policy ［J］. 2001.

［183］ASC. The Australian Sports Kit Next Step［M］.Canberra: Department of the Arts, Sport, the Environment, Tourism and Territories, 1989.

［184］ASC. "Maintain the Momentum" Australian Government Sports Policy: 1992 to 1996［M］. Canberra: Department of the Arts, Sport, the Environment and Territories, 1992.

［185］The National Junior Sport Working Party by the ASC. National Junior Sport Policy: a framework for developing junior sport in Australia［M］. Canberra: Australian Government, 1994.

［186］ASC. Active Austraia: A National Participation Framework［M］. Canberra: Australian Government, 1997.

［187］Bob Stewart, Matthew Nicholson, Aaron Smith and Hans Westerbeek. Australian Sport: Better by Design?: The evolution of Australian sport policy［M］. 2 Park Square, Milton Park, Abington, Oxon, OX14 4RN: Routledge, 2004: 78 - 92.

［188］Michalis Stylianou, Jacqueline L. Walker. An assessment of Australian school physical activity and nutrition policies［J］. Australian and New

Zealand Journal of Public Health，2018，42(1)：16 – 21.

[189] https：//www. clearinghouseforsport. gov. au/australian-sport-publication-archive/australian-sports-commission/asc_programs/asc_programs_-_aasc/aasc-playing-for-life/activity_cards

[190] ASC. Australian Physical Literacy Framework[M]. Canberra：Sport Australia，2019.

[191] https：//www.clearinghouseforsport.gov.au/kb/aussie-sports

[192] ASC. Celebrating 10 years of the AASC[R]. Canberra：Australian Government，2014.

[193] https：//www.sportaus.gov.au/schools/find-a-club

[194] https：//www.clearinghouseforsport.gov.au/kb/persons-with-disability-and-sport#australian_government

[195] House of Representatives (standing Committee on Finance and Public Administration). Going for gold：The first report on an inquiry into sports funding and administration[R]. Canberra：The Committee，1989：56.

[196] Peter B. Evans. State-Society Synergy：Governmentand Social Capital in Development[M]. Berkeley：University ofCalifornia，1997：85 – 118.

后　记

少年强则国强,体育强则少年强。习近平曾指出"现在孩子普遍眼镜化,这是我的隐忧","我国学生近视呈现高发、低龄化趋势,严重影响孩子们的身心健康,这是一个关系国家和民族未来的大问题,必须高度重视,不能任其发展"。长期以来,我国青少年学生体质健康状况堪忧,青少年学生身体健康问题是社会普遍关注、家长尤为关心的一个重要问题。1985 年—2022 年间,我国先后组织了八次(1985、1990、1995、2000、2005、2010、2014、2019)全国范围的学生体质健康调查,最新调查结果显示:学生身高、体重、胸围等形态发育指标持续向好,学生肺活量水平全面上升,中小学生柔韧、力量、速度、耐力等素质出现好转。但是,也发现了学生视力不良和近视率偏高、学生超重肥胖率上升、学生握力水平有所下降、大学生身体素质下滑等一些学生体质与健康状况亟待解决的问题。"小眼镜""小胖墩""豆芽菜"等现象,在青少年学生中不同程度地存在。近年来,从中央到地方,从教育界到体育界,青少年体育受到了前所未有的重视,并取得了很大成绩,各级各类学校普遍将校园体育竞赛当作学校体育的抓手和"牛鼻子"予以重视,校园体育竞赛开展得如火如荼。

体育领域内,任何事业的发展都离不开政策制度的引导与支持。2022 年 6 月 24 日,十三届全国人大常委会第三十五次会议表决通过了《中华人民共和国体育法(修订草案)》,并于 2023 年 1 月 1 日起正式施行。新修订的《体育法》将第三章"学校体育"章名修改为"青少年和学校体育",并将青少年和学校体育置于优先发展的战略地位,提出"国家实行青少年体育活动促进计划,健全青少年体育工作制度"。除在法律层面上强化了青少年体育工作、重要性,我国也颁布了若干配套性政策文件,促进青少年的全面发展。如《深化体教融合 促进青少年健康发展意见的通知》(2020)、《关于全面加强和改进新时代学校体育工作的意见》(2020)、《关于进一步加强中小学生体质健康管理工作的通知》(2021)、《义务教育体育与健康课程标准(2022 版)》,等等。

　　《中外青少年和学校体育政策演进及借鉴》一书正是基于上述背景，尝试对国外一些国家青少年和学校体育政策的梳理与研究，为进一步丰富与完善我国青少年和学校体育政策体系提供有益的借鉴和参考，保障与助推中国式现代化青少年和学校体育发展稳步向前。该书是在前期大量国内外青少年和学校体育政策文本搜集、整理以及理论研究的基础上形成的，是江苏省教育科学规划课题重点项目、江苏省教改研究一般项目和南京体育学院校级教学团队和课程思政示范项目的阶段性研究成果之一，正是有了充分的政策文献资料和经费支持下，才使得此书稿的顺利推进与出版。

　　本书是合作研究的成果，全书由我设计研究框架和章节结构。写作过程中，山东理工大学硕士生导师高奎亭博士、安徽工程大学硕士生导师张航博士、南京工业职业技术大学昌品老师，以及我指导的南京体育学院的多位硕士研究生做了大量文献搜集、整理、总结以及文稿撰写工作。同时，特别感谢海南医学院"海南省运动与健康促进重点实验室"对该书出版给予的大力支持。再次对以上合作伙伴的辛勤工作表示深深的感谢。

　　本书的出版得到了南京大学出版社编辑老师的认真把关与审校，多方的共同努力，确保了本书政治立场的正确、理论与实践做到了良好结合。对出版社和各位编辑的辛苦付出致以诚挚的谢意。同时，本书在著述过程中，参考借鉴了众多国内外专家、学者的优秀研究成果，虽书中以脚注或参考文献的方式一一列出，但仍难以表达谢意，在此，一并致以衷心的感谢。

　　受本人和团队成员研究水平、知识储备所限，书中难免会有考虑不成熟、资料不全面等不足与缺憾，还有一定的完善空间，敬请诸位专家、学者和读者的批评指正。

刘红建

2023 年 3 月 20 日于南京